"新一轮双一流学科建设和国家级一流本科专业建设"犯罪学系列丛书

博士生导师学术文库

A Library of Academics by
Ph.D.Supervisors

测谎科学探究

刘洪广　刘秦伊　著

光明日报出版社

图书在版编目（CIP）数据

测谎科学探究 / 刘洪广，刘秦伊著 . -- 北京：光明日报出版社，2022.3

ISBN 978 - 7 - 5194 - 6490 - 5

Ⅰ.①测… Ⅱ.①刘… ②刘… Ⅲ.①测谎—技术方法 Ⅳ.①D918

中国版本图书馆 CIP 数据核字（2022）第 036123 号

测谎科学探究

CEHUANG KEXUE TANJIU

著　者：刘洪广　刘秦伊			
责任编辑：杨　娜		责任校对：杨　茹　李佳莹	
封面设计：一站出版网		责任印制：曹　净	

出版发行：光明日报出版社

地　　址：北京市西城区永安路 106 号，100050

电　　话：010-63169890（咨询），010-63131930（邮购）

传　　真：010-63131930

网　　址：http://book.gmw.cn

E - mail：gmrbcbs@ gmw.cn

法律顾问：北京市兰台律师事务所龚柳方律师

印　　刷：三河市华东印刷有限公司

装　　订：三河市华东印刷有限公司

本书如有破损、缺页、装订错误，请与本社联系调换，电话：010-63131930

开　　本：170mm×240mm

字　　数：296 千字　　　　　　　印　　张：17.5

版　　次：2023 年 6 月第 1 版　　　印　　次：2023 年 6 月第 1 次印刷

书　　号：ISBN 978 - 7 - 5194 - 6490 - 5

定　　价：98.00 元

前　言

基于认知科学、心理生理学等原理检测测谎，在科技发达、法制严格的国家早已在法庭科学证据领域被应用，而在我国尚未被法庭科学充分认可，这与测谎在我国被人"神探化""惊悚故事化"及缺乏科学规范、严谨介绍有关。认知科学是横跨多个领域的交叉学科，旨在阐明大脑的运作与心理和认知过程的关系、机理，这与脑成像技术的发展密切相关，事件相关脑电位技术的飞速发展为认识、发现欺骗的神经科学证据带来了科学的数据。认知脑电具有非常高的时间分辨率，能更好地反映大脑认知过程或欺骗发生状态的实时的脑电位变化。近年来，学术界对基于脑电的脑功能机制挖掘已经做了大量的研究，认知脑电分析测谎的成果更新更是层出不穷。然而，大部分学术研究要么侧重脑电信号提取、分析的模型构建，缺乏与欺骗机制对应的脑认知、情绪生理的解释，要么在分析欺骗机制时只采用了均值或方差等单一的量化指标，难以从复杂的认知脑电成分、情绪的生理反应中探究人类欺骗机制。同时，这些学术研究往往围绕认知科学中的某一类问题，缺乏对它们的整合，无法为脑电的实案分析提供更好的指导意见。

本书从心理生理和认知脑电的神经生理基础、采集方法、分析手段及其在认知科学、公安技术、法庭科学证据和反反测谎等方面入手，系统性地介绍和讨论了当前科学测谎学术界认知脑电研究手段以及脑电的应用现状，着重讨论体表的情绪的心理生理反应和大脑的认知脑电反应这两种主流的测谎机制分类以及用大脑认知电位中识别犯罪情景和语义记忆的认知脑电甄别涉案和无辜的方法。

本书对测谎进行正本清源，将被检测人本身具有的生理属性、检测问句认知后产生的情绪的生理反应以及诱发心理生理参数变化的原理进行论述，并把认知科学新近研究成果归纳创新集合。该技术成果特别适用于公安、检察、法院、司法、国安、国保、纪检监察、军队、金融保险、人工智能研究等部门的人员评估，对于从事刑侦（犯罪侦查）、政治考察（政绩考核，民族、国家、政治认同测评）、组织人事（入职筛查、岗位适用、忠诚度等）、人力资源管理（人格健全、精神心理健康水平）、人脑认知机制研究等相关工作，以及对涉及言辞可信度评估、犯罪证据获取、脑电测谎研究的人员来说，通过此书可共同讨论和发展科学测谎原理、理论和科学测谎技术。本书还可作为本、硕、博等不同层次的教学和公、检、法、司、安等领域的培训教材。

刘洪广

2021 年 4 月 30 日

于北京 芳敏斋

目 录
CONTENTS

第一章

科学测谎和测谎科学

科学测谎按照"生理机制合理→刺激方法规范→使用技术标准→主被试适于检测→数据分析达到机理的解释→结论科学客观"路线，在科学性实验/试验验证、实证的应用、法庭证据推介、高水平相关专业人才培养等方面，已具规模。2015 年 6 月，中国第一个科学测谎博士生以优秀的成绩，取得了测谎方面的博士学位，标志着测谎相关教育程度和学术水平达到本专业规定标准的最高学识水准。2019 年 7 月中国第一个科学测谎博士后也已出站。《科学测谎技术》和《科学测谎之认知脑检测谎应用》《科学测谎的心理生理学原理》正是著作者从培养测谎硕—博士生、本—专科生甚至博士后等不同层次学生，从不同领域测谎人员的教学教材内容编撰中提取经验创作而成。希冀基于此，高起点、多角度、全方位、系统地了解科学严谨的心理生理学试验的检测方法和认知脑电测谎技术，实现测谎技术可实际应用的目的。

第一节　科学测谎和测谎科学的不同侧重

以情绪的生理变化为基础的多道心理测试仪测试（或称为测谎仪）和以大脑认知案/事件相关的检测问句内容的脑电位变化为代表的认知脑电测谎，作为当下两大主流测谎（或称为心理生理检测、心理测试、犯罪心理测试等）技术，是针对检测需求或某一案件，基于心理生理学、认知科学、人体生理学原理，按照相关技术性能和实验方法的要求，对被测人采用涉及案件的相关问题提问或显示案件相关图片等刺激方式，就刺激所诱发的生理反应参数、认知脑电的变化进行分析评价，得到被检测人言辞可信程度、案件或者事件相关程度这一科学结论过程的技术。

科学测谎就是以科学的方法进行心理生理、脑认知检测，即科学方法测谎。

测谎科学就是与测谎相关的心理生理学、认知科学原理，即测谎科学原理，用于支持各种测谎技术的原理和机制等，即认知脑电和情绪生理测谎相关的知识体系。测谎科学的对象是被检测人体欺骗发生时，体表一些可用于描述人体心理生理变化、对不同检测问句的大脑认知脑电位变化等这些客观现象；内容是形式化的心理生理学、认知科学、证据科学、心理学、实验心理学等科学理论；形式是语言，包括自然语言（科学的论述）与数学语言（公式的推导等）。

测谎科学中，关于心理生理检测的各种技术原理的科学，其科学程度关系到心理生理检测领域的"生死存亡"。科学界对心理生理检测/测谎的原理、机制的认识、了解、认可、承认、引用，以及公众认可方法的规范等，一方面可促进科学同行的认可，提高自身检测水平和检测能力，另一方面可以使各种心理生理检测技术在使用上相互扬长避短，在分析上相互取长补短，在法庭科学证据应用时相得益彰。

测谎科学是测谎"的"科学。其追求的是基于人体科学原理、科学试验/实验的规范，让法庭科学认可的人体测谎知识体系。这些测谎相关的知识体系是建立在可检验的解释和对客观事物的形式、组织等基础上的，通过有关的测谎试验来预测有序的人体欺骗确认相关的知识系统。测谎的知识系统是已系统化和公式化了的知识，是基于观测被检测人情绪生理参数、认知脑电改变，以及相关的实验的经验证据，对人体欺骗这一特定"伪"自然现象的描述、预测和理解。测谎"的"科学是以同行认可的机理、规范的方法、证明或论证方式，围绕数据、图谱进行推理得出结论，而非是自圆其说、自"娱"自"乐"般"专家""神探"说、妄自菲薄说。

科学测谎是科学"地"测谎。严格仪器操作规范，有公开的科学同行认可的、可重复的、可验证的方法步骤，对检测人员有"科学"的准入且仪器精度标准化，在此基础之上规范操作获取数据、图谱的结果，进而论证出一项检测试验的结论。科学"地"测谎是操作、使用过程中，以标准的步骤、规范的程序、限定的条件等，对被检测人、具体操作方法、检测结论公布进行明确清晰的指令操作。

在已经出版的《科学测谎技术》和《科学测谎的心理生理学原理》两部专著中的"科学"，突出的是以科学地、规范地、严谨地、标准化方式去使用心理生理检测技术，科学成分太突出，正本清源太迫切。获得心理生理检测的科学同行可共同比较、共同讨论数据图谱结果，其"科学"的含义在于应用、怎样用，重点介绍的是从当下已经有的、可对人体进行心理生理检测技术执行的、到达（或者说实现）理想的检测心理生理参数目的的科学规范的操作方法，包括相关的传感器获取体表生理信号的基本理论知识，同行认可且能共同执行可验证、可重复的操作规范，即使所谓的经验及技巧也是以科学的表达方式来进行的。

一、侧重测谎科学原理解释的测谎科学

科学测谎和测谎科学作为偏正短语，分别由"科学"和"测谎"两个词作为修饰语，和"测谎""科学"两个中心语组成，结构成分之间是修饰与被修饰的关系；"科学"和"测谎"两个词，以动词、名词、形容词与它们前面起修饰作用的成分组成短语。"测谎"名词前的修饰成分是定语"科学"，定语（状语）和中心语的关系是偏和正的关系，分为定中短语与状中短语。定中短语的修饰语是定语，充当中心语的一般是体词性成分，定语从领属、范围、形式、性质、用途等方面描写或限制中心语"科学"和"测谎"两个词。根据是否加结构助词"的"，将定中短语分为粘合式定中短语与组合式定中短语。测谎（的）科学，是粘合式定中短语。而谓词性成分充当中心语时，便是测谎科学。

科学测谎属状中短语即"谓词性偏正短语"，是谓词的偏正短语。"科学"是状中短语的修饰语，是状语，充当中心语的一般是谓词性成分。状语和中心语之间有时用"地"。科学测谎的"测谎"是动词，是状中短语的中心语，是谓词性成分。"科学"和"测谎"两个词分别作为偏和正，其短语结构为：（1）定语+中心词（名、代），即测谎科学；（2）状语+中心词（动、形），即科学测谎。符合偏正短语标志，"的"是定语的标志；"地"和"得"是状语的标志。测谎科学中测谎后跟"的"，其后跟的是名词，科学测谎中科学后跟"地"，"地"后跟的才是作为动词的"测谎"。而"得"后跟的就是形容词。无论是科学测谎还是测谎科学，在"偏"和"正"中加"的"或"地"，显然通顺，大多数便是偏正短语。

测谎科学中的核心在于与测谎相关的心理生理学机制、原理的论证。"测谎科学"中的"科学"试图表达的任务是通过回答心理生理检测技术使用当中，从检测问句的认知分类、语句摆放的顺序位置，到间隔时间长短的设定、数据图谱提取分析等"是什么"和"为什么"的问题，揭示进行心理生理检测科学实验的本质和内在规律，目的在于认识心理生理检测的原理，并作为数据图谱变化、实验假设的提出、刺激的给予原因、脑电成分等相关内容的科学合理性解释之根本。

表1-1　科学测谎与测谎科学的"科学"含义比较

	"科学"的侧重	主要表现形态	作用	与知识的关系	评价
科学测谎	技术突破及发明	具有操作的物化形态	技术提供物化的现实	综合利用知识于需要的研究	是否可行，能否提高检测效率
测谎科学	原理创新及发现	知识的抽象形态	科学提供物化的可能	创造知识的研究	创造性、真理性

　　测谎科学关注的是为测谎提供在各种测谎技术中的原理、机制的解释，测谎科学中的"科学"上的突破是"发现"，而"科学测谎"关注的是技术的使用，基于原理和机制在心理生理检测技术上的新方法或创新性"发明"。

　　"测谎科学"解决理论问题，"科学测谎"解决实际应用方面的技术问题。"测谎科学"中的"科学"要解决的问题，是发现人体生物性质和社会性质在被检测状态下的确凿的数据、图谱事实与脑认知、心理生理反应现象之间的关系，并建立法庭科学证据、认知脑科学、心理生理学的理论，与数据图谱事实与欺骗、言辞可信程度之间的科学关系联系起来；"科学测谎"作为技术的任务是把科学的成果应用到实际的案（事）件的检测应用中去。"测谎科学"中的"科学"主要是和人类欺骗大脑实证的物质基础、神经元等细胞水平等未知的领域打交道，其进展尤其是重大的突破，是难以预料的；"科学测谎"中的"科学"作为技术的代表，其测谎的技术是在相对成熟的领域内工作，可以做比较准确的规划。

　　以发现、揭露和证实各类犯罪活动为目的的案（事）件相关电位，是由大脑皮层神经细胞突触后电位的同侧步激活和抑制所产生的。这些电位在大脑皮层上累积，并通过大脑覆盖物扩展到头皮。脑电图中有节律的活动代表大脑皮层神经元突触后电位（postsynaptic cortical neuronal potentials）活动的同步化，这种电位变化是由大量的皮层细胞和皮层下神经核的传入冲动共同作用所产生的。从这个方面也可以得出"常识不是科学"，常识从某方面来说就是一些既存的事实，譬如撒谎会出汗，它是一种表象，如果非要说它是测谎科学，那么它是最朴素的稍微经加工就得来的"科学"，如果你去研究为什么常识是这样的，常识下又隐藏着什么，你得出的理论就是科学，科学不一定是正确的，但是由于其不断发展，它会更接近正确。这也就是说科学是有别于真理的。

　　总的说来，测谎科学首先是有些人观察到一些现象，然后思考，进行假设，经过再观察与可能的试验使之上升为理论，理论会进一步应用于实践，然后进一步发展、验证，再出现怀疑，然后解决，不断地循环，使科学不断地发展，科学以一种螺旋的方式前进上升。从现实到达（或者说实现）理想目的的操作方法，包括相关的理论知识、操作经验及技巧。

测谎科学中允许失败，可以不完美，但是需要尊重测谎科学中的科学性，恪守科学证据标准，提高证据科学的层次和水平，根据测谎需求、测谎类型、对象、使用者来开展测谎是否能"科学"。

"测谎科学原理内容的科学性"主要体现在下列三点条件中：

①过程的规范性和实验生态。无论是什么检测技术，从试验方法到获取和处理数据都是通用的。

②资料的准确性和完整性。是公开发表、共同标准、同行认可的试验结论互证、旁证。

③结果的确证性和有限性。重复验证、质疑解释、不足存在。

崇尚真理和真实的人们永无止境地探索、实践，阶段性地逼近真理。

二、侧重测谎技术实践应用的科学测谎

科学测谎核心在于技术操作的规范和标准的论述。《科学测谎技术》和《科学测谎的心理生理学原理》两部出版物中的"科学"，是以技术上的操作"任务"为目的的，两本书着重于技术，该"技术"的任务是操作，通过回答心理生理检测仪器"做什么"和"怎么做"的问题，在符合心理生理检测技术要求的条件下，实现心理生理检测任务的需求，满足心理生理检测的不同目的，尤其是法庭证据科学、案件侦查、心理健康状况、健全人格评估等社会生产和生活的实际需要，目的在于改造现有的、不足的技术或方法。

国际上自从第一次将生理参数应用到刑事办案以来，至今已有近百年的历史，包括美国、加拿大和日本等科技发达的法治国家在内，全世界有五十多个国家研究和使用心理测试技术；一些发达国家对心理测试在法庭科学的应用，已经有比较明确的定位，使用也比较规范。值得一提的是，美国有部分州已把其当成证据使用，日本已将心理测试报告作为法庭证据使用，在中国，法院、司法、监察、安全、火箭军、军队保卫等机构，在案件侦查中，或在人力资源管理、录用、考核等部门都有比较好的应用，而在法庭科学证据领域并没有像科技发达国家一样得到广泛应用。公安机关把心理测试作为侦查犯罪、证据获取的重要工具，从使用的频率、强度和广泛性方面，还没有达到与心理生理检测技术水平和能力相适应的程度，究其原因，与使用者对心理生理检测的"科学"、测谎技术中心理生理学原理、认知科学原理的认识程度不足高度相关，尤其是违背科学之本质、违背科学规范操作出现一些冤假错案，还有与科学相悖所带来的严重的对测谎"科学"和"科学"测谎的负面影响。"科学"是什么、测谎"科学"中怎么做心理生理检测、"测谎科学"分析是怎样的、"测谎科学"的结果是什么、达不到百分之百正确的心理生理检测结论还"科学"吗等，这些不弄清楚，不仅制约了心理生理检测者在不同领域的应用，也制约了科学同行对测谎的认可、接收。

科学解决诸如欺骗在神经元"认知"期间的表现形式——神经元膜电位、动作电位等信息表达是如何发生，电位在神经元细胞膜如何传导，在神经元细胞的突触之间如何传递，怎样解释神经元生物电变化理论问题，以此进行科学假设和试验，得到数据图谱，论证得出某一项检测任务的结论。科学主要是和未知的领域打交道，其进展尤其是重大的突破，是难以预料的；技术是在相对成熟的领域内工作，可以做比较准确的规划。"科学"测谎中突出技术解决实际案（事）件应用的问题。科学要解决的问题，是发现人体生物属性中确凿的事实与欺骗现象之间的关系，并建立测谎科学理论，把欺骗的脑认知机制、心理生理机制事实与试验的数据图谱表明的现象联系起来；科学测谎中的"科学"是作为技术来定义的，其任务是把科学的成果应用到实际问题中去。

第二节　科学的本质是心理生理检测的基础

科学的本义不是"知识"就是"学问"，是反映客观事实和规律的知识，是那些关于自然、社会和思维等各种现象的本质和规律的知识体系。测谎科学中的人体生物科学理论、观点、学说、定理、原理、公理等，无论其归属于自然科学、社会科学还是思维科学，都属于认识论的范畴、思维科学的范畴。开展测谎需要以测谎科学中的人体生物科学理论为指导，测谎科学中"科学"的本质是心理生理检测、认知脑电测谎的人体生物科学基础。要使心理生理检测、认知脑电测谎取得预想的成功，就必须尊重心理生理检测相关的科学，遵循科学方法，尽可能以定量为手段（便于客观评价），研究人的生物属性在内的有机自然界的体表生理参数变化，得到法庭证据认可的科学论证结果。这要求按科学同行认可的科学原则、规范和规律进行严谨的实验（或试验），基于此所取得的心理生理检测结论，才是对心理生理检测出的言辞可信度，案（事）件相关程度的数据、图谱的正确解释；通过严谨的科学实验方法获取数据、图谱的真相、本质、规律和事物间的相互关系，正确认识检测结论的基础，也是建立在客观存在、客观事实的基础上的科学证据。

在测谎中要实现"科学"，就需要从人（被检测人、检测人）、仪器（记录情绪的生理反应仪、眼内眶热成像等和记录分析脑认知的事件相关的脑电位、fMRI）和技术原理、仪器的数据采集分析以及环境——检测问句内容、技术原理等入手，从"科学"的源头出发来进行科学测谎；从科学是发现规律、揭示事物最本质、最普遍的原理，从人、仪器、环境等方面来实现。在人—仪器—环境这一典型的人因学相关的测谎科学理论中，在心理生理检测者从事的科学测谎试验活动中所形成的测谎科学总体的共同信念、所检测出的数据图谱价值标准和检测方法、规范实验的步骤等内容，这是测谎科学的本质，是由测谎科学性质所决定的，并贯穿于测谎科学实验之中的基本要求、执行方法和思维方式，是体现在测谎科学理论知识中的思想或理念。它一方面约束心理生理检测者的行为，这是科学者在科学证据、认知科学领域内取得实验论证结论成功的保证；另一方面，逐渐地渗入法庭证据被检测领域学者的意识深层。

表 1-2　测谎科学基本要素

	内容	核心要求	表现	对待检测失败
严谨	实验严密细致，论证严密谨慎，严谨是初始要求，是对待科学测谎的最好态度	严谨设计来保证研究的科学性，重视实验数据的积累和可重复性。科学测谎是严谨的，也必须严谨	态度严肃谨慎，必须用科学的客观的（第三方主语）语言来描述。严谨求实贯穿科学测谎全过程	科学测谎实验并不保证一定成功，虽然成功与失败价值不同，但失败是经验的积累，也是一种进步
求证原理	测谎科学是发现人体心理生理规律，揭示脑认知、情绪生理反应等最本质、最普遍的原理和机制	假设合理，其后的实验验证逻辑明晰、细致，鉴于心理生理检测技术的能力和水平，允许存在"瑕疵"，即不是百分之百的周全、完善，但是追求当下心理生理检测技术能力可实现的完美	可以有不足，但必须是客观事实，是客观真理，是严格的"素颜"	通过测谎实验、案件检测，如果成功，应避免夸大其词，如果失败，也不能全盘否定，这是理性的做法
实证	测谎科学实证源于观察和实验，科学实证是体现在测谎科学知识中的思想或理念	心理生理检测者在长期的测谎科学实践活动中，形成了对心理生理学、认知脑科学等的共同信念、价值标准和行为规范的基本要求	由测谎科学性质所决定并贯穿于测谎科学活动之中的基本的精神状态和思维方式。离开实践，科学毫无意义和真实性	解决不了所有的涉案（事）件的检测需求，承认实证、实验过程中、实施中，有生态信效度的不足

续表

	内容	核心要求	表现	对待检测失败
探索追真	测谎科学发现的关键在于突破和创新，科学始于好奇，永无止境的好奇心	科学产生的不可缺少的心理动力即内驱力因素。科学是开放的体系，它不承认终极真理	测谎科学总是在现实不再与现有的理论相符合的时候出现新的飞跃。勇于质疑传统、权威，坚持真理，敢于向其挑战	随着科学的发展，对人体的检测水平和能力在不断提高，各技术间相互包容、取长补短
独立	测谎科学作为一种理性活动以追求独立为目标，只能实事求是，不能屈服于任何外界的压力甚至影响。由于现代科学研究项目规模的扩大，须依靠多学科和社会多方面的协作与支持，才能有效地完成任务	一方面独立约束测谎科学者的行为，是测谎科学者在测谎科学领域内取得成功的保证；另一方面，逐渐地渗入法庭证据、被检测者的意识深层	科学坚持严谨、规范、科学同行标准，无"神（探）"、无"宗"、无"派"、无"粉"、无"大V"，更无"第一人"，追求趋近真理。科学从不迷信权威，并敢于向权威挑战	科学产生和发展在一定的社会环境中，所以要受到社会，包括社会舆论、社会道德、社会政治等因素的影响

　　科学测谎和测谎科学只要以科学的名义出现，就切莫将科普宣传、人生经验、个人感慨等混为一谈。科学测谎的检测报告，拒绝标题党、拒绝媒体秀是最基本的科学素质，冠以研究者出现时基本的风范，也是科学测谎者的职业要求。

　　测谎是一项基于人体的科学原理，结合心理生理技术的应用，每一次测谎就是针对测谎的任务或心理生理检测的需求所进行的科学严谨的测试。测谎不仅方法和种类繁多，而且会随着科学和技术的发展而发展，变化而变化，这一过程会一次又一次地重复下去。新的人体科学研究的数据、新的人类行为观察和新的人体科学实验结果将不断出现，旧的与测谎相关的人体科学定律，将不断为更新更普遍的人体科学定律所替代。新的人体测谎相关定律，不但能说明旧测谎定律所能解释的各种测谎测试的现象，而且能说明旧测谎有关定律所不能解释的一些现象，新的科技成果总是不断地改进测谎技术，不断地提高测试的水平，而各种可以应用于人类生理检测的技术和方法，不仅可以作为生物医学仪器在医学检测中使用，也可以作为测谎工具在公、检、法、司、安（公安、检察、法院、司法行政、国家安全）等机关使用，各种技术各有各的优势，技术之间相互包容、取长补短。

　　分析已有的对大脑各层面的知识，建立有解剖学基础，能联系大脑皮质各层面，做出量化描述大脑信息处理过程的模型和框架，并用量化模型结合神经细胞核团、神经细胞柱结构与神经细胞的综合、传导机能最小化相关理论，分析说明时序控制作用对大脑高效可靠处理信息的意义；汇总脑认知文献介绍量化模型中的细节，分析大脑能正确而高效处理信息的方式、使欺骗能够发生的原因；分析欺骗理论建立和应用过程的神经生理学原理，以及只能有相对真理的神经生理学原因分析等，以此建立和介绍另外一种量化分析欺骗发生时脑认知变化方案等。

科学是反映现实世界各种现象（如人的心理生理状态）的本质和客观规律的知识体系，科学测谎就是运用与人相关的范畴、定理、定律等思维形式，将已发现且积累并公认的，已系统化和公式化了的心理生理学普遍真理、定理或知识运用到对谎言的测定中。测谎是司法调查中的一个重要的辅助手段，正在相关领域中发挥着越来越重要的作用，而这一技术的科学性和准确性的探究一直是这一领域研究者们最为关注的问题。

第三节　科学测谎中"科学"的无"神"论
和测谎科学中"科学"的有"申"论

科学不存在修饰语、形容词、定语，也不允许存在修饰语，在心理生理检测中无论是检测语句的编制、使用实施，还是结论公布，都有严格的规范。科学是学术，要注意区分学术和文学作品、精彩个案、收视率、"大 V"、大咖之间本质上的差别。无论是基于什么机制、原理的测谎科学理论，无论采用哪一种科学测谎的方法、技术规范，从原理到方法，再从结果推导出案（事）件相关程度的结论，都遵从科学严谨的"第三方"语言——主语无尊卑更无"头衔"，独立客观陈述试验方法、数据采集、数据的讨论分析，即科学测谎中"科学"是无"神"论的。科学测谎之所以能冠以"科学"二字，一个重要的特点是无"神"，科学本无神，更无迷信，那些迷信的人称天地万物的创造者和所崇拜的人为"神"，如果觉得测谎技术操作人仿佛是有死后的精灵，或是将科学测谎技术认识为一种不可思议的、特别稀奇的"神奇""神勇"的方法，以及对某位测谎的"能人"感觉不平凡的，特别高超的，这似乎是离科学越来越远。如果是非规范、非同行认可、非通用方法步骤，以"秘方"、自创"流派""祖传"出现并行使的话，这与"科学"的基本性质是相违背的，科学测谎是非"神"之地，无"神（探）"之辈，无论科学测谎还是测谎科学，都将与"神"敬而远之，无论默认、自诩、他恭，那些"吸睛霸屏、圈粉过万"不是科学实质更不是测谎科学水平和能力的体现，这些有悖于科学的精神。

测谎科学中"科学"是有"申"论的。即所有方法是公开的、通用的、可重复的、可验证的。"申"为重复，一再；或是陈述，说明。测谎科学中的"申"，说明实验对象、步骤、方法、数据结果得出、各个数据的推论、成分处理等全部可以重复或验证试验，方法可公开，检测问句内容可报道。对一项科学测谎检测任务的数据结果、论证的陈述或说明，不仅可以按照科学同行的标准、"第三方"方式讨论或论证的方式进行相互讨论、彼此试验获得结论支持、推理，而且对他人的实验方法、实验的过程、所得到的结果和结论有告知的义务，对疑虑、不解甚至不信允许申诉、可供商榷，还可重复实验、验证实验。

表1-3　科学与测谎中"科学"对测谎的"神"和"申"

	shen	表现	重复	验证
科学测谎中"科学"的无"神"论	神	特别高超	独门秘籍	机密不公开
测谎科学中"科学"的有"申"论	申	申述、申辩	必可重复	公开方法步骤不足

进行科学测谎不仅需要使用者——主试、受检测人——被试（包括知情——相关人员、知情——无关人员）以及社会群众获得系统的心理生理检测领域内的科学知识，更重要的是需要所有关心测谎的人树立"科学"的自然观，掌握认识测谎的科学方法，理解测谎科学与社会的相互作用。测谎科学教育内容体现科学，既是关于自然的系统的知识体系，也是人类探究、认识心理生理检测的自然科学相关的过程，同时包含有态度、价值观和道德方面的问题。测谎科学内容需要测谎科学知识（science knowledge）方面的系统、测谎科学原理及过程能力（science process skill）和科学态度（science attitude）。（1）测谎科学系统知识包括概念、事实、原理和理论。（2）测谎科学过程能力包括基本能力和综合能力。情绪生理科学测谎或认知脑电测谎基本能力有观察、分类、交流、测量、估计、预测和推理。综合能力有明确问题、控制变量、给出操作定义、假设、实验、图形化、解释、模型化和研究。（3）测谎科学态度包括情感态度和对待科学的意志力。

测谎的对象是人，广义上的科学测谎是用科学技术方法或公认的理论和定律对谎言进行测试，有使用量表的，也有使用仪器的。狭义上的（也是本书着重论述的）科学测谎是对人进行科学测谎，就是基于某一案件，对被检测人采用涉及案件的相关问题进行提问，或显示案件相关图片等刺激方式，对所诱发的生理反应参数，基于心理生理学等原理，对被测谎人与案件的相关性进行数据分析、结果评价。

数据分析是对测谎定量研究的过程。对科学测谎的数据进行分析，就是将被测谎人测谎时所得到的具体的测试数据作为研究对象，把这些测谎中得到的全部或整体数据分为各个方面、单元、因素、层次和部分，并分别加以研究考察，是主测的专业认识活动。测谎分析的意义在于，主测细致地寻找能够解决被测谎人与案件之间关系这一问题的主线，并以此解决问题或分辨出测谎问题与被测谎人的相关程度。主测人学习测谎内容的深度和广度，决定了测谎的水平，钻研测谎越深越精，发现被测人案件相关的能力越强。

结果评价是对测谎定性研究的过程。对科学测谎的结果进行评价，就是在对本次测谎得到的各类数据进行逐一分析的基础上，结合被测人、被测案件等多方面、多因素，衡量评定各种情况、各种数据的价值，综合整体地对被测人案件相关性进行考察讨论，最后做出测试结论。测试者评价水平高低与测试的经验丰富与否相关，这些由实案测试实践得来的测谎知识与技能，对测试者的理解和解释能力有影响，一个富有实案测试经验的测试者，其对所测试到的数据综合评价的能力基础较好。

第四节　对于心理生理检测试验结果和结论的"科学"认识

测谎"科学"中的理论、方法需要具备科学性和先进性，以及对于心理生理检测试验结果和结论的"科学"认识，可鼓励测谎者去研究测谎科学，同时促进测谎科学的进一步发展，提升证据科学获取的能力和水平。

一、测谎科学的试验结果和结论是可怀疑的

测谎科学原理和机制是在被怀疑中不断地进步的，作为科学测谎者，在探索事物本质和规律的时候，并不能毕其功于一役，而是有一个漫长、艰苦且持续的过程。每一条测谎科学原理从提出到反复验证、再校正的整个过程（也许会一直持续）中，一开始人们的认识并非很正确很完善的，而是逐渐趋于正确和完善。科学是神圣的，不是因为其不可侵犯、不可更改，恰恰相反，全是因为其敢于、勇于证明，敢于改进而使之神圣，这胜于任何一门自诩的"强大"。

测谎科学是能被怀疑的，尽管多年来很多人在怀疑测谎的科学存在，可是

在你一开始准备了解、接受"科学"这个规范事物的时候，你不需要去被迫相信或勉强接受科学的规范的存在，因为你若不相信，你也不需要盲目地被服从，更不用成为什么门派的"信徒"，唯有测谎科学的原理解释得通即可。测谎科学是使从事测谎领域者更加清晰地认识自己以及你所存在的测谎领域，可行、可不行的真实状况，对测谎者几乎没有要求，而且时刻等待着科学同行、被检测者、律师的批评，从情绪生理测谎到认知测谎科学理论，不仅测谎科学的理论更加科学了，而且方法、路径更加多元化了，法庭科学界、证据科学界等也更真实地了解测谎科学理论的科学性和存在了。

二、测谎科学试验结果和结论的可检验性

去"神"可"申"的基础，在于从构建的检测问句、测谎全部过程体系中，可以推导出与可供经验检验的检测问句案（事）件相关的事实命题，以取得心理生理、脑认知理论和经验的一致性。可检验性把一些预期的可观察事实的陈述，加上某些初始条件推演出一个或更多的推断，然后设计实验，将这些推断与观察、实验的结果相比较，做出检验论证，看看观察、实验的结果是否确证或证伪这些推断。检验测谎的结果可靠、有效的前提是不同的测谎工作者在相同的环境或条件下，使用同样的测量仪器和操作程序，得出同样的结果。换言之，接受经验检验的经验，不是某一位测谎者私人的经验，而是科学同行的共同经验。测谎者尽可能利用可重复、可再现的观察过程使测量工具标准化，并明确规定测量程序，以防实验结果受过多主观因素的影响，这也是科学客观性的保证。

基于情绪的心理生理反应的测谎问句，包括：①今天是晴天吗——案件不相关问句；②XX文章是你剽窃而来的吗——准绳问句；③XX银行的钱是你拿的吗——案件相关句即检测目的所在。如果被检测人的心理生理反应在①和③句时的强度相接近，在②句时的强度最大，则无辜的可能性大。涉案或与检测需求密切相关时心理生理反应较大，因为检测问句的内容能够诱发被检测人产生心理生理反应，问句内容不同，被检测人产生的反应强度不同，当问句内容发生改变时，相同的被检测人会出现不同的心理生理反应。而不同被检测人听到相同的检测问句时，会产生不同程度的心理生理反应。所以基于检测问句内容引起情绪的不同强度反应来分析被检测人涉案与否，是具有科学性、可检验性的。测谎是否具有可检验性，对此测谎科学理论与专家"独特"的观点或形

而上学及其他各种非科学知识体系和观念有根本的区别。一些测谎"专家""神探"的测谎经验科学接受经验的检验，形式科学接受意义分析的检验，但是任何"专家""神探"的"独门绝技"、形而上学都不接受这样的检验。同时，可检验性是测谎科学发展具有超强生命力和法庭证据力的重要原因。卡尔·波普尔（Karl Popper）就认为："衡量一种理论的科学地位的标准是它的可证伪性或可反驳性或可检验性。""一个科学家不论是理论家还是实验家，……他们构建假说或理论系统，然后用观察和实验对照经验来检验它们。"（《科学发现的逻辑》）

测谎科学理论中的可检验性是共同的规范及统一的标准的科学测谎的基本条件。测谎科学中机制、原理都来自经验事实，是人类对测谎的认识和概括个别事实的基础上得出的一般结论，因此，测谎科学假说或理论的真假必须由实际检测案例的经验来检验。能否为经验事实所证实或证伪，直接关系到一个科学理论的存亡，测谎科学之为科学的客观性也正在于此。可检验性还包括人们常说的主体间性，即某一种科学假说或理论需要接受特定领域内科学共同体的检验，能够在相同的条件下被科学共同体所重复、得到同样的结果，需要被科学共同体普遍接受。波普尔指出："科学陈述的客观性就在于它们能被主体间相互检验。"

三、测谎科学试验结果和结论可重复验证

科学的可重复验证性即在不同的时间、地点、空间，在相同测谎科学原理下，科学测谎的方法可以由不同的主体重复所报告的测谎的实验，以及表现出相同的测谎科学的理论。情绪生理测谎和认知测谎两大分类，都属于自然科学，在测谎科学方面体现得更真实。测谎科学属于实验性科学，其基本特点均要求具有可重复性，做的每一次测谎都是一个实验，在不同的实验室用不同的仪器、由不同的人操作可以得到在误差允许范围内的相同结果，这个实验才是科学的。

相比认知测谎，情绪生理测谎的重复性比较差，准确地说并没有什么可重复性，被试者本身不能重现相同的数据图谱，而没有系统科学地解释心理生理的原理，其可重复性可想而知就是不可行的了。当然科学的可重复性是在某个范畴内可重复，这种可重复性也是驱使我们进一步学习、研究探索科学的原因之一，从实用性的角度来说，某些科学可以创造巨大的财富，也极大地促进人类的进步。

四、测谎科学试验结果和结论的可再生性

在测谎科学原理、方法中，基本要求必须可靠，可靠的实质是指测谎结论的可再生性。判定一个心理生理检测或测谎实验成功与否的标准，是看其是否具有可重复性，即在使用相同的方法、相同条件下对同一事物进行测量是否得到相同的结果。

在法庭科学界，太多的测谎者和其他执业人员，缺乏足够的资源、可靠的政策和国家支持就草率从业；证据界缺乏了解、法庭科学界的检验质量不高或参差不齐；测谎从业者经常受到缺乏足够训练和持续的教育、缺乏执业人员强制认证要求、缺乏实验室强制认证程序、不能坚持健全的科学测谎操作标准以及缺乏有效的监管等方面的影响。一般来说，测谎的科学证据的错误主要来自人的错误、设备的错误和对象的错误。

五、测谎科学试验结果和结论的可预测性

试验结果和结论的可预测性，即测谎科学原理对检测实验的结果、结论有可预测性，是测谎科学理论的重要功能，也是决定测谎科学理论是否可取的重要标志。测谎科学理论之所以有预测功能，一方面是因为它本身具有逻辑上的推演能力，另一方面测谎者具有科学创造力的反映，能够对经验事实（如情绪的生理反应和认知脑电的变化）、经验规律重复预测。

六、测谎科学的试验结果和结论可证伪性

测谎科学的可证伪性即测谎科学理论，应该可以用严格的客观证据，以测谎科学原理的方法证明测谎的理论正确或错误。测谎科学的可证伪性也要求测谎科学是客观的，能够用人体科学的方法来证明测谎的对错或不足。测谎科学通过这种可证伪性可以不断地进步。也可以说测谎科学原理更接近真理，没有最好只有更好，测谎科学是有一定范畴的，寻找探索的是一定范畴中的真理。以"神"为方法就是玄学，没有使用科学方法，那么其得出来的必然不是科学。

测谎科学具有可证伪性、可反驳性，测谎科学特别欢迎并且经得起任何反对者、批评者、质疑者的检验，检验的结果只能证明反对者的愚蠢、批评者的荒谬、质疑者的无知，却丝毫不能动摇测谎科学真理，所以测谎科学真理所向无敌。反之，一切害怕争鸣、辩论、批评、质疑的所谓科学，即使测谎科学者

都认同它、认定它，也不是真的测谎科学真理。

七、测谎科学的试验结果和结论的客观真理性

测谎科学是以事实为基础的。"事实"包括实验事实和观察事实。实验事实，即被测测人在主试人为设定的条件下，以检测问句进行实验所取得的事实材料。观察事实，即通过观察被检测人客观对象的实际变化过程，如心血管循环系统的血压、心率、指脉以及皮电、呼吸等参数，以观察获得的数据图谱事实记录材料。

测谎科学中的自然科学机制原理，由于其所研究的对象比较简单，过程比较确定，可逆性、可重复性强，因而更多地依赖实验数据事实；而测谎科学由于所研究的对象——人具有欺骗性，而欺骗是极其庞大复杂的，变化过程反复无常，具有不可逆性，因而更多地依赖实验观察事实。

测谎科学之所以能够称为科学，是因为其必须具有客观真理性，这是测谎科学的一个最根本特征。测谎科学的客观真理性，首先就其来源而言，它是以存在的事实为研究对象——人体以及人体情绪生理（人体认知），以这两类实验中所得到的客观事实为基本依据和出发点；其次就其内容而言，是对人体情绪生理、人体认知实验得到的客观数据本身所具有的本质及其规律性的真实反映。

测谎科学原理下的科学测谎，其检测到数据的客观性是一个绝对确定的事物，首先它是由明显的相互协调的观察和验证加以确定的。其次，这些通过实验观察到和验证过本身的"成立"，需要有主体间的交流，这些交流是在科学共同体内部进行的。测谎科学不是"神探""专家"的私人事务，测谎科学陈述必须用某种普遍的科学语言来表达，使之能相互传达。因此，主体间的可理解性是测谎科学客观性的题中之意。最后，测谎科学客观性不依赖任何参照系，独立于主试观察者的立场、意识状态和"角度"而存在。同时，测谎科学的客观性也不依赖任何方法，即某个陈述的正确性不允许依赖人们用以验证陈述的方法。因为测谎科学的客观性有两个方面，一方面其来源于客观事物——检测到的数据，所以它的本质是客观的；另一方面，测谎科学对于被试者是客观的，不以人即主试的意志为转移，测谎科学中不能说某些科学是好的，而另一些是坏的，测谎科学只是揭示了欺骗、反测谎的本质或者规律，不能说因为主试使用测谎科学去办坏事，就说这个测谎科学是不好的，测谎科学原理就在那里，你用与不用，都在那里，无好坏之说。这个特征也不是测谎科学所独有的，却

是最基本的特征。

测谎科学的试验结果和结论还有其他特征，但是特征不是相互独立的，而是共同构成了测谎科学的特征，测谎科学最基本的特征是客观性和可检验性，这是测谎科学区别于其他理论的重要特征。

八、科学的试验结果和结论的抽象性和深刻性

测谎科学绝不满足于对所研究的对象即被测谎人进行外在的现象描述，而是要进一步探讨现象背后所隐藏的情绪生理、脑认知的本质和规律。如果单从某方面来说，刺激语句、生理变化、认知脑电等这些根本算不上什么特别的特征，算不上能够区别于其他事物的特征，测谎科学原理也有这样的特征，但是测谎科学依然把其当作最基本也最显而易见的特征。根据测谎科学原理中机制的定义、解释，情绪生理、认知脑电的本质与规律，从这个定义中看测谎科学是从实践中来的理论，它必然是抽象的。测谎科学需要经过不断的心理生理检测检验，间接证明其深刻性。测谎科学的抽象性和深刻性要以客观为基础，因为仅仅只有抽象是不够称为测谎科学的，只有"专家"说更是不够的。

第五节　测谎科学尊重"经验"但与"科学"的本质相区分

科学技术不是万能的。测谎科学原理也好，科学测谎技术也罢，皆如此。目前的科学技术水平和能力并不能解释所有的生命现象，对欺骗这种人类复杂的认知活动，其规律、机制的明晰程度还远远没有达到人类在神经元的细胞水平解释、分析的层面上的"随心所欲"，但是科学技术一直在不断地进步和完善，使一些以前几乎不可能实现的实验探究，靠现今的认知脑科学技术、心理生理技术等能够深入地分析、确定人类欺骗活动的过程、特征。

一、测谎的"科学"知识体系和测谎的"经验"关系

查尔斯·罗伯特·达尔文（Charles Robert Darwin）曾经给科学下过一个定义："科学就是整理事实，从中发现规律，做出结论。"可见科学有别于事实，科学来源于事实而高于事实，是探索世界奥秘和追求真理的科学实践和认识活动。就"科学"本性特征而言，测谎的"科学"是开放的、兼容并蓄的、包容

的，各项测谎技术之间科学测谎结论可以互证、取长补短、相互促进。在当今还存在许多无法解释的生命现象的情况下，那些通过感觉器官获得的对测谎客观事物的认识及其与外部联系的认识，就是对测谎实践感性经验的概括总结，比如对直接接触测谎实践的被检测人、多道心理测试仪器、数据图谱（还有所谓"第六感"）等。这些客观现象的认识过程会以"测谎经验"的形式出现在测谎实践中。测谎实践中的某些"测谎经验"也有助于丰富测谎相关的科学"知识"，对测谎实践经验丰富的人来说，将测谎实践经验与测谎科学的知识结合，在实践中灵活运用所学测谎相关知识，方可最大限度激发利用测谎科学知识理解测谎科学原理机制检测欺骗的能力，展现测谎科学所具有的能力，丰富测谎科学知识的内容和测谎者的实践阅历。一些测谎实践的经验是一个测谎者其个性化的、持久的、不断积累的"知识"，可能具有局限性，但是不影响对测谎科学知识的补充，或经过测谎科学的科学化"处理"，使其得到深化和升华；测谎科学中的知识是普世化的，是心理生理学、认知科学、法庭证据科学等理论式的系统总结，这些与检测欺骗相关的科学（知识）是测谎检测相关人员，主试、被试（被检测人），法庭证据相关人等对物质世界以及大脑的精神世界探索的结果总和，也包括经验的系统和固化。

表 1-4 有别于测谎"经验"的科学

	定义	对象	获取	共性
科学	发现、积累并公认的普遍真理或普遍定理的运用，已系统化和公式化了的知识	以一定对象为研究范围，依据实验与逻辑推理，求得统一、确实的客观规律和真理	忽略其他干扰因素条件的影响下做出的预想	普遍可重复、可质疑、可验证
经验	从多次实践中得到的知识或技能	由实践得出的结论	通过实践得到的体验，不一定正确	只是在实践中总结得出的一些做法，未经证实
经验科学	对已取得的经验进行研究分析的学科	依靠总结出来的经验	对已有经验的概括和总结，一般符合实际	

测谎的经验技术是技能技术，好学好模仿，可供模仿的案例毕竟有限，未发生的检测任务，如果套用以往成功的案例，有可能在时代性、地域性、检测对象的适应性等方面会出现无法完全对应的状况，从而影响测谎技术的使用效果。测谎科学中的技术是知识技术，具有广普、普适、概括、一般意义的使用

方法，在此基础上，可以依据测谎科学的原理、机制，"因地制宜"地选择方法或自己设计，针对检测任务的内容进行测谎。

测谎实践的经验技术是渐进技术，靠案例数量积累才能得到提高，如果检测案例的数量不足或接触的数量有限，那么测谎"经验"增长将受到限制，如果缺乏甚至没有实践"经验"，那么测谎技术的获取几乎不可能。测谎科学中的技术是突变技术，懂原理晓机制的话，可以不依靠案例或较少的案例，以理性分析的方法和试验假设的设计开展测谎试验，依然可以提高测谎科学中的技术。

科学技术指的是依据科学原理而非一般性的实践经验所创造或发明的各种物质手段、方式、方法等。科学性技术以相关的科学性"预见"为前提，在其基础上经过发明与创造得以形成、产生，有了相关的科学性"预见"，才可能有相应的科学性技术，因此科学性技术是一种"前生技术"，它对实践活动有预见性的指导作用。

测谎的经验技术是模仿技术，学习他人可能存在局限。测谎的科学技术是创造技术，知其然更知其所以然，可以在知晓测谎科学知识的基础上，依据原理和机制创造新的技术方法。

测谎实践中的经验技术是单生技术，测谎科学中的技术是多生技术。测谎科学原理、机制与其他技术可以融会贯通，交叉、互证，产生异曲同工的科学测谎作用。

二、测谎的"经验"与测谎"科学"知识体系

对于学习过测谎科学知识且具备开展基本测谎检测试验能力的人来说，获取经验更重要（测谎的经验需要积累，它是能力的另一种形式）；对于不具备测谎科学知识的能力但具有测谎实践经验的人来说，测谎科学的知识更重要（因为再多的测谎实践经验，也可能在下一个测谎案例中，无法对应上，更无法"照葫芦画瓢"，会影响科学测谎的应用效果，学习测谎科学体系中的知识是形成测谎能力的载体）。

测谎实践中的每一个检测案例都应该是新的问题，即新的检测任务所涉及的问题，对于复杂检测任务问题的情况而言，测谎科学中关于欺骗相关的心理生理、脑认知知识和测谎实践的经验都重要，对于一个恪守且熟悉测谎科学原理、强调测谎科学试验规范的检测者来说，获得测谎实践的经验比获得测谎科学中的知识更重要，对于一个具备测谎实践经验又希望不断突破提高自身能力

的人来说，测谎科学中的知识获取更重要，这样有利于对所检测的案例进行思考，并结合知识的应用，将会进一步提高测谎的水平和层次。对于每一个测谎的检测人员来说，应该会平衡知识测谎科学中知识的增长和测谎实践中的经验积累的关系，使得测谎科学的知识与测谎实践的经验形成互动，测谎科学的知识和测谎实践的经验的重要性是一样的。测谎科学的知识与测谎实践的经验是互为补充、互相转化的两个方面，测谎科学的知识是系统的、系列的、固化的成果，测谎实践的经验是个性化的、动态的、运动的、无标准的。一个检测者测谎科学的知识与测谎实践的经验，应该融合在一起发挥优势，相互弥补、促进，即使测谎科学中的知识与测谎实践中真正的经验完全属于两个不同的领域，即一个是客观世界，一个是主观世界，二者无法比较却又缺一不可，不应该厚此薄彼。

要重视测谎实践中经验的科学性，因为测谎实践的经验科学是偏重于测谎实践的经验事实的描述，是明确具体的实用性的科学，旨在解决测谎的实际问题，并探究、描述、说明和预言发生在所要开展的测谎事件上。因此，测谎实践的经验中的科学，其论断必须由测谎实践的经验中的事实来检验，而且仅当它们有经验证据的支持时，它们才是可以被接受的。而测谎科学中的原理、机制，即"测谎的理论科学"的对称，偏重于对测谎实践的经验事实的描述和具有明确具体的实用性的科学，一般较少具有抽象的理论概括性。在研究方法上，以归纳法为主，带有较多盲目性的观测和实验，一般在测谎科学的早期阶段基本属经验科学。

测谎科学理论的组成，是通过形成系统的理论来解释测谎，在结构上呈现逻辑性。人类在长期实践活动中，积累了大量实用的经验和知识，如果一些实用的测谎案例经验和知识，大都不能依据一些普遍原理、规律结合进一个逻辑上连贯的概念系统之中，那就不能算是测谎科学。测谎科学研究活动具有极强的系统性，它通常遵循一定的程序，从某个明确的问题开始，直到获得一定的结论为止。测谎科学研究的结果，最终体现为结构严谨的理论和高度系统化的知识体系。

测谎科学中所得到的试验结果和结论具有系统性。测谎科学原理不是事实的简单积累，也不是零散的常识之和，而是"一种关系的体系"。测谎科学原理力图说明以及确立表面上无关的命题之间的相依性关系，系统地揭示看似错综复杂的各项资料之间的关系，这是测谎科学研究的独特标志。测谎科学是通过"观察—假设—总结—验证"的反复过程，才得出的关于测谎的科学的规律或本质，往往不会一蹴而就。在此基础上科学的试验结果和结论有下面的性质。

第一，不能认为有用性是测谎科学的特征之一。如果从测谎科学的起源来讲，那时候可能是有用性造成测谎科学的萌芽，并推动其发展，但是当测谎科学有用性不再是唯一促进因素，意志或者不断出现的好奇心也促使新的测谎科学原理得出或出现，测谎人的需要就不再只是物质的有用性。

第二，如果有测谎人一定坚持有用性是测谎科学的特征之一，那么想举个反例也是不容易的，因为他总有办法找到使用这个测谎科学的痕迹。除了测谎科学的特征外，科学测谎的方法也很重要，了解以及掌握科学的研究方法还有助于鉴别什么是测谎科学。

因为测谎科学的某些特征譬如可证伪性、怀疑性的解决均需要科学的方法，单单知道测谎科学的特征是不够的，测谎科学的方法以及思维的了解也是重要的，不管对于鉴证科学还是研究科学来说，慎重地思考测谎科学，可以使测谎有能力区别生活中的非科学测谎。要区分有些连基本科学素质都缺乏的"案例"，分辨其是否达到真正的科学标准，这也指引测谎者思考如何研究科学测谎。也许对科学测谎本身的思考过程，就是一个测谎科学的过程，随着测谎者自己的成长，测谎科学的水平、层次也在不断变化、提高。

三、测谎的"经验"对测谎"科学"知识体系的促进

"刺激—检测者—提问—回答（或按键作答）"的测谎科学试验，是检测被检测人认识活动的一种科学活动，即有规范的同行认可的试验方式。这种特殊的认识手段和认识方法，是被检测人完成认知内容下的"刺激"后的认知的数据结果，作为科学认识成果，心理生理检测有其特殊的表现形式，包括测谎相关的基本概念、基本定律以及所得出的检测结论。因此，测谎科学具有特殊的本质属性：第一，可检验性，测谎科学理论机制知识的客观真理性，要求测谎科学的原理、机制能经受实际案例、检测需求及实验的检验，如果经不住检验，就是伪科学；第二，系统性，测谎科学是组织起来的人体科学相关的系统化的知识，有着严密的逻辑系统；第三，客观真理性，测谎科学的专业知识来源于自然科学界的技术方法，反映自然科学同行认可的规律，不以"专家""神人"的意志为转移；第四，主体际性，科学作为社会意识形态，应当被不同认识主体所理解，能够接受不同认识主体用实验进行重复检验，并在他们之间进行讨论、交流。

第二章

测谎科学的认识

关于测谎的故事有很多，其内有很多的"卖"点、"激动"点、兴趣点、"劲爆"点，甚至被故事打动后产生被打鸡血般的"奋进"、亢奋状态，也很容易形成"吸睛点"。

关于测谎的案例有很多情节，其中有很多是惊悚的、引人入胜的、一环扣一环的。有吸引观众、读者的收视率、关注持久能力的"媒（体）"点，但不排除缺少科学中立、冷静客观且与"科学"基本原则相违背的情况，如不尊重科学技术能力、水平和原理，不承认测谎能力水平有限，夸大失实，用情节或突出情节掩盖、回避、拒绝接受科学测谎的不足，这产生的"媒"体热点与其说是对法庭科学证据的"贡献"，不如说由此而产生的是"霉"点，这与科学证据渐行渐远，不利于科学测谎发展。

测谎科学中有关人脑认知、情绪生理反应的相关生物学知识，相对来说都是较为枯燥的陈述性知识。现实中真实的测谎科学案例其实与影视或者文学作品中精彩的情节大相径庭，现实中的测谎没有标榜，没有百战百胜，没有那么多动不动就是"连环"，就是什么什么人"变态"下的案件，以及歌颂某某"神探"的锦旗获取经历，甚至也不会有故事般的"味点"，更不会有影视作品中令人拍案叫绝的"神探"般的人物、那令人叫绝的精彩"桥段"和剧情。或许多的是只有一章又一章一节又一节，从"科学"测谎执行的方法步骤要求下一步一步执行，到测谎"科学"系统的原理，分析、论证所检测到的数据结果，进而得出被检测人与案件的相关心理生理学证据。也就是以被检测人对检测问句内容所引起的情绪的生理变化、大脑认知过程及其规律为研究对象的科学。在现实中的科学测谎过程，测谎科学实际上测地是被检测人对监测问句内容所引起的情绪生理变化以及大脑认知过程及其规律。科学测谎中的"科学"，指大脑认知过程包含的学习、记忆、思维以及在认知过程中伴随产生的心理生理体表参数的变化等科学机制原理。凡是涉及科学研究的过程，那势必首先得掌握科学的基本要求，科学测谎更加如此。

第一节　测谎认识的层面

测谎有较高的关注度、知晓度、兴趣度、普及度和易出名度，也有较高的混淆度，社会上良莠不齐的测谎应用，各种"秀"场鱼龙混杂，吹过了的"神"探有之，神秘了的"专家"有之，夸大了的由违规测谎导致错案所造成的负面影响有之，这些都严重影响了人体科学界、法律界、法庭科学界等对测谎的认识和科学的客观评价，要让测谎科学，并为科学同行所认可，正本清源，科学理性，并始终保持严谨的态度，是学习掌握测谎技术的基本要求。

一、测谎认识的层面

测谎是个公众关注度高的"热词""炫（酷）词"，时不时可以靠测谎上"热搜榜"，也可以靠此出名得利，无可厚非也无须评价。社会上，似乎人人都能说上自己对测谎的理解和高见，个个都能对测谎采取"批判性思维"进行"指点江山"，或对测谎的"江山"进行"指点"，任何夸大或缩小科学测谎技术在公、检、法、司、安中的作用，任何高估或低估测谎科学中原理、机制知识的科学性，任何以偏概全的个案，都不足以反映测谎科学原理、机制的存在，而这恰恰是对测谎认识层面上的差别所致（表 2-1）。恪守严谨，坚持坚守，做科学标准的事，走测谎实验/试验的万里路，获认知脑电、情绪生理的原理机制，探索人体欺骗的生物学性质的参数体系，是测谎朝向科学深入发展的路径。

表 2-1　心理生理检测（测谎）与"科学"认识层面

科学认识	科学态度	人群（%）	对试验的认识	个人的认识	表现	评价
不知道自己不知道	无知无畏	95	能做什么都不知道，盲目主动提出，我想做什么	以己之积累，不愿意接受，不愿意模仿，似乎一切简单、都不难、一学就会、一想就通、自我一解释就能实现	被别人否定，不服、不满，"找茬"，前人总不对，总想挑战和"创新"	提出缺乏对检测机制原理、技术性能的了解，可笑幼稚、矛盾百出的假设

科学认识	科学态度	人群(%)	对试验的认识	个人的认识	表现	评价
知道自己不知道	有知有畏	4.0	这个、那个都有人做过，很多不敢做	怎样学、怎样设计、考虑中、改变中，畏惧畏难	基本了解后，自我推翻过去所提出的方案、假设，修正	重新提出设计
不知道自己知道	无知有畏	0.1	明确知道哪些做不到，试验有限性	积累、沉淀、逐渐深入，怎么没有十全十美的实验设计	反复修正设计，求大存小、求多存少，求最大的实验生物学效应	自我修正，尽量控制、避免不利的因变量出现
知道自己知道	有知有畏	0.9	知道没有十全十美的实验设计，严谨，逐渐形成设计，考虑周全	否定科学万能、接受不足、承认缺陷，不回避，不排斥真正知道、了解和评价什么是科学	敬畏、欣赏、体会科学，提出设计被通过的原因	懂得什么是有价值的，含金量在哪儿

让科学测谎试验从经验认识层次上升到理论认识层次，以检测的案（事）件案例进行科学抽象，以科学理性为原则。

二、测谎使用的社会认识

以情绪生理原理基于多道心理测试仪（测谎仪）开展的测谎，的确只需要非常简单的"培训"，几乎不需要什么"门槛"，目前也没有设立准入机制，而对不了解的人来说，测谎的使用似乎神秘，测谎效果似乎神奇，测谎方法似乎神神叨叨，此外，现今测谎还有下面的特点：

测谎知晓度高，几乎人人都知道一些，都能说一点，但也都是人云亦云。

测谎关注度高，犯罪、侦查、测谎、破案等是媒体的热词，具有高"收视率"，易被热议。

测谎出名度高，由测谎案件演绎的故事不仅可造"神"且易很快让众人皆知。

测谎需求度高，检察、法院、司法、国家安全等部门有使用，纪检监察、军队、火箭军、金融保险等领域也有明显使用的倾向。

测谎分歧度高，缺少规范和标准，人机结合以人为主，科学还是伪科学、测谎还是反测谎、测真还是测假、唯心还是唯物、有效还是无效等被争议至今。

测谎混淆度高，各种学说、权威解释比比皆是，各种流派众说纷纭、良莠不齐。

测谎对抗度高，测谎—反测谎—反反测谎，自始至今相互伴随，随科技更新，随心理生理机理发展增强。测谎技术本身的需求（表 2-2）更突出，理论和方法需要不断更新，要求测试者不断地学习。

表 2-2　心理生理检测过程中对"测谎科学"的认识

态度	被测人	主测人	围观
安全性	安全可靠	有机理	可见
敏感性	可变	有方法标准	可比
自我证	可重复测	有数据	可验证
旁他证	可选他人	可交换	可反测
结果对应	是我	可比较	可质疑
对抗程度	实时	反反测	可提高

社会公众有其不同内在角色，他们的目的和需求在（表 2-2）中可以体现，他们是各不相同的，作为测谎就应该以科学试验的方式公布于众。

三、科学测谎目前使用的一些状况

公安、检察、法院、国家安全、纪检监察机关的测谎者、测谎技术管理者、司法科学证据认证的相关人员存在着下面的一些状况。

（1）不敢用：知道有此技术，因为不了解，不知道测谎科学技术使用状况，所以不敢用。

（2）不信用：了解个别错案，不理解其科学性，或只了解片面、个别内容，不信任此技术。

（3）不会用：不了解技术具有使用条件，遇到复杂案（事）件检测无法处理。

（4）不想用：使用此技术只是把多道仪作为道具来"震慑"嫌疑人，不觉得更"有效"。

（5）不懂用：了解些，很想在实际工作中使用，但是不知道怎样用。

（6）不善用：任何技术都存在局限，不知道案（事）件检测与技术存在相关适应性。

（7）不屑用：不了解当今测谎科技迅猛发展水平状况，存在歧视、轻视。

"测谎"不是测"谎言"本身，而是测心理所受刺激引起的生理参量的变化。首先，"谎言测试"力图用所谓的"说谎特异反应"来解释自己的科学性，但是现代实践或研究都证明，心理测试仪器测试的只是生理反应，而不是什么"说谎特异反应"。其次，"谎言测试"将自己定位于讯问，即一切以服务于讯问为出发点，这样的直接后果就是对测试本身的轻视。在具体使用测谎技术时，还有以下几种情况出现：

（1）测试仪器"道具化"，将各种传感器、导线、检测到的数据图谱作为"演戏""工具"。

（2）测试过程"表演化"，将严谨的实验步骤用来当作影视作品、案例故事的动作显现。

（3）测试结果"随意化"，不用实际检测到的数据作为结论的主要来源，忽略检测的不足。

（4）测试人员"巫师化"，故意于测谎步骤、操作方法、数据获取等上装神弄鬼、魔法化。

（5）测试原理"神秘化"，检测者和被检测人之间测谎科学原理等知识是不对等的，故弄玄虚。

（6）测试解释"专家化"，对检测结论故意用难懂深奥之词来解释说明，让人似懂非懂。

（7）结果分析"神话"，因专业知识的不对等，故意用让人无法理解的"神""奇""特"来蛊惑。

（8）测试结果分析人员"奇才化"，不真实报告检测人的真实身份、专业等背景，或夸大冠以诸多无法用社会公共评价系统评价的"头衔"，如 X 总、XX 第一人、X 神，甚至中国 XXX 等，来故意隐瞒无或低劣资质。

（9）技术学习"秘传化"，技术操作并不复杂，依靠不对等，故作"高端"神秘。甚至出现"谎言测试"的最高境界是不用仪器的狭隘倾向。

（10）方法使用"技巧化"，科学过程本就严谨甚至烦琐，如果丧失严密的步骤而要"巧"钻"巧"，与"巧"相关就与科学无关。

（11）测试结果分歧"权威化"，甚至出现"谎言测试"的最高境界是不用仪器的狭隘倾向。再者，蔑视被测人，即全力将测试人员自我包装成专家模样，着力营造"我控制你"的不平等气氛，甚至采用"心理控制"技术，与科学测谎技术无关，完全与现在社会广泛要求平等的大趋势格格不入。

　　心理生理检测技术于案件侦查中使用传统的心理学方法，如对被侦查人早期技术的行为观察，侦查讯问，各式各类自我掩饰探测的问卷、量表可以对心理活动的某些方面做出准确的描述和量化的表达。但这些方法大多只是根据言语反应和个体外表行为的表现或者结果去推断或解释心理，并没有打开"心理活动"这个高级神经活动的"黑箱"。得到的结论有很大的局限性，有时甚至会和实际情况相反。面对这样的难题，人们从困惑中逐渐发现了神经电生理的手段可以逐步向心理活动这一目标逼近。视频监控技术"天网"的普及使这项技术的应用量下降，但是突出针对人的，不仅作为法庭科学证据被采用，而且在人力资源检测方面使用率越来越高。

　　国际上科学测谎技术人岗匹配、人事筛选（employment screening）领域，也逐渐引入了这项技术。入职时一般人会"吹牛"得过众多奖、组织协调能力强、自我标榜人格健全等，人岗匹配时会装出很符合招聘广告的要求，即使入职者对量表测试做了诸多功课，测试表现足够"优秀"，但一旦佩戴传感器，将相同量表问句使用检测仪器施测，仪器对"言（量表）""行（真实的生理状态）"一致性程度要求高，可检测是否真能做到所填问卷中所说的那样。

　　另外，性格和岗位特点的适应方面，比如社区民警、户籍警等工作是平凡、琐碎、重复性的，需要有非常好的耐心，即使有人或很多人实际行动达不到，为了获得职位，被招聘人也会说自己能够安心工作，不讲待遇、不讲条件、不为名、不为利，听起来似乎崇高，人格完美……再如招聘社区干部公务员、护士、养老院和福利院岗，工作性质是需要长时间陪伴、陪护等，不需要你的"创造性"，需要极大的耐心、稳定的性格，能胜任较低强度、长时间的重复性工作。一般人们回答量表时会迎合、知道主试的检测目的以及主试需要什么样的问卷答案等，并主动规避不利作答，而挂上传感器，多了一层检测，会多几层科学的检测，对过检测"眼神"的显然比没有对过检测"眼神"的人员安全性更高。挂上传感器，肯定说明不了全部，但是可以说明部分人不适合。

　　以此，自 2000 年以来国际上科学发达的国家和地区，越来越多的政府部门或公司在招聘雇员时，借助测谎技术来甄别那些有犯罪倾向或者药物滥用情况的雇员（雇前筛选测试，preemployment screening test），或者用于确定现有的雇员中是否从事了盗窃、蓄意破坏或其他有害本机构的行为（雇中筛选测试，periodic screening test），从而将其排除出去。根据当时的一项研究（Appleby，1989）显示，这种人事测谎行为日渐盛行，到 20 世纪 80 年代末期达到巅峰，每年有多达 200 万起此类测谎测试。这种大规模的民间测谎行为，无疑是对大众隐私权或人权的侵犯。因此，1988 年美国颁布了《雇员测谎保护条例》(*The Employee Polygraph Protection Act*，*EPPA*)，以阻止测谎技术在美国社会日趋泛滥的趋势，对那些试图通过测谎测试来进行人事筛选的公司与机构进行了严格的限制。但是有一些学者认为，这一条例的颁布和实施的结果反而使得测谎测试在政府内得到了更为广泛的应用。如霍瓦特 (Horvath) 就在 1993 年通过的一项对 600 个大城市警察部门的调查中发现，每年有超过 67000 名人员在申请警察职位时接受了测谎测试，其中有 22% 的人因为测谎测试结果不理想而没能最终申请成功。在联邦政府中，大约有 24 家机构有例行的测谎测试，其中包括中央情报局 (the Central Intelligence Agency)、国防部 (Department of Defense)、联邦调查局 (Federal Bureau of Investigation)、国家安全局 (National Security Agency)、美国陆军 (U. S. Army)、美国空军 (U. S. Air Force) (Horvath，1993)。

四、情绪生理机制下多道心理测试仪 (测谎仪)

科学测谎的客观性由科学测谎的方法、规范、程序步骤保证，而不是由专家、媒体、"大 V" (网络平台经认证的拥有众多关注者的用户) 等的号召力，"粉丝" (网络用语，对人或物的狂热爱好者的称呼) 量或道德诚实保证，即科学测谎客观性不是个体或个人所能决定的，而是测谎科学家之间以共同评价标准、共同可验证方法合作的产物，测谎的结论不是某个人的公正性或道德的问题，而是科学测谎建制或科学测谎规范结构的正常结果。表 2-3 是测谎应用中存在的"乱象丛生""杂草丛生"的一些共性的现象。

表 2-3　部分多道心理测试仪使用的状况

特点	内容	对原理	对技术	态度
低	初步的，形式简单的	科学无国界，是开放的体系。能根据已有知识、经验启示或预见	探索精神不承认终极真理	在自己的活动中既有方向和信心，又有锲而不舍的意志
平	与别的东西高度相同，一般的、普通的	停留在定性描述层面上，科学的实践活动是检验科学理论真理性的唯一标准	实证精神，严格精确的分析精神	确定性或精确性是科学的显著特征

续表

特点	内容	对原理	对技术	态度
薄	对外表、环境夸大	非专业,甚至杜撰称呼	实践精神	离开实践,科学毫无意义和真实性
浅	低级不高尚,平常,不高明的	科学成就的本质是积累的结果,是继承性最强的文化形态	虚心接受科学方法和技术	科学活动有如阶梯式递进的攀登
劣	低劣、低下,弱下	专家、"你不懂"、不坚持真理	不敢向其挑战	无批判精神
庸	以锦旗作为介绍,以迎合、博眼球方式作为成功,庸俗、平庸	虚幻不实的头衔,科学须正确反映客观现实,实事求是,杜绝主观臆断	求实精神,不敢质疑"吸睛霸屏""圈粉过万"	科学从不迷信权威、传统
伪	虚幻;虚浮;空虚;虚张声势	少民主精神,装专家、"你不懂",不敢向权威挑战	求真精神,在严格确定的科学事实面前,勇于维护真理	反对权威、独断、虚伪和谬误

基于测谎科学原理、检测范式,严格按照各种有关的心理学技术要求、标准,进行针对案(事)件相关的严谨假设并小心求证,追求数据图谱真实呈现,是检测人对测谎科学原理的追求体现。科学测谎的数据图谱是客观的,需经过客观实验证实,"实事求是"是测谎科学精神的核心,以求真务实相伴随,不弄虚作假,坚持以测谎科学的理性、科学的态度看待检测中存在的不足问题、评价低问题。

五、测谎与社会的关系

(一)测谎是一项复杂的社会活动

测谎具有社会属性,测谎的研究方向可能受利益、政治气候、种族、社会价值等因素的影响,测谎应用是在法庭科学、证据科学、心理生理学、认知脑科学等领域中的实际应用,对社会的公平正义、科技的进步起着作用,其科学性是社会大众认可的关键,许多测谎科学者以论文的形式在会议、专业科学杂志或互联网上发表自己的发现和理论,必须被科学同行认可其方法、步骤、可比较,并由此向其他科学家报告自己按照科学同行标准所实施的试验,以及自己的研究数据结果,让科学同行对自己的试验得出的数据、推理的观点进行评论，最后这些发现成为测谎科学知识的有机组成部分，这样才能被社会认可和接受。

（二）测谎科学分为不同学科，在不同的机构中进行研究

不同的学科在测谎中有不同的优势，可以将测谎科学分为不同学科，这些优势可以为心理生理检测者或其他科学者的研究工作和研究结果，提供与其他科学同行内在一致性的概念结构。但不足的是心理生理检测、认知科学、法庭证据科学等与其他学科的运行机制有很多不一致，并且由于不同领域的研究方式可能存在差别，学科间的交流会产生困难。随着科学的发展，学科的交叉不断形成新的学科（如心理生理学、认知神经科学、法庭证据学等），测谎科学研究赞助机构（如国家、政府、大学、基金会等）以此决定支持何种研究，从而对测谎科学研究的方向施加影响。

（三）测谎科学研究中有普遍接受的道德规范

心理生理检测试验中，所执行的准确记录、公布方法、重复验证、以同行科学家的评判为支撑等一直是大多数科学家所恪守的职业道德传统。但是，有时由于首先公布一种测谎科学理论或观察科学测谎结果所带来的名誉上的压力，一些测谎科学者可能不愿意公开自己的研究信息，甚至伪造他们的发现结果，这是完全不符合科学测谎基本要求的。测谎科学者的道德问题是测谎科学实验中，被检测者、被检测对象的执行试验步骤和处理心理生理检测数据图谱，不管是真正的嫌疑人，还是其他被检测者，检测者必须做到的是检测结果出来前、编制测谎问句时，都应该把被检测者当作"无辜者"来进行试验，被检测者应受到尊重并拥有知情权，尤其是对心理生理检测原理的了解，而不是"蒙"或回避，对被检测人还要本着自愿的原则才可以进行检测。此外，测谎科学研究是应用于秀场、博眼球、"圈粉"等目的，还是其他对被检测人潜在伤害的目的，都是敏感的道德问题。

（四）测谎科学者在进行测谎时，首先只有了解人体科学的公民才有可能是科学测谎者

测谎科学者能帮助公众理解科学测谎的一些试验事件发生的可能原因或可能性，能证明哪些测谎机制是不可能被完全理解的。与测谎科学有关的科普问题和测谎科学研究相比完全不同。涉及公众、法庭科学、相关人员利益时，与其他人一样，当自己的利益、个人的利益、合作者的利益、团体的利益或社区的利益受到威胁时，测谎科学者同样有可能产生偏见，但这是不被允许的。

第二节　测谎科学中的原理

测谎科学是发现被检测人体已有的生理机制，测谎技术是发明被测谎人没有使用的方法。测谎科学是理论，是测谎技术的归纳和升华，是实践的抽象。测谎技术是应用，是测谎科学的演绎、具体化、实用化，是测谎科学理论的应用。只有测谎科学理论没有测谎具体应用，测谎科学理论可能不成立。只有应用没有理论，测谎也仅仅是操作的工匠。

一、测谎科学方法和科学原理

测谎科学方法尤其是科学精神的测谎方法，是在测谎科学实践活动中形成的一种唯实求真的崇高精神力量。测谎科学方法具有以下性质：测谎科学方法是建立在对欺骗检测科学实验的性质和规律的正确认识和利用的基础上的，是建立在测谎科学原理基础上的，能有效解决科学测谎实践中遇到的问题和难题，它目的明确、道理明确、范围明确、程序明确、标准明确，具有明确性、简单性、有效性、可靠性、实用性、标准性，易学、易懂、易操作。在测谎的科学方法中，测谎科学必须把它在测谎实践中的巨大成功，归功于唯一可靠的推理模式或测谎者使用的探究程序。

测谎科学中的方法与测谎科学原理密不可分，但测谎科学方法更强调科学测谎证据获得的途径。《韦氏词典》把科学方法定义为"系统追求科学知识的原理和程序，包括问题的确认和阐述、通过观察和实验收集资料以及假设的阐述和验证"。那么通常的理解，测谎科学方法意味着在一个可检验的假设中，构造一个关于测谎实践中如何运转的测谎科学原理、机制、科学假设，用科学测谎的实验或试验检验科学假设是否为真，并用科学原理、机制、人体生理机能的变化等这些人体生物术语描述、推论出所有的测量图谱和数据，以验证与检测任务的相关性。

科学测谎方法是为获得被检测人的某种生理状态（实施欺骗）或达到某种目的（以各种认知分类的检测问句诱发各种认知脑电）而采取的手段与行为方式。科学测谎的方法包括脑认知和心理生理检测技术，技术是方法在某一方面的定义。在测谎科学方法上，检测人思考运用测谎科学原理、机制的思想，从联系测谎科学理论到实施方法，无限趋近真实欺骗状态的研究方法，这是一种科学方法，也是测谎科学的思维。

表 2-4　方法和技术的比较

	目的	手段	区别
方法	为达到某种目的而采取的途径、步骤、手段等；解决思考、说话、行动等问题的门路、程序等；获得某种东西或达到某种目的而采取的手段与行为方式	方法也被称为主观方面的手段，用来模拟人类所具有的能力、动作或者行为，一般为名词；方法也就是工具，是主观方面的某个手段，主观方面通过这个手段和客体发生关系	不是物化了的手段，是人类认识客观世界和改造客观世界应遵循的某种方式、途径和程序的总和
技术	能带来经济效益的科学知识都可被定义为技术；人类在利用自然和改造自然的过程中，积累起来并在生产劳动中体现的经验和知识	人类利用自然改造自然的方法、技能和手段的总和；利用现有事物形成新事物，或是改变现有事物功能、性能的方法	具备明确的使用范围和被其他人认知的形式和载体
科学方法	人们在认识和改造世界中遵循或运用的、符合科学一般原则的各种途径和手段，包括在理论研究、应用研究、开发推广等科学活动过程中采用的思路、程序、规则、技巧和模式	高度的保真性，是以观察和实验及它们与数学方法的有机结合对研究对象进行量的考察，以保证所获得的实验事实的客观性和可靠性	人类在所有认识和实践活动中所运用的全部正确方法
科学技术	利用"有关研究客观事物存在及其相关规律的学说"能为自己所用、为大家所用的知识	各类自然科学及其应用的技术领域	以自然界的不同领域、不同范围、不同物质层次和不同运动形式为其研究对象。包括基础理论科学、技术基础科学、工程技术科学等

测谎科学方法是在测谎者认识上运用测谎科学思想，思考测谎问题的方法以及理论。

测谎技术方法是指测谎者利用已有的科学仪器或设备来进行测谎科学的实/试验研究。这是从测谎实践现实到达（或者说实现）检测欺骗理想目标所必须遵循的综合操作方法，作为测出欺骗在脑认知电位变化的方法。

测谎科学原理是基础，当测谎者们考察欺骗的有效性检测方法时，需要考虑实验或调查的设计、测量、提供结果的方式、结果的解释和结论，这必须依靠测谎科学中的原理。测谎技术方法即使是利用已有的、成熟的科学测谎仪器或设备来进行测谎科学研究，也都必须以测谎科学原理作为基础。

由于测谎技术流动的广泛性和多样性，测谎技术方法也存在多种类型，如具体技术方法与一般技术方法两类。在测谎实践中根据测试原理的差异，每一种（认知、情绪生理等）都有自成体系的具体技术方法，即在一个或几个技术领域中指导具体技术实践的方法。一般技术方法是指在各个测试工程技术领域都通用的方法。

测谎技术原理的构思是在实现测谎技术时，将检测任务和目的落实在科学测谎技术实践中，把已有的测谎科学原理和技术经验，通过测谎者按照测谎科学原理进行科学假设，对试验的数据结果进行人体生理的生物学逻辑思维和测谎技术试验，来获得关于实现测谎技术目的的途径、手段、方式和方法的理论规范的过程。构思靠测谎技术路线，即通过试验可得到物化的试验方案的路线的技术处理。测谎技术方法就是测谎技术处理的步骤。

测谎技术路线是具体的实施过程、顺序等，测谎技术方法是过程中的方案、步骤。

二、测谎中的科学与技术的联系与区别

测谎中的科学是我们人类探索、研究、感悟被检测人体欺骗变化规律的知识体系的总称，将各种与测谎相关的知识通过细化分类（如脑科学、认知神经科学、心理生理学、法庭证据科学等）研究，形成逐渐完整的知识体系。测谎科学中有关脑认知、情绪生理变化的原理和机制方面的知识，建立在一般真理或普遍规律的运作的知识或知识体系的基础之上，而且需要覆盖生物学、生理学、解剖学等基础性学科，尤其是通过科学方法获得或验证过的与人体相关的参数，这些是分析、比较的基础，这些相关的科学知识极度依赖各个学科之间与人体认知、心理生理相关知识的逻辑推理。

测谎的技术是我们人类根据测谎实践（测谎相关的实验或试验）经验和计算机科学、脑认知科学等应用科学原理而发展成的各种检测欺骗的实验或试验的操作方法和技能，以及基于生物医学工程原理采集生理参数信号，其物化在仪器上的各种检测数据的手段和物质装备。这些测谎技术满足了社会对测谎其自身的需求和愿望，遵循人体的生物科学相关的自然规律，测谎技术在长期使

用和改造对抗诸如反测谎的自然过程中，积累起来的测谎相关知识、经验、技巧和手段，是我们人类社会利用人体生物的自然规律，去改造反测谎、发现欺骗的有关人体生物自然反应的检测方法、技能和手段的总和。

测谎科学解决人体脑认知、情绪生理等与欺骗相关的理论、机制问题，在生物自然界、社会和思维发展规律里面有复杂的知识体系，测谎科学中的原理、机制在测谎实践基础上产生、发展到经验总结，而且可以在各个学科之间相互借鉴并使用。测谎技术解决测谎实践中的实际问题，包括用测谎科学的知识、技能等进行欺骗试验的操作方法和步骤。测谎科学要解决的问题是发现人体生物科学中身体在生物学中自然、规律反应中确凿的事实，与现象（检测出的数据）之间的关系，并建立测谎科学原理的理论和数据、图谱的事实，这些物化的外在现象，用人体生物学相关的科学逻辑联系起来，测谎技术的任务就是把测谎科学的成果应用到实际测谎实践的检测问题中去。测谎科学还要和未知的领域打交道，其进展尤其是重大的突破，是难以预料的；测谎技术是在相对成熟的领域内工作，可以做比较准确的规划。测谎科学可发现或创造事物之间的联系，各种物质通过这种联系组成特定的系统来实现特定的功能。

科学是创造知识的研究，技术是综合利用知识于需要的研究。对科学的评价主要视其创造性、真理性，对技术的评价则首先看是否可行，能否带来经济效益。

测谎科学和测谎技术的区分，包括以下几个方面：

（1）形态不一样。测谎科学一般表现为测谎科学原理相关的知识形态、理论形态；而测谎技术一般表现为可执行、可操作、可获物化数据的"物质"形态。

（2）任务不一样。测谎科学解决的是"是什么""为什么"的问题；测谎技术回答的是"做什么""怎么做"的问题。

（3）目的不一样。测谎科学的目的是欺骗现象之中求认知脑电变化、情绪生理变化的人体生物学本质，以认识测谎科学为理论基础，以测谎技术为手段；测谎技术是来自测谎科学知识的认识或者测谎实践经验的升华，用于改造提高测谎的活动。

（4）执行方法不一样。测谎科学的执行方法强调测谎工作得如何；测谎技术则注重测谎如何工作。

（5）测谎科学与测谎技术的评价方面不同。对测谎科学的评价是生物学的一个"深"字；对测谎技术的评价是心理生理学的一个"新"字。测谎科学是不保密的，保密的都是技术。各国先进的测谎科学研究成果都被抢先公开，但是测谎新技术绝对保密。测谎科学没有强烈的沽誉主义色彩和商业性质，不能出卖和转让，而技术可以。

此外，在主体性与目的性、多样性与专用性、社会性与综合性、功利性与折中性等方面也存在差别。

三、科学测谎技术方法

科学测谎技术方法是测谎相关人员在测谎技术实践过程中，所利用的各种方法、程序、规则、技巧的总称，它帮助测谎者们解决"测谎做什么""测谎怎样做"以及"测谎怎样做得更好"的问题。测谎技术方法是一种实践方法，测谎者们在测谎技术活动实践中，利用可用来检测欺骗的测谎相关的技术，用其人体相关脑认知、情绪生理的知识和经验，选择适宜的人体心理生理技术方法或创造出全新的方法，去完成设定的认知脑电、情绪生理反应采集并分析被检测人言辞可信程度、行为是否亲力亲为过等技术目标。

四、测谎科学对法学的贡献

对法学的贡献在于：

（1）测谎科学发展影响法律制度的内容。

（2）测谎科学发展诱发法律制度变迁。

（3）测谎科学发展影响立法制度和立法技术。

（4）测谎科学发展影响法的使用。

（5）测谎科学技术影响法制信息机制，并由此影响整个法的运行机制和法学研究方法。

第三节　"科学测谎"之科学

测谎科学中的"科学"是认识欺骗时的心理生理变化，探求人体生理机能状态的客观真理，揭示在欺骗发生、发展时人体生理机能的客观规律，并用来作为人们发现欺骗的指南。

科学测谎中的"科学"是技术，是测谎技术实施时的规范、标准、通用，非"一家之长""独创秘籍",测谎技术是共享通用的,获取的是检测欺骗时生理参数的变化,供主试利用测谎科学原理检测被检测人体表生理变化,这是用生物性仪器的物质手段和信息手段获取人体心理生理、脑认知电位等的变化参数。测谎科学是发现原理、机制,测谎技术是发明新方法、手段,达到检测心理生理参数改变和查明原因的目的。

科学的任务是通过回答"是什么"和"为什么"的问题,揭示自然的本质和内在规律,目的在于认识自然。

一、测谎科学的目标

是什么——脑认知电位有没有、是怎么形成的、怎么变化的、有没有变化的规律、技术能达到的水平以及能解决什么层面的问题。

为什么——神经元细胞膜的静息膜电位形成的原因;神经信息(脉冲)兴奋的电位表达方式、动作电位为何能在神经元细胞膜上传导,又为什么在神经元细胞间各自的树突和轴突的突触构造上进行神经信息的电位传递;情绪的生理变化"多因多果"自变量严格的理由。

技术的任务是通过回答"做什么"和"怎么做"的问题,满足社会生产和生活的实际需要,目的在于改造自然。

二、测谎技术的目标

做什么——有了测谎科学中的原理,有了符合欺骗检测的各种技术与方法,检测人员能够将测谎科学中原理性的知识与技术性能结合,来实现检测的目的任务;所能做的既符合检测技术的要求,又能够实现检测的目的。所获得的数据图谱,如认知脑电的成分、潜伏期、变化电位的头皮分布、相位与认知过程的具体细节的结合(反应与感知觉—记忆—思考—决策或按键具体过程),得出数据与测谎科学原理相结合的科学结论。

怎么做——原理和技术具体的符合科学试验要求的操作步骤、过程、设计的方法。

做出来有什么用——解释与欺骗相关的原理。

三、测谎科学与测谎技术的表现

测谎科学表现为知识形态,测谎技术表现为物质形态、存在、"能不能检测"等问题。

测谎科学理论会让测谎技术更好地科学化、法庭证据化，也让科学测谎技术能够在科学规范操作基础上被推广应用，由此科学测谎技术才能够得以持久发展，屹立于科学之林。

测谎科学原理是之前没有的，而测谎技术是在测谎科学证实的前提下，只是在运用工具上的改进程度变化。

测谎科学中的原理、机制主要表现为测谎与脑、情绪生理变化相关的知识形态，科学测谎中的"科学"代表技术，此技术具有物化形态，使检测人能够基于测谎科学中的理论，操作使用能够检测脑认知变化、人情绪生理变化的仪器设备，得到被检测人就某一检测任务的科学客观有试验数据结果的结论。测谎科学中的原理提供了科学测谎技术实际操作的物化可能，科学测谎中的技术提供物化的现实。测谎科学中其实验上的突破为发现，科学测谎中的技术上的创新叫发明。

四、测谎技术中的经验技术与科学技术

测谎图谱评价属经验技术，测谎数据分析属科学技术。

经验技术是指根据生产生活中的实践经验而总结、归纳、创造或发明的技术，具体体现为物质手段及方法、技能、技巧等。经验性技术以经验为前提，没有相关经验，就没有相关的技术，所以，经验性技术又被称为"后生技术"。

表2-5　经验技术和科学技术的区别

内容	所属技术	人因性	可比性	特征对应比较
图谱评价	经验	有—主观	自创随意	模仿—渐进—后生—单生—技能
数据分析	科学	无—客观	同行约定、规范标准	创造—突变—前生—多生—知识

测谎实验发现生物学中的真理，测谎技术运用真理，测谎科学是为了探索本质，如言与心违、言行相悖、负心违愿、阳奉阴违。科学测谎界不存在整体的测谎科学方法，测谎科学方法也不存在整体上确定了的规则，用于科学测谎中决定它的有效性，另外，不存在供所有科学测谎者使用和只供科学测谎者使用的推理模式，不存在综合性的特征化的归纳逻辑。不同学科的科学测谎者使用不同的方法，甚至同一领域的科学测谎者也在使用不同的方法，即使是当代的复杂性科学测谎方法论，也难以适用于每个科学测谎者。

第四节 科学的本质对测谎科学观的影响

一、科学测谎的基本认识

科学测谎的首要是客观性。测谎客观性这一内容，即科学测谎的技术、方法和评价的客观性，要保证测谎的科学性，其测谎科学的认识论、方法论和价值论的客观性是最基本的要求。科学测谎的客观性由测谎科学的方法、规范、体制保证，而不是由道德诚实保证，更不是由媒体、小说、故事中的"神探""第一人"、墙上的锦旗、自我的评价来保证。科学测谎的客观性不是个体或个人、专家所能决定的，而是科学测谎同行之间合作的产物，不是个人、专家、教授的公正性和道德的问题，而是公共的测谎科学建制或测谎科学的规范结构的正常结果。

科学测谎需要客观性的三大性质，即科学测谎的对象、方法和评价的客观性，或科学测谎的方法论、认识论和评价法的客观性。测谎与大脑的神经活动直接相关，神经活动"看不见，听不着"更加需要以科学的方式去证明神经活动的客观性，科学测谎与神经活动相关的科学客观性尤其表现在，进行科学测谎试验前，应该达到的外界、客观评价的要求：

（1）所依靠的科学测谎原理与科学测谎方法是可以被重复检验的；

（2）所使用的科学测谎原理与科学测谎方法是经同行复核或已被公开出版的；

（3）所涉及的认知科学、心理生理学等相关理论，于各期试验产生的已知的或潜在的错误率是可以被接受的；

（4）指导科学测谎的认知科学、心理生理学中相关理论的方法论、各自研究方法是为相关科学团体，如法庭证据科学学会、心理学会、物证技术协会或相关组织所接受的。

二、测谎科学原理一旦被认可则具有科学引用性、模仿性和旁证性

测谎科学原理中概念不会仅从数据或一些分析中自动地产生，需要基于原有的已经得到证明的、得到科学同行认可的，于情绪生理反应、认知脑电变化

的试验范式这一基础上，提出假设或理论去想象被检测人的心理生理反应、脑认知电位变化是如何运行的，进而进行试验设计，然后用此设计进行检测心理生理反应和脑认知电位变化等这些如何能在试验中得以验证、现实中得到推论。经过严谨的验证后得到被检测人与测谎任务、内容的相关程度，这与媒体讲述惊悚故事、网络"网红"、小说文学性的创作、"神探""英雄"事迹的宣传报道所描述的精神抽象的创作或"创造"性，有着本质和根本性的差异。作为科学意义上的测谎，尤其是在对被检测人的案（事）件相关性、相关程度、认定性、证据使用等方面，检测要比科学实验更严谨、要求更高。

三、测谎科学原理和科学地测谎的不确定性

就测谎科学原理或方法本身而言，使用测谎科学原理和科学地进行测谎，它们当中的可靠性是指每次把同一方法应用到相同事物时得到同样结果的能力。例如，测谎证据的原理是在特定条件下人的心跳、脑波、呼吸、声调等生理数据变化与被测人意思表达是否真实存在着线性关系。显然，这一原理具有很大的局限性。同时在科学检验中不存在能保证科学的每一步是真实可靠的科学方法。

测谎科学在一定条件下和一定范围内具有稳定的内容，但这种稳定是相对而言的、有条件的，现行的测谎科学原理是相对稳定性和动态发展性的辩证统一，科学者们自身的科学训练、对怀疑主义的个人倾向、政治或宗教观点也可能依据他们的知识背景而不同，测谎是严格遵守价值中立原则，不能简单地片面地代入个人观点方式，从"是"与"不是"推论出"应该"与"不应该"。

四、测谎科学原理和科学测谎技术是动态发展的

除了测谎科学具有技术和原理上的适应性、存在一个适用范围，即测谎科学理论都有适用的范围，任何理论的预测结果只在一定的精度范围内是正确的。测谎科学在探索人体情绪生理反应、脑认知规律等人体科学本质和情绪、认知规律的时候，并不是一次测谎试验就毕其功于一役，"天下大同"一下子完成的，而是一个不断深入、提高、逐步逼真的过程。在实施科学测谎过程中，一开始的认识可能有不完善，也可能不是很正确或总是出错，甚至被理解为谬误。随着科学技术的发展，在其他科技的促进之下，测谎科学也是逐渐慢慢趋于正确和完善，而且是不断提高的，在其他科学发展下会相互促进提高。试图要求

一种测谎科学理论一开始就十分完善，不允许有错误，不允许有缺陷，这种态度本身就是不科学的。正如有学者所指出的：科学作为认识的结果，是时间的函数，是发展着的知识体系。

五、测谎科学原理可变且可向深入逼真发展

进行科学测谎，首先要对科学测谎有正确的认识，树立正确的科学测谎观，才能对开展的科学测谎试验有基础的保证。测谎科学原理本质是要阐明测谎科学所具有的科学方法、科学证据、人体生理学的基本特征，是科学测谎者对测谎科学本质属性的正确认识。在每一次进行的心理生理检测过程中，要认识到测谎科学不仅需要具有在前人研究基础上所进行的想象和推理，更加需要结合检测任务的需要、针对不同的检测对象，对实施的检测方法、对可能检测到的数据进行测谎原理、机制上的猜想和假设。一次心理生理检测不足以形成测谎科学理论，测谎科学理论的形成还需要以多次检测、获得的数据事实为依据。随着对人体认知、情绪生理的认识不断深入，检测者会获得更多的数据事实，并在此基础上发展出解释更多与欺骗、脑认知、案（事）件相关的现象。原有的测谎科学理论会被新的科学理论所取代，所以测谎科学理论形成以后，也不是永恒不变的，而是不断地在发展变化。测谎科学作为人类认识和应用科技深入发现人体规律的一种方式，对脑科学、认知科学、法庭科学证据的发展起着巨大的推动作用，但是它也有局限性，它不能解决人类所面临的一切问题。

第五节　测谎科学原理中所得结论对实验的基本要求

所有的测谎科学的原理，就其本质来讲，是心理生理检测者对测谎所记录到的数据图谱、观察到的问题引起生理参数变化，或认识到的人体自然现象的规律，进行的合理解释或说明的一系列实证知识。为了使测谎科学原理具有可靠性、准确性和预见性，人们应用了逻辑、数学以及实验的方法，使其形成经过验证的、系统的知识体系。自然界的复杂性、无限性以及人类认识的有限性，需要人们不断地进行科学探索才能逐步认识大自然运行的规律。由于科学是人类努力奋斗的事业，所以科学与人类社会的发展有着密切的关系，人及其所处社会的价值观、道德观等对科学探究活动也会产生深刻的影响。

表 2-6　测谎科学原理中所得结论对实验的基本要求

特点	科学性表现	社会普通认知	认知脑电检测应用
可验证	科学测谎方法规范是在相同标准下，以及方法相同、条件相似时，他人或自己可检查验证测谎的数据。通过客观手段表达出来，并为人们所知悉的可感知性	非"专家"的特"能"	公开试验的方法和步骤，任何人只要按照相似的检测方法可以对所得到的结果和数据进行检验
可重复	科学规范测谎方法和操作，使被测对象的案件相关的数据重复出现，这样，测试者本人或他人模拟下可以得到相同或相似的测谎结果。既可长期进行观察研究，又可进行反复比较观察，对以往的测谎结果加以核对	非"神"所专有	基本的案/事件不相关刺激、目标靶刺激、探查刺激共 3 类
可观察	测谎数据的采集、记录，以及实时的变化，不仅主试可观察到，被测人或第三方都可现场观察到，所测试的就是所看见的	是实机不是"道具"	实时在线的认知脑电变化，可以通过眨眼、认知语句赋义分类
可操作	测谎仪器无论专业人员还是非专业人员都可以实机操作，测试者越熟练掌握测谎运行得越好，测谎的效率越高	非随意可触	从检测问句内容设置选择语句长度（字、词数量）、难度、出现频率
可纯化	通过一定的测谎方法、手段，关闭或减小某因素对测谎数据的作用，排除非案件因素对被测人的影响，可以重点观察测谎数据的某一方面	非随机、乱猜	一组检测问句可以单一或少数的认知类出现，如仅靶刺激和探查刺激
可控制	对测谎仪器硬件等控制越好、程序修改等软件调控越明晰测谎越能够被自动执行与优化，越能满足法庭科学的要求	测谎软件自可改，非"神奇"	
可简化	当测谎需要测试的内容越少，测谎的速度越快	复杂但不神秘	认知可以简化图、图像、字、词、句，反应方式
可强化	许多心理生理反应在常态下并不能充分暴露其本质，测谎中可以利用各测谎技术性能、利用实验诱发出正常人体无语义刺激字词句认知赋义中不可能出现的环境，从而更好地认识、区分问句内容差异下的反应；在这种强化了的特殊条件下，测谎相关人员可得到许多前所未知的在一般状态中不能或不易遇到的新现象，使人们发现并证实具有重大意义的案件相关新事实	非伪科学	如准绳问句内容和案（事）件不相关内容句，各自突出或加强对测谎人、仪器等可利用条件的作用，创造被测谎人一般状态下无法出现的或几乎无法出现的特殊条件

特点	科学性表现	社会普通认知	认知脑电检测应用
可分解	通过调整、控制测谎内容、范围、项目，能够更好地分解案件相关的各问题，测谎的执行更灵巧		句/图片靶刺激或探查刺激，被检测人实际参与的动手、动脑的分解测谎

进行科学测谎或"建立—理解—掌握—应用"测谎科学体系中的机制、原理，每一位检测者首先要对科学测谎有正确的认识，也就是要树立正确的科学测谎观。科学测谎或测谎科学中的本质，应该与科学所具有的基本特征相一致，这是检测人对科学测谎本质属性的正确认识。

测谎科学中的原理、机制是实现科学测谎的基础，也是达到法庭科学证据标准的前提条件，要科学地测谎就要透明公开，这也是测谎机心理生理检测的基本要求。要达到这要求，就要用现实的心理生理学实验或实案进行检验，并判定正确与否。科学测谎作为检测性的操作，其结果→结论往往是明确的，而且科学测谎的结果和结论必须具备以下七个方面：

第一，测谎所涉及的人体科学原理、心理生理机制等都可以用实验或观察加以检验的预测。

第二，在实际测试中已有了被证实的预测，如情绪影响生理体表值的变化。

第三，测谎人（语句）刺激→被测人对语句认知加工→被测人体表生理参数变化，测试的结果必须是可以被其他测试者独立重复出来的，如果只有自己测出那个结果，而别的研究者重复不出来，就不是科学测谎。

第四，每一次心理生理检测，包括相同的被检测人，或相同的刺激（诱发语句），得到的测试数据在一定范围内存在不同，但相对一致，即数据不是绝对的一样。对于辨别数据的真实与否有一定的标准，有测谎出现的正常现象的量值，也有少量的异常现象的量值存在，也可能存在系统误差或偶然误差，误差能够得到科学解释，而不是根据测谎者自己的需要对测谎结果随意解释。

第五，科学测谎不是"信则有，信则灵"，即使你不信也照样有、照样灵；科学测谎并不是绝对正确的东西，测试者资质及能力、测试条件、测试的科学规范等会影响测试结果，但是科学测谎知错能改，能够通过自我修正机制进行纠正，科学测谎是发展的。科学测谎研究不断地观察、检验，抛弃错误的观念，增添新的知识，从而持续地进步。

第六，被心理学技术检测出来的数据图谱是客观存在的。被科学测谎等相关研究所接受的证据，必须是在相关领域中客观存在的，而不是主观臆想出来的；测谎基本原理的实验和数据必须是符合严格控制的条件的，肯定有对照和采取双盲原则（研究者和被研究对象互相不知情）；每个原理、机制、每项数据必须是可重复、可独立验证的，还必须符合概率统计规律。科学测谎是在严格控制测谎的条件下，用严密的符合测谎技术要求的方法，能够得到可重复、可独立的观察和实验的测谎结果，其测试结果同样具有实证特征（控制条件、重复性、独立性和概率统计），这样才算是确凿的证据。

第七，科学测谎的特点在于可测试性和可检验性。即使是量表的谎言测量或评估，从测验量表的规划、制定到项目选择、实施，再到记分方法和解释都有一定的程序和严格的要求，无论是用文字、图表还是实物的表现，都必须具有可测试性和可检验性。而借助仪器所进行的测谎同样可测、可验、可重复，科学规范的测谎有同行共识公认的标准，从科学实验验证数据、具体测试方法和数据存储处理、检验方式到测谎结果报告等都有共同的规范。

第六节　科学测谎的科学世界观

科学的本质能促使我们树立正确的科学观，科学是神圣的伟大的，但也不是万能的，涉及法庭科学的心理生理检测的科学性证据，就心理生理检测而言的"科学"，测谎科学者对他们所从事的工作以及他们如何看待自己的工作都有一些基本的信念和态度，"科学"与自然世界的性质和我们对它的了解有关。测谎科学理论作为人类认识和应对情绪、认知过程的人体在试验状态下的一种方式解释，对了解人体情绪生理、脑认知、人工智能的发展起着巨大的推动作用，但是它与其他科学技术一样也有局限性，它不能解决被检测人所面临的一切问题。对测谎科学的认识，目前同样存在着其他学者提出的"科学主义""伪科学"和"反科学"三种测谎科学上的认识。"科学主义测谎"过分夸大测谎科学的能力水平，忽略或未认识到科学与技术的有限性和局限性，认为测谎科学无所不能，并把测谎科学方法引入或泛化到不相关、不相连的，人类文化的几乎所有研究领域。"伪科学测谎"是打着科学的旗号，把已经被测谎科学界证明不属于测谎科学原理的东西当作测谎科学，或把没有科学根据的非测谎科学理论或方法如"技巧""秘籍"、宗师"独创"、单传等当成科学，把质疑、验证这一基本的科学要求当作"派别"之争，宣称"技巧""秘籍"等为比科学还要科学的主张。"反科学测谎"与"伪科学测谎"不同,它是利用测谎科学产生的一些不良后果或测谎科学的缺陷、不足、错误,以及无法满足全部测谎需求等来否定测谎科学的价值。测谎科学的本质能帮助心理生理学研究者认清测谎相关内容与人体生理反应之间的生理实质,在科学测谎中避免犯"科学主义测谎""伪科学测谎"和"反科学"的片面认识。接受心理生理检测试验受多重因素的影响,试验的规范操作、心理生理学原理、脑认知科学、心理生理检测技术本身的能力、可以适用的氛围、条件等都存在不足,认识科学测谎有不成功百分率的存在是测谎科学性表现之一。

可重复和可检验是测谎科学正确反映人体生理参数变化的心理和情绪相关现实,数据实事求是,其是研究人体规律并用于人体言辞可信度评估的知识。研究被检测人的人体规律(在一定条件下,就必然出现的事情)应具备可重复、可检验的最基本的原则。因此,掌握人体心理生理规律就可以检测出或预测人体相关的心理生理活动。

表 2-7 科学测谎者所需要的基本条件

基本条件	内涵	特点	优	劣
实证	测谎科学的实践活动是检验科学理论真理性的唯一标准	科学不停留在定性描述层面上,确定性或精确性是科学的显著特征之一	严格的分析科学无国界,科学是开放的体系,它不承认终极真理	
可重复可检验	测谎科学是正确反映客观现实、实事求是、研究规律并用于改造客观的知识	研究客观规律(在一定条件下,就必然出现的事情)就应具备可重复、可检验原则	掌握规律就可以预测和改造客观事物	测谎科学就应该研究欺骗发生的本质规律,而不是表面现象
求实	科学须正确反映客观现实,实事求是	克服主观臆断	离开实践,科学毫无意义和真实性	
求真	在严格确定的科学事实面前,科学家须勇于维护真理	反对权威、独断、虚伪和谬误	能被批评且勇于质疑传统、权威,坚持真理,并敢于向其挑战	
理性	每一次科学测谎或检测的活动,都必须是从经验认识层次上升到理论认识层次	有个科学抽象的过程必须坚持理性原则	科学是民主的,从不迷信权威,并敢于向权威挑战	

基本条件	内涵	特点	优	劣
探索	根据已有知识、经验的启示或预见,科学家在自己的活动中总是既有方向和信心,又有锲而不舍的意志		科学活动有如阶梯式递进的攀登,科学成就在本质上是积累的结果,科学是继承性最强的文化形态之一	

　　测定"谎"从古到今根据不同的原理,有不同的方法,而且随着科学技术突飞猛进的发展,有些方法退出,又有更新更好的方法,科学的发展告诉我们,任何测谎理论或定律不是最后定论,不是最后的一种理想的科学测谎方法,科技的发展只会不断出现更好更科学的测谎测试方法。

　　当今测谎领域使用最多最广泛也最受争议的是多道心理测试仪（也称测谎仪）,其科学性毋庸置疑,借神经科学技术发展起来的认知脑电测谎,正从实验室走出,从模拟案件到实案件测试应用被快速推进,另外眼动、眼内眶血温、功能性磁共振等技术在逐步尝试,所有这些需要测试者接受严格训练和学习。

第三章

属于科学试验的科学测谎

测谎科学就是通过心理科学技术方法和手段，依据检测问句内容与被检测人的心理生理活动对应、检测语句内容与被检测人大脑认知活动高度相关原理，对反映在被检测人的心理和行为活动中的心理生理特征进行提取，对所获得的心理生理参数进行系统的、确定的、科学同行定论且认可的人体生理、机理、心理的测试论述。建立心理测量中大脑认知、情绪生理检测等欺骗相关、言辞可信度评估相关的心理生理、脑科学方面的学说与神经生理机制的解释，将脑认知机制、心理生理原理进行推论和量化分析，并给其他相关的测谎检测以相应科学系统的指导。

第一节　测谎本无"神"

在信息爆炸的互联网时代，关于测谎的话题会被海量的信息裹挟，而其中充斥着大量关于测谎与"神"虚虚实实、真真假假的信息，有传说、有媒体说、有"行"内人说、有故事说、有印刷品说、有戏说、有"能"人介绍，国际国内、行内行外、业内业外、专家和"砖"家，几乎人人能说上几句，个个能评价一番，林林总总，给人一种应接不暇、难以分辨之感。测谎一词的词频可谓非常高，知晓率也非常高。然而，无论它来自何方，或"神"探或专家，这些信息不敢说都是真实的，也无法排除夸大，甚至是虚假的或者试图蒙蔽人们对测谎的认识（不敢说是基本的、正常的、常识的），也会引起人们对测谎的思考和质疑。有时人们需要测谎来证明自己或厘清与某一案件的相关性，却被测谎图谋掉了个人的钱财，甚至有悖于法律，或兼而有之。

应该说涉及测谎的门槛并不存在，只要知道什么是"测"、什么是"谎"这两个字，就都可以各自对测谎二字的理解说三道四，而"测"字是小学三年级上册的识字量300个字中之一，"谎"是五年级下册150个字中之一，"测"

"谎"两个字只要小学六年级以下的识字水平就识得了。对于开展测谎鉴定和进行测谎相关研究，不能说是完全相同，对能够进行测谎鉴定的准入机制也没有。以至于测谎的"神"多"鬼"也多，如下面的情况更是屡见不鲜：

（1）造神。锦旗满墙、破案无数、英雄无比。

（2）说神。疑、难、险、特型的案件，别人拿不下的，"神"可轻而易举地凭其神道、秘籍、宗派独"创"与独"传"的方法，XX方法无坚不摧、战无不胜，令人毛骨悚然。

（3）传神。自己制造，少知甚至无知者以讹传讹，"无脑"吹或"无心"吹（不分析就评）。

（4）信神。对技术不求进取、对发展不求了解、对原理不求甚解，一味自我陶醉自娱自乐之中，固化笃信原有陈旧的有明显严重不足甚至错误的认识，而对科技发展已经更新迭代的知识浑然不知。

导致被"神"魂颠倒了。又出现下面的状况：

自来"神"——盲目自封，自以为是。

自封"神"——缺乏科学的基本素养、孤陋寡闻，以至于自认为是XX神。

来自"神"——获取正确的测谎科学知识的路径、方法有限，不知道或不会分辨，对一眼认出、以次充好、以假乱真的测谎内容分辨不清。

测谎科学实验是观察的一种形式。由于测谎科学实验在经验自然测谎科学研究中具有特殊重要的地位，因此需要对测谎科学实验单独加以论述。当人们不满足在自然条件下去观察对象，要求对被研究对象进行积极的干预时，这就导致测谎科学实验的产生，让关注者可以重复、查证、模仿、应用到具体的测谎实践中。

第二节　自然的常识、科学的逻辑、专业的知识

辨别一个测谎相关信息是否可信、是否虚假、是否夸大，有时只需要一点点的人体科学常识、学科或科学之间的逻辑与相关的专业知识。科学测谎相关人员需要有一颗对测谎研究、成果发布、案例分析、检测展示（当然故事类、英雄事迹类等非科学文献发表的相关测谎信息一定除外）等能够勤于、善于思考的头脑，能够对所听到或看到的任何信息，习惯性地先运用自己的知识、经验判断一下，如果不能确认不妨去查验求证一下。

一、科学实验会出错，测谎同样会出错

测谎科学一直都在发展，测谎科学也总是一直在进步。因此，快速、正确地识别有关测谎的虚假信息，对于健全我们的科学测谎人格，树立正确的科学定义下的价值观至关重要。科学能够保护社会的公平与正义，坚守正确的测谎科学的认识，才能发挥好测谎技术本身所具有的法庭证据科学和法律正义上的社会意义。科学测谎的社会发展，所具有的实践性、过程性、局域性特别是代价性等特点，会对全社会起重要作用。而科学测谎的社会进步，显示在日常息息相关的社会发展进程中，其主流的、本质的现象和必然的趋势，让科学测谎的理性具有总体性、趋势性、前进性、结果性等特点。当然，测谎科学发展也好，进步也罢，测谎的发展与进步之间还存在着相互关联、相互统一的属性。

无论是科学测谎的技术，还是测谎科学的原理，因为科学本身就带有探索性，"科学"的关键就是如何少出错，尽量不出错。

二、识别科学测谎——人体科学的常识

一个人如果没有独立思考的习惯，喜欢轻信盲从，那再好的技术、再强的原理、再多的技术种类等也救不了一个科学素养不足的人。比如科学常识，这是作为一般人所应具备且能了解的知识。一个受过基本教育的人学来的知识，也可以来自我们每个人生活经验的总结。有的事，如果不符合常识，那大多是虚假的。

如说谎时眼睛会向右上方看——凭常识我们知道什么？

说谎者从不看你的眼睛——在日常生活中在实践中从来没有过。

有人说说谎者他们知道这句忠告，所以高明的说谎者会加倍专注地盯着你的眼睛。常识告诉了我们为什么会这样吗？瞳孔膨胀——瞳孔放大，并是随心所欲的。瞳孔的括约肌不是骨骼肌——随意肌，我们随时可以试一试。欺骗者看你的时候，因注意力太集中，他们的眼球开始干燥，这让他们更多地眨眼，这是个致命的信息泄露。

有人提出直接盯着某人转动的眼睛，人的眼球转动表明他们的大脑在工作。但事实是人的大脑同时并行处理很多生理机能的工作，人的眼球转动不转动大脑都一直在工作。大部分人，当大脑正在"建筑"一个声音或图像时（换句话说，如果他们在撒谎），他们眼球的运动方向是右上方。人在意识清醒情况下可以尝试回忆或处理声音或图像，常识告诉我们的是眼球会转动，而且有方向，但尝试回忆过程中眼球少有转动，也没有实验支持。

如果人们在试图记起确实发生的事情时，他们会向左上方看，多数人是这样进行的，影视作品、小说、故事等与科学无关的材料居多。这种"眼动"是一种反射动作，除非受过严格训练，否则是假装不来的。"眼动"不是反射，眨眼是避害（躲避）以及眼干时的反射，"眼动"是随意肌控制的可随意的"眼动"，否则怎么追随目标。

那种一看就是胡编乱造的、不合常识的文章，居然能让那么多"测谎粉"不分黑白地热捧，为什么？你之所以常常被感动，那是因为自己既没有那方面的知识，又不会分辨，尤其是对测谎吹过了"头"说破了"天"的能耐人、案件和事。

不管白猫黑猫，能抓老鼠就是好猫，为什么不可以让测谎神探试一试？其实，之所以不能让"神"去试，最关键就是一个生物学、生理学、解剖学、医学、心理生理学、心理学等学科逻辑的问题，不合逻辑，坚决不能乱试，这可是人命关天的法律事情。没有科学逻辑做基础，去随便乱试，耽误检测任务的完成不说，甚至能测出问题，谁负责？那些支持试一试的人能负得起这个法律责任吗？首先，要抓老鼠至少得是只猫，总不能让一只马来抓，马没有抓老鼠的生物链逻辑。情绪的心理生理反应也好，认知的脑电、眼电也罢，这些都是与人的心理生理，与大脑、与神经系统生理机能相关的。

其一，眼动方向、瞳孔收缩、眼动用来测谎在现有的生物学、生理学、解剖学、医学、心理生理学、心理学等医理逻辑上是说不通的，认为欺骗时人眼部的状况含有其他心理生理作用并可以用于测谎，那至少要提出自己的理论，并用诸多实验证明这个理论是对的，而不是以个别的"成功"的所谓"重特大""案例"而"忽视"诸多失败的案例。这其中更多的都是带情节的故事，因为缺少通用的可复测的与同行相对统一的方法、数据采集路径等，所以其他有需要的人，无法进行重复验证。

第二，在测谎领域，主试和被试、相关人员与检测仪器、技术，以及检测原理、机制和检测出的数据图谱等事物之间一定存在逻辑，它们之间的逻辑关系，尤其是生物学、生理学、认知科学之间的人体生理机能之间的逻辑没法说清楚，但不等于不存在逻辑。事物都存在逻辑，测谎科学、科学测谎的科研就是要探索逻辑之间的链接。

三、测谎高手在民间是缺乏逻辑关系的谬论

对于测谎，有很多人喜欢说"高手在民间"，实际上这也是一个缺乏逻辑关系的谬论，即相信天上会降大神仙来，而不承认高手是通过长年累月科学训练出来的。任何一个所谓的"高手"的产生需要以四个逻辑训练为成长条件：

第一，要科学测谎就需要有科学的训练。测谎科学中丰富的知识，即测谎科学原理是需要用时间去学习、领悟才能掌握的理论知识，需要长时间高水平的正规学习。对测谎科学的专业知识来说，没有测谎科学知识的基础，自学能学到的人体生理、认知科学、心理生理学方面的知识是非常有限的。

第二，测谎科学和科学地去测谎，需要有对科学实验、试验的标准、范式的理解，需要一定时间的实践，并需要具备基本规范操作的经历或"见过"规范实践、实案的经验，比如跟随过公安支队以上的专业检测人员，能接触到大量的复杂案例，积累起丰富的实践的经验和测试的机会，这与想象当中还是有差别的。

第三，科学测谎所使用的设备光有供应商提供的软件、操作方法，以及世界一流的科学测谎设备是不行的，现代科学测谎的研究不是坐在家里靠想象"虚拟"出来，光靠眼睛看、自己认为知道就能行的，而是需要实际上机的操作，需要资金、设备的支持去做实验研究。即使如此也仅仅是开始的"开始"，因为所需要的资金、设备谁来批，靠什么获得，又凭什么给到某个人头上，这资历需要靠既往的积累，以及来自科学同行的良好评价。

第四，任何正规的高水平的测谎都是依靠团队的合作完成的，不是"专家"一个人的一张嘴"跑火车"能够实现的。现代科学分支很细，每个人不可能做到各个领域都精通，个人精力也有限，所以需要多专业的配合、众多助手的协助，而这只有在高水平的机构才能拥有。因此，在科学和职业竞技领域，高手一定产生于高水平的机构中，不要说民间不会有，就是基层都不会有。以测谎实践、实案为例，一些个人、基层，或类似某某中心或某某组在受理案件上还可能会有个别经验丰富、爱钻研学习的高手产生，但在正式的、可验证的、可重复的这些科学实验所要满足的基本条件这样的科学测谎领域，高手一定不会在"民间"，一定是在高水平的科研院所里，标准的制定也应该来自那里。可能在某些手艺活、经验活方面，的确高手在民间，但应该相信那也是经过了大量的学习与准专业训练，绝不是一朝一夕可以练就，另外一方面，测谎科研科技

等领域，所谓民间高手更不可能与专业人员抗衡。

四、测谎既不是阴谋，也不是"阳谋"，更不是神明

测谎在现在网络上的说法各种各样，阴谋和神明比比皆是，自媒体发达的时代，经常有发各种"厉害了，'我的测谎神'"、遇见了"测谎真'神'"等，还有各种各样的惊悚文章，一惊一乍的。关于测谎，国外的或者某个专业领域的，因为专业不同，领域差异，一般人无法了解那么多专业知识，会很难辨别真伪，怎么办呢？识别过分的浮夸"论文"、书籍、网络大小 V 等，凡是写的、说得（包括他说或自说）太浮夸的，只能选择地信，一律不信未免绝对了。另外专业的渠道信息，以及其中的人或大专院校/研究机构（他们整天干这事，应该知道得更加全面、透彻，与各种利益相关越小可信度越高）或权威（他自己不会认为是）的"平淡"报告说明，或许更加真实一些，那些一看来历如任何案件都是"战无不胜"的，对案件的分析都是"料事如神"的等，这些可否先停一停、想一想，如果是可疑的平台或者个人发布的信息，那谨慎点对待应该保险些。发表的论文以第三人称、正规中立、叙述事实的，而不是哗众取宠、内含甚至自我标榜的，如果这些内容、案例和实践等多个事情让人无法分辨，可向这个领域的专业人士求证，或者等专业人士来发声，他们的说法会是比较客观真实的。切莫凭喜好相信阴谋，凭未知喜欢相信神明（能解释）。测谎科学在国际上也没有那么多阴谋，每个国家的人大多对测谎是一方面好奇，另一方面是希望依靠科学让社会公平，朴素而简单。世间的每个人都是凡夫俗子，没有什么神明。"所谓"的民间测谎神探，要么是骗子，要么是见识浅陋的井底之蛙，科学性和可信程度有限。对于测谎爱好者来说，平时多看多了解一些科学的专业的相关书籍（书籍销量与测谎科学与否不相关，甚至相反）。选择专业性强、科学性强的书籍进行阅读，是提高测谎爱好者对测谎相关内容理解所要具备专业素养提高的途径。如果测谎兴趣者对测谎的基本科学原理、机制、规范的方法，甚至是一些常识，自己难以判断或不会判断，那不妨对测谎重特大案例中的"自我"描述的测谎内容进行逻辑分析一番。

逻辑是理解测谎这一被检测人、脑电仪——多道心理测试仪等仪器设备，测谎相关脑认知——情绪的生理反应之间、人体生理刺激——反应原理事物之间的客观规律，是"前"有刺激事物——检测问句内容，"中"或"期间"有脑电的反应，"后"有心血管循环系统、呼吸系统、内分泌系统、能量代谢等机能系统的反应，即有"前—中—后"，有整个区间内前后之间的必然关系。科学测谎试验中，检测问句的刺激之后会在身体机能反应的两个事物之间建立必然关系，即符合逻辑，反之不合逻辑。如心血管循环系统的生理机能与生理状况（运动等）、精神紧张有关，但是如果说知道心率就能知道"想"什么，那未免把循环系统各机能泵血的加压或减压，却不进行思考的精神活动的生理机能氛围"扩大"了，血压、心率与精神类活动没有直接的"逻辑"关系。如同"以形补形"说法没有科学逻辑依据一样，因为吃进去的东西最终被吸收的是大分子，而不是所谓的形，形中也不一定含有人体相应器官所需的营养成分，从吃的形到自身的形之间，没有逻辑关系。因为对事物认识的浅薄，会出现类似 100 米跑第一次跑 20 秒，锻炼 1 周后 19 秒，又锻炼 1 周后 18 秒，那么如此"进步"的节奏是不是再练个 8 周后就能百米跑控制在 10 秒内呢？要不再练几周，练满 10 周甚至多练几周，梦想跑到 8 秒，那更是荒谬。因为这逻辑有"障碍"。在增长中，总是起始的速度很快，越到后面越慢，而达到极限的时候可能停滞不前甚至是倒退，这是一个基本规律，如果自己用起始的增长速度去推算将来的速度，这个推算的逻辑是错的，是犯了常识性的逻辑错误。真正的测谎专家并不一定靠谱，也没有能够解释所有测谎问题和现象的测谎科学原理和机制，百分百"靠谱"本身就是与"科学"有区别的，但非专业人士说的一定更不靠谱。测谎者要保持一个清醒的头脑，不被那些虚假的非逻辑的具有"神"标牌的报道、书籍、网上的信息迷惑了方向，尽量保持对测谎的正确判断力，这是作为一个理性测谎人的基本追求与为人准则。

五、科学专业是对测谎科学的基本要求

一次测谎、对言辞的可信度评估、心理生理检测就是一次严谨的科学试验过程，是对被检测人回答检测人提出的问句的可信度进行试验验证的过程。测谎者根据各种不同的心理生理检测的目的，运用基于心理生理学原理、认知科学原理而制的仪器、设备等物质手段，在检测者按照技术要求、同行标准等人工控制的条件下，采集、观察、研究检测到的数据图谱，寻找其规律性。科学测谎检测是获取被检测人欺骗发生时经验事实、检验科学和证实欺骗发生的假说、理论真理性的重要途径。不仅包括仪器、设备、实验的物质对象，还包括背景知识、理论假设、数据分析、科学解释。测谎就是科学试验，其依靠心理测量，即为实现预定的查实案件相关、检测内容关联程度等目的，对被检测人

在检测者人工控制条件下，通过干预和控制被检测者这一对象，依据心理生理技术与仪器要求、科学同行标准和方法，得出言辞可信度评估的结论。

第三节 可用于科学测谎的心理测量方法

科学测谎是以广义的心理测量基础上发展而来的，不仅包括以心理测验为工具的测量，也包括用观察法、访谈法、问卷法、实验法、心理物理法等方法进行的测量。科学测谎基于心理测量，通过科学、客观、标准的测量手段对被检测人的特定案情相关程度、检测任务目标的需要、人岗适配、忠诚度等都可以进行测量、分析、评价，详见表3-1所示。

表3-1 可用于科学测谎的心理测量方法

方法	操作与分类	性能与采用	优势	不足
实验法	①在控制条件下，即设置不同心理意义检测问句，对所诱发的某种心理现象(情绪的生理参数)进行研究的方法，包含着一系列的变化的因素，称为变量；②由试验者控制的实验条件，叫自变量或独立变量；③实验者所要测定的行为和心理活动叫因变量	①既重视精细的实验——检测问句内容认知分类和仪器测定——符合仪器性能，又重视定性(数据图谱综合)研究方法的应用；②越来越重视多种研究方法的综合应用；③计算机在心理学研究中得到越来越普遍的应用且有多种用途，既可呈现刺激和记录反应，也可处理数据和控制实验程序	①可揭示因果关系，可重复可检验，可数量化参数，有助于发现事件的因果联系，并可以进行反复的验证；②由于心理学的各种方法都有其适用性和局限性，由于人的心理和行为受许多因素相互作用和影响	主试严格控制实验条件(满足不了所有检测任务的需求)，使实验情景(与案情差距)带有极大的人为性质，被试处于那样的环境中又意识到自己正在接受实验，有可能干扰实验结果的客观性
	实验室实验	借助专门的实验设备，在实验条件严加控制的情况下进行	灵活控制自变量，可以纯化、强化，突出、显示和隐蔽	实验设备不同、技术要求不同、方法不同、原理不同、机制不同等
	自然(现场)实验	对实验条件进行适当的控制，人们可在正常的学习和工作情景中进行	消除了实验室实验的缺点	由于条件控制得不够严格，因而难以得到精密的实验结果

续表

方法	操作与分类	性能与采用	优势	不足
心理测验法	用一套预先经过标准化的问题（量表）来测量某种心理品质的方法	信度（测验的可靠程度）、效度（一个测验有效地测量了所需的心理品质）、标准化（测验法的核心）	对测谎心理参数进行深入的研究，对测谎心理生理了解越深入，相应的量表就会越完善	在编制心理量表时要注意严谨性和科学性
	直接测验	晤谈法		主观性大、稳定性差、被试容易弄虚作假等，可能造成测谎测验结果信/效度低、变异大
	间接测验（投射测验）	问卷调查	量表设计者可以通过设计量表的问句内容，分别从不同的角度来测量案件、任务相关性	问句内容的结构和计分方式也不完全相同，这些差异以及自评量表本身的缺陷会降低结果信效度等，各种测量量表工具面临本土化问题，实证结论受质疑
个案法	对被检测人各方面或状况进行深入而详尽的了解，尤其是被检测个体过去和现在的资料，进而分析推知其行为原因	对某个人进行深入而详尽地观察与研究，以便发现影响某种行为和心理现象（欺骗与诚实差异）的原因	能够解释被检测人某些心理（情绪、认知）和行为产生、发展、变化的原因，有助于研究者获得某种假设	对个体的研究结论难以推广，重复性弱
调查法	就某一检测任务、主题或要求，让被检测人自由表达其态度或意见	①组内取样的代表性；②被试受社会赞许性的影响	①用起来比较容易；②收集数据比较快	①不够严谨；②不能揭示因果关系；③受研究者主观影响较大

方法	操作与分类	性能与采用	优势	不足
观察法	在自然条件下,对表现心理现象的外部活动进行有系统、有计划的观察,从中发现测谎的心理生理变化	①对所研究的对象无法加以控制;②在控制条件下,可能影响某种行为的出现;③由于社会道德的要求,不能对某种现象进行控制;④观察法的成功取决于观察的目的与任务、观察和记录的手段以及观察者的毅力和态度	①适用范围较大;②简便易行;③所得材料比较真实反映了现象产生和发展的规律性	①事件很难按严格相同的方式重复出现;②影响心理活动的因素是多方面的,结果难以精确分析;③由于未对条件加以控制,观察时可能出现不需要的研究对象,而要研究的对象没有出现;④观察结果容易受到观察者本人影响(观察者效应、观察者偏差)

　　或许测谎简单模型实验产生以后,检测者们试图用模型来代替原型进行实验,是一条可以探索的方法。那么模型在测谎科学实验的结构中属于哪一部分?在测谎科学实验中,模型具有双重的性质。就模型是实验者运用实验手段而对之进行实际的变革和控制的对象来说,模型是实验对象。实验者对模型进行各种实验,从而取得关于模型的各种认识。但就模型只是原型的替代物来说,实验者的真正目的是获取关于原型的认识,所以说实验的真正认识对象是原型,而模型不过是实验者运用的实验手段而已。这是一种扩展了的手段,也许正是由于模型的这种双重性质,使它在测谎科学实验中占有特殊的探索地位。

第四节　属于科学试验的科学测谎

一、测谎试验——验证某种已经存在的理论而进行的操作

　　测谎就如同实验研究一样,是对被检测人在受控下对检测问句内容思考后进行判断,这一期间认知脑电、心理生理参数的变化,并以此作为观测分析的

数据源。实验研究是一种受控的观测方法，通过一个（字、词、句）或多个（诚实、欺骗、记忆、卷入度）自变量的变化，来测评它对一个或多个因变量产生的效应（刘洪广，2020）。测谎试验是利用实验研究适合用于验证变量之间的因果关系的操作，其特点是通过系统操纵或改变一个变量，观察这种操纵或改变对另一个变量所造成的影响，在此基础上揭示变量之间的因果关系（舒华、张亚旭，2008）。

实验是为了获取实验值或者验证某个已经被接受的原理。无论测谎的目的是什么，一次科学测谎就是一次心理生理学的试验，是用已经被科学同行认可的原理、技术、方法/范式，按照科学实验的标准规范地对被检测人进行验证或评估。科学测谎是以认知科学、心理生理学等原理，对被检测人所做的围绕检测目的，针对检测任务需求和性质，按照心理生理学或认知科学相关实验仪器的技术要求和性能，并与被检测人相适应，所进行的现实操作，用来验证或证明被检测人案件相关程度，或者推导出新的与此相关的科学实验结论。它是基于对认知科学、心理生理学机制的验证、查实的实际操作。

表 3-2 测谎、言辞证据评估实验和试验的比较

内容	具体形式	差异
实验目的	为了检验某种科学理论或假设而进行某种操作或从事某种活动	探索
试验目的	为了察看某事的结果或某物的性能而从事某种活动	验证
实验含义	为了尝试确定某一系统的假设是否合理而做的事情，有尝试新的和未知的东西的含义	创新
试验含义	为了确定某一具体的问题所做的事情，属于比较常规的活动	验旧
实验方式	对抽象的知识理论所做的现实操作，用来证明它正确或者推导出新的结论。它是相对于知识理论的实际操作	抽象推理
试验方式	对事物或社会对象的一种检测性的操作，用来检测某事（物）正常操作或临界操作的运行过程、运行状况等。它是就事论事的	具体实践
实验后果	结果是明确的。验证已经形成的理论，获得经验的可能性大	危险
试验后果	结果不是明确的。为了摸索新的理论，得到教训的可能性大	安全
实验推理	实验中被检验的是某种科学理论或假设，通过实践操作来进行	理论
试验推理	试验中用来检验的是已经存在的事物，是为了察看某事的结果或某物的性能，通过使用、试用来进行	验假设

内容	具体形式	差异
实验过程	不知道结果，为了解某物的性能或某事的结果而进行的尝试性活动	推理
试验过程	知道结果，来验证。检验一个理论或证实一种假设而进行的一系列操作或活动。经过实验来证明某一理论是否正确	查实
实验探索面	比试验的范围宽广	风险
试验探索面	都是具有一定稳定性的实验，面窄	稳定

实验，是科学研究的基本方法之一。根据科学研究的目的，要尽可能地排除外界的影响，突出主要因素并利用一些专门的仪器设备，人为地变革、控制或模拟研究对象，使某一些事物（或过程）发生或再现，从而认识自然现象、自然性质、自然规律。

试验指已知某种事物的时候，为了了解它的性能或者结果而进行的试用操作，与实验不同，试验是了解有关"用来检验某种假设或者验证某种已经存在的理论而进行的操作"。科学测谎就是验证某种已经存在的理论，如：①情绪生理；②大脑在对不同认知类属刺激材料加工时，即认知脑电差异时检测问句内容，不同的被检测人（涉案事/知情/无关）对具有不同认知含义（探查/靶标/无关）的问句信息进行加工时，脑认知加工的方式是不同的。这是为了察看某事的结果或某物的性能而从事某种活动：①被检测人对不同问句内容听懂理解的情况下，内在角色不同情绪的心理生理反应会有所不同；②认知脑电反应不同，即情绪的生理变化或相同检测问句内容下的不同心理认知状态会诱发不同认知脑电活动。

二、测谎实验——探索某种未知的理论而进行的操作

实验对应的英文词为 experiment，含有探索的含义，是为了验证一个假设，甚至根本就没有目标，是一种结果未知或不确定的操作，是科学研究的基本方法之一。

实验心理的优点：可以更好地控制额外变量，经济。

实验的三大特点：随意性、可重复性（或可验证性）、系统可控制性。

实验室实验是检验科学性与否的重要与有效的途径。在心理实验室里使用仪器设备进行有控制的观察，它可以提供精确的实验结果，常用于对感知、记忆、思维、动作和生理机制方面的研究。

案（事）件相关检测技术中实验和试验的区别详见表 3-3 所示。

实验是对抽象的知识理论所做的现实操作，用来证明它正确或者推导出新的结论，它是相对于知识理论的实际操作。

试验是对事物或社会对象的一种检测性的操作，用来检测某事（物）正常操作或临界操作的运行过程、运行状况。

表 3-3　案（事）件相关检测技术中实验和试验的区别

分类	目的	对象	操作	目标	途径
实验	检验	科学理论或假设	现实性或活动	知识理论	实际操作或从事某种活动
试验	察看	对事物或社会对象的一种检测性的操作	检测性从事某种活动	某事的结果、某物的性能	证明它正确或者推导出新的结论

三、案（事）件相关检测技术在"科研"中的使用是"实验"，而在"实案"中的使用是"试验"

作为科学测谎试验就是了解并证实，人体在情绪生理和认知脑电方面都会发生改变的人体机能性能或欺骗一定会导致认知脑电、情绪生理参数必然性变化之一的结果而进行的尝试性活动。试验对应的英文词为 test，含有测试的含义，就是指有目标地去验证，也就是对已知结果的操作。

测谎实验研究的开展包含多个环节，如问题的提出、实验设计的确定、被试的选择、材料的制作和选择、仪器的选择和实验程序制作、数据的采集和分析以及对数据结果的讨论。实验研究方法可以通过相同刺激材料的重复出现（被试被动观察实验刺激或者主动完成评估决策）实现多个试次的叠加，体现实验研究的大样本特征（Luck，2009）。因此尽管实验研究的被试样本量较小，但依然有较高的信度。

表 3-4　基于认知和情绪生理两种检测原理差异上的科学测谎

	认知后情绪	认知中脑电
理论	情绪生理	认知脑电
假设	心理生理反应	认知加工过程分段分析
技术方法	CPS 计算机化心理生理系统、语音等	事件相关脑电位、眼动、fMRI 等
机制论证	问句、应激、认知、情绪、生理	刺激、一切反应、脑内神经元电位变化

续表

	认知后情绪	认知中脑电
实验探索	句内容不同、反应强度、长度不同	字词句的正/反义词、卷入度、记忆
试验证实	具体案情细节编入问句中	尽可能多的认知分类问句、逐一对照
仪器实现	多道心理测试仪 CPS	刺激诱发的语句,实时诱发出的脑电仪
科学结论	多因多果、自变量的控制程度	认知语句分类、对应、叠加、精准

仪器测量的言辞可信度评估。通过科学的仪器对被检测人进行测试,以了解被试实施欺骗时心理活动下情绪生理、认知脑电等变化的一种科学方法。基于事件相关电位技术方法、多道心理测试仪方法等就是以仪器来测量言辞可信度的。符合未来的发展方向如下:①既重视多道心理测试仪和精细的认知脑电等实验方法和仪器测定,又重视定性研究方法的应用。②越来越重视多种研究方法的综合应用。这一方面由于心理学的各种方法都有其适用性和局限性,另一方面由于人的欺骗心理和行为是受许多因素相互作用和影响的。③信息技术、认知科学、电子计算机在心理学研究中得到越来越普遍的应用。尤其是电子计算机技术在心理生理学研究中有多种用途,既可呈现认知语句的刺激和正确记录对应的脑电、心率变异等心理生理的反应参数,也可处理数据和控制实验程序,使得数据采集/记录、有效特征信号分类、获取、分类叠加等处理方式更加智能化,大大提高了仪器测量的言辞可信度评估的便捷程度和科学的正确性。

四、科学测谎就是对被检测人的心理生理检测

测谎检测(test)就是按照心理生理原理、脑认知原理,对给定的被检测人提出各类问句,按规定程序确定一种或多种特性或性能的技术操作。

检测是检验和测试的总称。在实际工作中,检验包含了大量的测试工作,因此常把检验和测试总称为检测,主要是为了辨别而用一些工具仪器或方法(情绪生理采集、认知脑电的实时记录)进行测量,是一种按照认知脑电采集分析仪、多道心理测试仪等技术原理进行的规范化的技术操作,它只需要按规定程序操作并提供所测结果,不需要给出所测数据合格与否的判定,因为检测是检验测试,涵盖所有的利用仪器设备进行检查验证的活动,检测与检验的区别是,检测一般不进行符合性判定。

测谎与测试有所不同,测试一方面要用仪器仪表测量,另一方面要进行

"测试—对比—调整—再测试"这样循环的一个过程，而测谎中没有。

五、心理实验法的测谎科学方法比较

多道心理测试仪测谎与认知脑电测谎：多道心理测试仪测谎是"再"发生数据，是 A（activating event）脑认知应激事件后的影响 B（belief）认知过程后的情绪中枢控制 C（consequence）行为结果，尤其是体表发生生理参数变化；认知脑电测谎是大脑认知"期间"发生的数据，是只有 A 脑认知过程中的脑电变化记录。

认知脑电变化的机理，其理论上是以认知脑科学为基础的。

认知脑电检测技术使用，其技术上是自然科学认可的。

认知脑电检测方法上，其使用方法是被科学同行认可的，学术期刊上发表的，论文中方法相同的，可直接被相互应用、引用、互证。

心理生理检测问句所诱发被检测人的心理生理反应、认知脑电等参数，就被检测人有关心理生理规律、认知脑电的机制进行分析、观察和探索，见表3-5 所示。

表3-5　基于心理实验法的测谎科学方法比较

	非科学方法	科学方法	测谎法相关	
			情绪	认知
一般方法	直觉的	实证性的	人—机直观	脑电隐秘
观察	偶然的，非控制性的	系统的，控制性的	人—机	机
报告	主观的，有偏差的；格式、内容、方法等随意	客观的，无偏差；格式规范、内容完整、告诉并知道可重复方法	综合评价	软件处理
概念	模糊的，含有多余的歧义	清晰的定义，可操作	有歧义	复杂苛刻
工具	个人、宗派；自编、自创；无同行评价；不准确的，不严密的	同行、无宗无派、共用的、统一的；通用、标准、规范；同行匿名评价过；准确的，严密的	有标准但旷量大	同行同标，可比，可重复
测量	无效的，不可靠的	有效的，可靠的	各异	统一
假设	"专家"说；不可测量	"他""第三方"说；可测量	众说	同一
态度	接受的，不加批评的	怀疑的，批评的	疑多	需解

第五节　测谎研究层面

自 2007 年该技术研制成功并进入测试以来，逐渐由单一的多道认知脑电发展到了多层次（实验室—模拟案件—实案测试）、多方法（指定按键—前强化后确认—认知负荷增加校验—改进 stroop 双色造模比对）、多路径识别（供比对和检验的欺骗脑电实验室模式—反反测试—简易快捷欺骗识别）、多认知分类（无关刺激、无关靶刺激、相关探查刺激）等测试的系列化方法和技术，以适应不同案件（时间久远、脑认知度—犯罪嫌疑人高认知度特点）公安实战的需要。

一、测谎的实验室层面基础研究

借助于观察被检测人欺骗的个人未知现象，在已经有实验数据、结果、结论的基础上进行科学研究、证实或追求或探索心理生理机制和认知脑电的原理即规律——人体生物学理论推理等手段，发现、阐明、形成普遍性人体实施欺骗时的规律性理论，如认知、情绪、生理或实施欺骗的认知脑电的生物学规律、原理、定理等。这些测谎相关的实验室基础研究，是对心理生理学、认知科学、法庭科学证据学、公安技术等的新理论、新原理的探讨，目的在于发现新的科学领域，为新的技术发明和创造提供理论前提。它的产物主要是论文、专著，也提供刑侦、人格评测等方面的新的技术方法。

二、实案模拟的应用基础研究

通过整合已经存在的理论，如科学同行公认的、公开发表的、符合科学标准的，包括自然规律、原理、定理等，对已知的发生过实际案件、事件的过程、步骤等，按照各种测谎技术性能和要求，进行有特征性的提取，在符合心理测谎技术性能要求的基础上，人为制造案件、事件、特定需求的场景、行为过程、人员、时间、地点、物品、干什么等，找到特定虚拟的行为路线、过程、经历等，实现特定的假设发生的场景、条件和动机需要，对被检测人进行量化检测。这样把心理生理学、认知科学、法庭科学证据学等基础研究发现的新的理论应用于特定目标的研究上。实案模拟的应用基础研究是基础研究的继续，目的是为与欺骗有关的神经机制、情绪的生理变化机制、脑认知原理等基础研究的成果开辟具体的应用途径，使之转化为实用技术。应用基础研究的主要产物是专利。

三、实测案（事）件的试验研究

利用基础研究和应用基础研究的结果，结合实案（事）件试验下的实践经验，检查这些研究发明的材料、设备、机器、系统、方法、服务等在技术、社会、经济商业化上的可行性，实现其产业化。测谎把基础研究、应用研究应用于生产实践的研究，是科学转化为生产力的中心环节。其主要产物是经济/社会效益和产值。20世纪约翰·E.雷特（John E. Leiter）在法院主持的有关测谎器可靠性的听证会上作证说：对35000个人的测试鉴定及测试监督表明，有经验的测试监定员的测试准确率超过91%。美国的测谎器协会通过调查表明，测试准确率在87%至96%。测谎器作为一种科学的侦查手段，它所获取的证据之所以长期以来在美国的法院难以被普遍应用，亦难被欧洲大陆各国采纳，是因为对测谎器记录的生理反应的解释尚未找到确切的科学说明，得出这样的结论与当时的科技发展水平和片面认识测谎有关。

表3-6　科学测谎研究层面与目的任务实现路径、维度分析

研究层面	内容分析			实验室级测试方法	抑制反测谎方法	应用级简快方法
	目的任务	实现路径	维度分析			
实验室	明确:脑电分析成分、易显脑区、提取方法;筛选:32、64、128电极效果显出脑电极,提出算法,建立模型,验证成分	算法、模型、测试范式/方法、单指标、单因素比较	自变量易控、因变量易测、可重复易验证、数据表达精准、可严控选控自变量、突出单一因变量、技术复杂、要求严格、操作烦琐	基本明确的方法	改试、调整、提升	简化、快捷、程序格式化
实案模拟	确定:真实案例下的脑电测试技术标准化、程序化;获取有效的分析脑区、电极;固定:脑电极、脑区、左/右脑区位;拟合:实案/实验室刺激源和分析源;验证实验室方法、脑电成分信/效度;获取复杂和简易实测方法	按照测试技术要求,从真实案例中提取符合测试技术要求的"event",即与案情相关刺激信息,脑电测试技术标准化;多组、多种类、多人、多次重复验证;多道心理测试仪、眼动仪、fMRI等仪器互补互动互测互证与共证	案情类别少、难度有限、适应狭窄	修改不适合的诱发刺激	固定有效诱发语句,重复选择出效果好的语句等	根据案情和可提供的检测条件,固定和添加合理的删减

续表

研究层面	内容分析			实验室级测试方法	抑制反测谎方法	应用级简快方法
	目的任务	实现路径	维度分析			
实测验证	明确:3种分析成分以上;6个脑电极位以上	先多后少(先多遍、多次后测试);先易后难(先简单后复杂)	脑电成分、潜伏期、脑波面积差异、电极在脑区、相位规律	烦琐、复杂、反复	筛选电极、电位等	优选固定、快捷、可采集的方法

对于可用于科学测谎的心理测量方法方面,并不是所有的心理生理检测技术可应用于科学测谎,也不是某一项心理生理检测技术适用于所有的检测需求。

四、科学测谎的状态

标准态是通过设立科学测谎检测时的参数,制定可起到校正、比对、参照作用的标准检测。

模拟态是以实际发生的案例为基础,提供案件信息,供既有实案又符合技术要求的案例,目的在于选择出符合检测技术要求的,并且能够实际应用的,可参考修改的检测试验。

反测态是基于被检测人对所给予的刺激能够以自己真实的状态,对检测问句内容进行诚实地反应,即以正常"生物人"的基础上反应检测问句,而测谎中是要考虑"社会人"的因素的,即被检测人对检测问句内容会"趋利避害",选择对检测人有利的方向回答问句,采取选择欺骗、不诚实地回答检测问句内容。这是科学测谎需要重点考虑的内容。

实测态是实际案件使用的一整套方式方法,即实际应用版,类似贝塔版→正式版,测谎检测的功能、针对性、局域区别化、可使用性、可靠性、性能和支持性都已经成形。测谎实验检测层面为,实验室—模拟事件—反测谎—"套/封装应用"—实案应用。

表3-7 科学测谎的状态

状态	定义	内容	优势	不足
标准	实验室标准检测	自变量可控可操纵,精度高	满足原理机制、技术性能要求	限条件、生态弱、失真
模拟	模拟案件	因依实案可调实验室和实案两方,使实验有条件验证、近实案进行	实验室标准和实案之间进行优化调整	亲"历"亲为——自己经历过、作为过;伪历伪为——有意掩盖本来面貌或虚假

续表

状态	定义	内容	优势	不足
反测	反反测	主动设防、过程监控、结果检出	验证存在可能	预测弱
实测	实际案件运用	应用，模块对应、快捷、运用	筛出	针对性弱

五、测谎科学研究层面与应用层次比较

表 3-8 测谎科学研究层面与应用层次比较

	标准	反反测谎	快捷应用
实验室	数据/案例积累；脑区、脑电成分、电极数、潜伏期；标准范式遵同行标准；可检验、可验证	筛选无法伪装、刺激反应稳定、抗干扰、内源性明显的电极、脑区、脑电成分	采用反应敏感、差异明显、可快捷显现的电极、脑区固定且程序化
模拟案件	选择实案，针对技术需要，拟定案件情节，多人次、多批次检测	以反测谎可能的路径作为诱发刺激的条件，反复对抗后确定步骤、问句内容	筛选针对性强、采集快速、稳定、差异明显的电极、脑区进行应用
实案	将选定、可固定的参数设置为实案检测的具体实施	将反复、修改、优选出可实现检测的案件信息固定，寻找、发现、稳定	采用反应快速、刺激诱发对应强的问句，供分析的脑区、成分检测的实际应用

心理测量可以对一般人群做测评，但并不总是有效，而心理生理检测、认知脑电检测等技术应用，不仅各项技术相互优势互补，而且能使检测正确率提升、检测水平和层次进一步提高。如传统测评问卷量表、思政工作、访谈等，难以准确地获取欺骗者对言辞内容回答的真实状态，以及大脑认知的情绪变化；而应用脑科学技术和心理生理技术，通过神经测评（脑电、眼动、皮电、心电）可客观、实时地监测被试的认知时电位、左右脑—脑叶—脑区脑认知电位的变化，量化被试者的分类语句认知过程变化的脑电，同时结合传统问卷访谈，帮助需求方用最少的投入打造最有效率地对人的言辞真实性考察。具体检测问句内容评估，包括检测问句内容下脑电变化、情绪生理变化研究与脑认知电位改变与认知内容的关系研究。例如，哪些内容引起了被试的情绪生理反应、认知脑电变化，进行回答问句时的情绪的生理反应？哪些检测问句的内容影响了被

试的心理生理反应量值增加、认知脑电改变明显等,利用脑电波、生理测量方法追踪被检测人回答检测问句时及其过程中的实时体验的体表数据,量化其认知与情绪的变化,通过将神经生理测量与主观情绪报告相结合,全面得到被检测人对问句内容所发生的改变,发掘被试意识不到或者难以表达的内容,这样都有助于被检测人优化测谎试验的设计。测评依靠主观问卷调查和访谈、后台计算机数据分析等方法,仅仅反应被试表现和心理生理检测结束后的概括性的测谎体验,无法完整地反映被试在科学测谎过程中被试的真正体验。可以一点一点来,一步一步来,尤其是当检测的是组内的比较、此时此刻的比较时,可以在不同的层面探测、发现欺骗。

表3-9 认知脑电测谎层面

分类	目的	特征	优势	不足
实验室	校标	操作标准、方法严格、通用参照、系统联系、实施专业	精准、信/效度高、可操控变量、凸显单一因变量、纯度高	烦琐、复杂、时长、现场难
模拟	承接过渡	可选择适合的信息作为问句	既满足实验室高标准,又兼顾实案条件要求	人造痕迹
实案	普及快捷现场用	无一完全对应实案,可在实案和实验室标准之间,以两方可接纳的实验室"标准"共用最大的标准	科学证据、考核、评估变异性大,不稳定,难以逐一对应上	
标准	校准比较	通用、兼容、共性,不受案件差异影响,可在个案(事)件之间客观比较	建立需要大量数据且需反复修改	
反测谎	针对防—控—反	方法多,但有共性	针对共性可用多种	因为不是每案都有,易"矫枉过正"影响实质
快捷	通用	可以进行一段性的比较、修改、删减	适应性强、稳定性较好、便于进行实践	严谨性差、量多、快速,但可能质量差

测谎科学实验和测谎科学观察一样,是搜集测谎科学事实、获得感性材料的基本方法,同时是检验测谎科学假说及形成测谎科学理论的实践基础,二者互相联系、互为补充。但实验是在变革自然中认识自然,因而有着独特的认识功能。原因是测谎科学实验中多种仪器的使用,使获得的感性材料更丰富、更

精确，并能排除次要因素的干扰，更快揭示研究对象的本质。测谎科学实验之所以受到人们的重视，之所以能比自然观察法优越，这是和测谎科学实验本身的特点密切相关的。

六、科学测谎是对人体欺骗的科学探究后的确认

科学测谎的原理是对不同学科的融合，不过各学科的研究者们在确立各自的研究对象、怎样进行有效的试验、开展数据工作，是应用定性还是定量方法，如何应用各自基本理论，以及吸收多少其他科学家的研究成果方面，每一个研究都是大不相同的。即便如此，由于各学科的研究者相互之间还会不断进行着技术、信息和概念的交流，因而科学测谎者们对构成有效科学研究的要素是有共识的。离开了具体的科学测谎研究，科学测谎探究就难以表述，严谨的科学测谎没有简单的、固定的科学探究模式，各个学科之间科学的一些特点虽然不同，但是科学测谎与其他学科的探究模式总有一些明显的共同之处。

第四章

主流认知脑电和情绪生理的欺骗检测技术

　　测谎是一项人体的科学原理和技术应用结合非常紧密的科学测试,不仅方法和种类繁多,而且随着科学和技术的发展而发展,变化而变化。这一过程会一次又一次地重复下去,新的人体科学研究的数据、新的人类行为观察和新的人体科学实验结果将不断出现,旧的与测谎相关的人体科学定律将不断被更新的更普遍的人体科学定律所替代。新的人体测谎相关定律,不但能说明旧测谎定律所能解释的各种测谎测试的现象,而且能说明旧测谎有关定律所不能解释的一些现象。新的科技成果总是不断地改进测谎技术,不断地提高测试的水平,作为测试人员不仅要目的明确地掌握某一项或几项技术,将其学专、学精、学深,而且要以一种科学、豁达、包容的态度,融会贯通地学习其他测谎技术,不断跟进。科学的发展告诉我们,任何测谎理论或定律都不是最后定论,都不是最后的一种理想的科学测谎方法,科技的发展只会不断出现更好、更科学的测谎测试方法。

第一节　认知脑电非自主和情绪生理可调控

一、欺骗检测技术的应用

　　当今,测谎领域使用最多、最广泛,也最受争议的是多道心理测试仪/测谎仪,其科学性毋庸置疑,借神经科学技术发展起来的认知脑电测谎,正从实验室走出,从模拟案件到实案件测试应用快速推进。另外,眼动、眼内眶血温、功能性磁共振等技术也在逐步尝试,所有这些均需要测试者接受严格训练和学习。

　　接受公安、检察、法院、司法、纪检监察、安全保卫等政法机关及行政事业单位、社会组织的委托，对于符合心理测试（测谎）条件的案件可提供心理测试（测谎）服务。无论是对诉讼和违法的事件，或是泛指的事件的"案件"侦查，抑或是案件情节的"案情"核实验证，还是特定测谎要求、需求的"指定"内容核验都与测谎相关。在刑事、民事、行政、经济等案件侦、调查中都有所应用。

表 4-1　测定"谎"的方法和途径

方法	介质	测试内容
量表	测试题	简单、快速、大批量；信/效度、针对性、量表制定
仪器	测试体表数据	基于心理生理学原理（心理活动导致生理反应）测试。事件相关电位（ERPs）、皮肤电导率（SCR）、皮肤电反应（GSR）、心率可变性（HRV）、眼内眶皮温、功能性磁共振（fMRI）、眼动（EOG）等
微表情	脸面	表情，嘴角、眼角、鼻翼、眉毛运动持续时间、幅度等；量化、经验
行为观察	头、颈、四肢、躯干	眨眼频率，利用仪器来度量、测绘、测量、测控、测算、观测、检定、检验、测试、测验
言语	叙述问答	说话结巴，连贯性下降，停顿次数众多，转折不当，重复，语气词（啊、吧、吗等）使用，小品词和填充词使用

现行的主流有认知脑电和情绪生理这两种心理生理学原理下的欺骗检测技术，以脑认知机理为测谎原理分析基础的诸多测谎技术，如案件或事件相关电位检测技术，就是神经科学研究中成熟的常用技术之一，得到了国际上诸多领域的认可，在法庭科学领域也得到越来越广泛的应用，如图 4-1、4-2 所示。

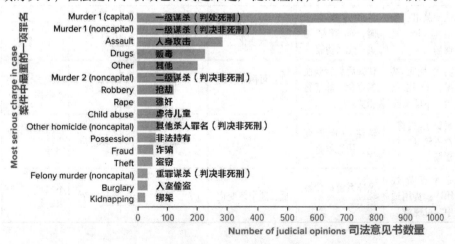

图 4-1　2005 年至 2012 年，涉及神经科学取证的案件罪名

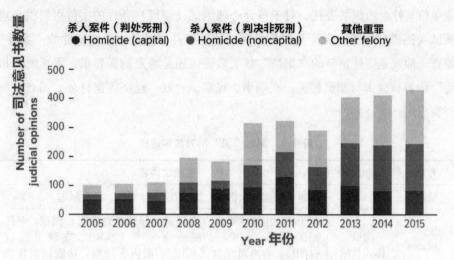

图4-2 2005年至2015年，刑事案件中运用神经科学取证的增长趋势

在中国，刘洪广课题组2002年开始陆续发表相关研究成果论文，2016年出版《科学测谎技术》专著，2019年出版《科学测谎的心理生理学原理》和《科学测谎之认知脑电检测应用》，分别从案（事）件相关电位检测方法、实验室模拟、实案检测应用方面做了论述。

表4-2 测试技术方法比较

测试方法	测试原理	证据科学性	数据采集部位	技术掌握	测试数据
测谎仪：费用低，可现场	问句→情绪→体表变化高，情绪相关	低：情绪可调控	体表：手指根部	容易	重复差、不稳定、多影响
认知脑电：费用适中，可现场	认知过程中实时，非情绪相关，无法伪装	高：脑认知必伴有脑电变化	体表：头皮	较容易	数据稳定、操作较复杂
功能性磁共振：费用昂贵，不可现场	认知后数秒脑血氧变化，非情绪相关	高：可测脑空间部位	非接触	复杂	稳定、需专业操作
眼眶热成像：费用较高，可现场	情绪→血流变化，情绪相关	一般	非接触	较复杂	稳定、需专业学习
心率变异性HRV：费用适中，可现场	循环系统低情绪相关	低：随个体变化	接触	较复杂	不稳定、影响因素多

二、认知脑电测谎技术的应用条件

（一）认知脑电测谎是在基本无压力的条件下进行的

与传统多道心理测试仪测试相比，认知脑电测谎是在被试对犯罪相关知识再认知的层面上进行的，这使检测隐秘信息成为可能，而多道心理测试仪测试的是由情绪变化所引起的一些体表的生理反应显示。认知脑电测谎基于大脑的信息认知处理过程，不问任何问题，只是让被试者看计算机屏幕上出现的言语或图像信息并对信息做反应，而同时同步记录的脑电反应是无创无异样感觉的。

（二）认知脑电测谎是大脑中是否储存与案件相关的脑电反应

多道心理测试仪（下简称"多道仪"）是一种审问和测谎技术。审讯员通过向被试提问，同时用多道仪检测他们是否存在对所问问题的内容由于撒谎所导致的皮电、血压、呼吸的改变，通过审问让犯罪嫌疑人招供。和多道仪相比较，认知脑电测谎不是测谎和审问，它不需要对被试进行任何的询问，也不需要被试回答什么。认知脑电测谎是要客观地分析被试大脑中是否储存与案件相关的脑电信息，在测试过程中，不管被试是撒谎还是诚实，认知脑电测谎的测试结果都是一样的。认知脑电测谎和其他科学的侦查技术一样，在侦查过程中具有重要的作用，但也有其使用上的适应性要求，而认知脑电测谎尤其适合应用于那些物证相对缺乏的案件，这样通过各种刑侦技术相互补充可起到相互印证作用，而不同的技术所采集到的信息和证据综合到一起，就可使侦查人员对案件的把握更为完整和准确。

（三）减少多道心理测试仪假阴或假阳的测试结果

在传统多道仪（测谎器）测试中，是将相关问题的情绪生理反应与控制问题的情绪生理反应做比较。而控制问题是指一些侵犯性的私人问题，设计是用来激发被试情绪生理反应的。认知脑电测谎判定的是关于什么信息存储在嫌疑人的大脑中的事实，它和其他证据一起，对查清无辜者，把罪犯绳之以法能够出具更加有说服力的证据。

认知脑电测谎的测试包括如下一些程序：测前学习一些词语或图片，根据实验指导语做按键反应。无辜者并不了解和案件相关的信息。整个过程中被试不用回答任何问题、做任何陈述和提供证言。这样对于无辜者来说，就不会被指责或被攻击等。法庭科学中其他科学测试也旁证认知脑电测谎对案件的侦破是起作用的，而且具有很高的准确性、科学性，在科技发达的国家有越来越多案件实例证明其有效性，认知脑电测谎已经显示了心理测试（测谎）未来发展的重要方向。这是因为认知脑电测谎不仅能够获得更直接的生理信息，还可以克服多道仪测试所固有的不足：（1）避免假阳性的出现。无辜者可能和有罪者一样对犯罪相关问题产生情绪生理反应，以致被误判为说谎。（2）避免假阴性的出现，有罪者可能对一些特定问题没有产生情绪生理反应，导致有罪者测试不出来。（3）避免通过训练，某些心理或生理的反测试方法能够使多道心理测试仪测试失效。（4）传统多道心理测试仪测试对于被试是高压力的，可能引起非正常的生理反应。

（四）降低通过控制自身的反应来对抗心理测试的可行性

目前所使用的多道心理测试仪所测试的一些生理反应是可以通过改变高级神经系统的活动（如改变注意的内容、方式）而发生变化，由此降低了测试的准确性。认知脑电测谎是分析由屏幕上闪现的一个个刺激（包括与犯罪相关的）所诱发的脑电位变化，任何人对刺激都会产生反应，办案人员通过脑电图就可以掌握其大脑的变化，通过分析其无意识大脑活动，即使犯罪嫌疑人始终保持沉默，也可以判断其是否有罪，因为前者 P300 的脑电信号与后者有根本的不同。

认知脑电测谎作为一种更加科学严谨的"刑事和民事案件相关脑电位测谎"应运而生，它不仅突破了目前的测谎技术中存在的"人机结合以人为主"尤其是"人为经验占主"的心理测试模式，而且可满足法庭对科学化、人性化取证越来越高的要求，以此鉴别欺骗和谎言，这也是心理测试（测谎）对案件侦查做贡献的一个突破。

认知脑电测谎是基于某案件对被测人采用涉及案件的相关问题提问，或显示案件相关图片等刺激方式，对所诱发的以脑电为主的生理反应进行分析评价的过程。认知脑电测谎具有精确到毫秒（ms）级的时间分辨率和其他多维探测指标，这对加工为连续的并具有多个分析层次的复杂系统来说，如大脑的语言过程和大脑图像认知加工过程的研究尤其适合。

由于认知脑电测谎对大脑的神经活动可进行连续的测量，对不同层次的分析可采用不同的敏感指标，因此是当今最先进的脑科学研究应用法庭调查的高技术之一，将高分辨率的 ERP 运用到我国司法的案件调查中，这相对于以往基于情绪改变所带来的体表生理（主要为皮肤出汗量引起的导电率变化）指标变化的测谎技术来说是重大的科学飞跃，这也是当今国际上法庭调查研究开发运用的热点。

三、测谎方法的基本内容

（一）测谎方式分类

谎言是一种复杂的高级神经活动表现的高级形式，对于谎言的鉴识活动有多种，按照测谎量化程度通常所使用的具有代表性的有依赖于测谎者经验和对测谎规律总结应用的"定性"测谎，包括借助肢体语言、言语回答方式等判断的测谎；一方面借助仪器测试人体体表变化，另一方面结合测谎者测谎的经验，介于经验和仪器之间的"半定性半定量"测谎，如观察微表情等测谎方法；主要依靠可测量人体的不同仪器，如功能性磁共振（fMRI）、案件相关脑电位（ERP）、多道心理测试仪（测谎仪）、眼动仪、双眼鼻侧血流测量、热成像技术（使用热成像照相机对受试者拍照记录眼球周围的血流量）、自动脸部表情分析器（通过计算机分析脸部最细微的表情）等，针对人体科学原理，以仪器测量数据为测谎标准的"定量"测谎。虽然有许多种测谎方法，但将其归类可划分为使用仪器实验性测谎检测方法、使用量表评价的测谎方法和非自然场景观察方法等。

1. 使用仪器实验性测谎检测方法。在符合测谎控制条件下，对被测谎人相关案件信息刺激后的心理现象，伴随仪器进行观察分析的方法，包括测谎实验室检测和委托测谎单位处检测实验。都是借助专门的实验设备（如测谎仪等相关设备），在实验标准和条件严加控制的情况下，对被测谎人进行检测。其有助于发现被测谎人与案件的相关程度或案件因素中的因果联系，当今科技越来越可以进行反复的验证，所得到的量化指标明确；但不足是测谎人严格控制的测谎实验条件对测谎实验情景带有许多人为因素和性质。如果自然或现场欺骗实验，对欺骗实验条件加以适当的控制，使被测谎人在模拟正常的生活和工作情景中进行检测，可消除测谎实验室人为实验的缺点，可是由于条件控制不够严格，因而难以得到案件情节对应的精密的测谎鉴定结果。被测谎人处于特定测谎环境中，意识到自己正在接受测谎实验，有可能影响测谎鉴定结果的客观性。

2. 使用量表评价的测谎方法。测谎人用一套预先经过标准化的测谎问题或量表来检测案件相关问题的相关程度或测量心理品质。需要对欺骗的心理品质进行深入研究，对被测谎人智力或性格了解得越深入，相应的测谎量表就会越完善，在编制心理量表时就越具有严谨性和科学性，测谎检测的可靠程度（信度）就越高，而且该测谎有效地测量了所需要的案件相关性等心理品质的效度就越高。另外测谎心理量表需标准化，即预先经过测谎问题或量表来测量欺骗的心理品质。这点对于少数个体的测谎稍显不足，但是一旦建立后，用起来比较容易，收集数据比较快，测谎起来将方便快捷。就某测谎问题要求，让被测谎人就问卷调查和晤谈法自由表达其态度或意见，会受到测谎取样的代表性和被测谎人受社会赞许性的影响，如不够严谨，不能揭示因果关系，受研究者主观影响较大。

3. 非自然场景观察方法。先在自然条件下，对表现欺骗的外部活动进行有系统、有计划的观察、记录、提取，从中发现欺骗产生和发展的规律性。被测谎人在非自然条件下，加入模拟案件情节欺骗分析。有时事件很难严格按相同的方式重复出现；影响被测谎人心理活动的因素是多方面的，结果难以精确对应分析；另外由于未对条件加以控制，观察欺骗可能出现不需要的研究对象，要研究的测谎相关对象却没有出现。此测谎简便易行适用范围较大，材料比较真实。但测谎结果难以重复验证和精确分析，难以控制欺骗目标现象的出现，受测谎人主观效应、偏差的影响。

4. 其他方法。对被测谎人个人进行深入而详尽的观察与研究，如分析个体过去和现在的资料，进而分析推知其行为原因，寻找和发现影响欺骗的心理现象和行为，这样能够解释被测谎人撒谎的心理和行为产生、发展、变化的原因，有助于研究者获得某种假设，但被测谎人个体的研究结论难以被推广。

（二）测谎方式优劣性

当前的各测谎方式都有优缺点。一方面应当根据测谎的研究需要选择合适的方法，扬长避短。另一方面要合理地使用几种方法，取长补短，那就会取得较好的测谎结论。随着研究的进展，测谎也是在发展的，尤其是在前沿科技的应用上。

基于情绪生理参数变化，如测谎仪、微表情、语音、眼内眶热成像等测谎技术，以及基于大脑认知过程中生理参数变化，如头皮认知电位、脑血氧——功能性磁共振、眼动轨迹回跳停留等测谎技术，是当今常见的测谎技术，也是人体科学解释测谎技术的两种基本分类。情绪生理和脑认知这两类测谎机理下各种测谎技术各具优势，相互包容，可取长补短。

（三）测谎过程

通常所谓的测谎基本是用测谎仪获取被测谎人回答问题时体表生理数值的测定，包括案件受理、测前准备、测谎实施、结果发布四个阶段。案件受理阶段是委托单位或办案单位（如公安机关、法院、纪委）应依照测谎的规程要求，向测试机构提出测试申请。测前准备主要委托单位或办案单位应向测试机构如实提供详细的案情，包括现场情况、有关笔录、现场图、现场照片等材料和被测人的基本情况，并向测试机构提出具体的测试要求。测前准备阶段是测试机构认真审查案件情况，如实向委托或办案单位说明心理测试的功用和局限，细致分析有关案卷且在条件允许时对案发现场等进行实地考察后，共同拟定出测谎方案；测谎前委托单位或办案单位应详细提供被测人的身体健康状况，有不适合测谎条件出现的问题（测谎所出现的问题与此不适合与不按照测谎操作规程很有关系），测试机构可中止测试。对测试方案有异议时，以测试机构方案为准。此阶段最重要的一项工作就是按照测谎技术规范和要求，针对案情编制测谎问题（成功测谎的关键之一）。

测试实施阶段是测谎全过程唯一的"显"性阶段，大家对测谎的了解也多于此阶段，当测试方案确定后，委托单位或办案单位和测试机构共同确定符合测谎技术要求的测试时间及地点进行测试。测试时通常只允许一名主测人、一名记录员和被测人在场。主测人应是接受过专业技能培训并获得鉴定人资格的心理测试人员。正式开始测试前，测试人员应与被测人进行测前谈话，在可能条件下满足被测人的合理要求，并再次确认被测人是否自愿接受测试。被测人同意接受测试的，应填写本人签字证明的书面材料。要保证被测人听清并听懂，如被测人不同意接受测试时，不允许采用任何直接或间接手段诱使、胁迫其接受测试。

实施具体测试时先在被测人体表安装各式传感器，如胸、腹部束上记录呼吸的传感器，胳膊上安有测量血压和心跳变化的传感器，在食指和无名指上夹有记录皮肤电阻的传感器，在臀部和双脚下垫有记录身体位移的传感器，在指尖有记录血流量的传感器，以及温度计、视频头等。整个过程通常持续约 1.5 小时。测谎人员具体流程由下面五个环节组成。

1. 测谎主持：用符合测谎技术要求和案情特点的问句，询问与案情有关的人和事；

2. 被测谎者：回答各类问题并产生相应的心理活动（由感官进入复杂心理活动——紧张情绪产生）；

3. 被测谎者：被所问的问题引起情绪改变而伴有生理活动改变如脉搏、呼吸、血压、皮肤电阻等变化（由紧张情绪到体表的表现）；

4. 测谎者：操作测谎仪，记录被测谎者回答问题时实时的体表生理变化的数据；

5. 测谎者：分析评价数据后综合判断被测谎人有无谎情。

当完成上述的五个主要环节后，即进入测谎活动的最后阶段——结果发布，具有心理测试技术鉴定人资格的测试人员，对被测谎人以"通过""不通过"和"无结论"三种结论方式出具"心理测试报告"，并加盖心理测试机构印章，至此测谎活动基本结束。

四、测试的发展

测谎技术在认知神经科学的推动下获得发展，相关的准确性亦日益提高，其涉案（事）件相关认知脑电的神经成像结果可作为刑事侦查或民事侦查、人格评估、岗位适配、言辞可信度、政治安全背景、忠诚度等方面检测的科学手段，尤其是在一些疑难复杂、证据不足的刑事案中，侦查人员通过测试受害者的亲友以获得一种破案线索是值得提倡的。随着认知神经科学的推进，神经科学家、侦查人员、法庭证据科学家通过认知科学、心理生理学、法律神经学研究而产生的结果准确率越来越高之时，这些结果不仅可作为司法实践的证据，亦可作为人员政治考核、人员选拔、意识形态认同等更加深层次的、精神层面的检测。

心理生理技术遵循的基本范式：刺激—反应（S—R）或刺激—机体—反应（S—O—R）。其强调的是刺激与反应的联结。刺激诱发反应的条件有刺激强度、变化的速率、刺激的对应。

（一）认知和情绪

1. 多道心理测试仪：基于情绪→皮电可调可控，如血压、呼吸等。

2. 案（事）件相关脑电：基于认知→脑电不可调、不可控，尤其是在认知中。

3. 行为心理学主要研究行为的过程和导致的结果。

（二）案件相关脑电检测案件相关具有的特性

1. 专属性（符合案件侦查的法律要求，检测案发时的犯罪动作是否经历过——动作记忆、作案的工具、所涉及的人员等，都分门别类比对得到是否存在特异性，测试与测得的结果对应；对测试案件有所属）。

2. 排他性（能筛查无案件相关，能够检测类、种，不一定就是案发现场所使用的作案工具，但是可以区分如某一类"钝器""锐器"或"物质材料"的类，不一定是涉案事人案发时所使用的同一物件，但是可以证明相关；"亲属"

下的待定"直系")。

3. 唯一性(案件相关所致案件结果发生的直接证明,科学性最高,证明需要严谨实验设计才能达到)。

两种主流的欺骗检测技术显著差异在于:多道心理测试仪——认知后的情绪;案(事)件相关脑电——认知期间的实时实施认知加工的过程,科学程度前低后高,即情绪生理的多道比大脑认知的事件相关电位方法其科学性要低。

(三)认知脑电数据的特点

锁时(反应的响应,刺激反应很好地对应刺激所诱发的认知脑电所反应出的脑认知相关内容"纯度"高,而且认知任务后下一个任务开始的恢复时间短,可排除连续刺激间上一次的任务单元对紧接着的任务单元的影响)。

非自主(自主控制越低越好,认知脑电的发生是非随意的、无法控制难以伪装,是人体内部神经机能作用的状态实时显示)。

非可控度(认知脑电是自动发生的,因为人体所有器官会产生生物电现象,而且以电的形式即动作电位,通过相应的神经纤维把兴奋传导到大脑中枢,大脑中枢以动作电位的方式把神经冲动信号通过相应的神经纤维传到效应器,从而产生器官或组织的功能活动。人体各部的电位不同,表现为电压梯度,这些不同的电位形成了人体电场。这个包括了各器官电场的人体电场,不仅与人的欺骗时的心理因素有关如情绪激动时强、低落时弱,而且与生理现象有关)。

时间分辨率高"任务"下所对应纯度(具有高的时间分辨率即微秒~毫秒,可以与传统的心理测量参数——反应时有机地配合,进行认知过程研究,且具有无创性,可以精确地评价发生在脑内的认知加工活动。多导联 ERP 设备如 64/128/256 导的应用,可以不断解决其空间分辨率的局限,是进行认知神经科学的教学和研究的最得力、最有效的方法和手段)。

反应数据稳定(认知脑电波频率、振幅和相位等不同属性在携带信息方面的作用,结果显示其对认知任务的对应上,电位变化是稳定的,认知脑电"高频低幅"与认知活动加强有关,"低频高幅"与脑认知活动减弱有关,并且趋势特征稳定,高频低幅频率在 12 赫兹左右的脑电波更多地携带与眼睛有关的信息,而频率在 4 赫兹左右的脑电波更多地携带与嘴巴有关的信息。此外,相位与振幅相比携带的信息量要大很多)。

易测(易采集,给予刺激就有脑电波反应,相对于激素类参数来分析情绪生理的采血到出结果的时间上,具有毫秒的分析单元,数据获取元/单元可重复、可操作性、便捷性)。

响应速度快（反应速度，刺激到产生、出现、可测到的生理反应时间，对应性强）。

自变量控制严谨且要求高（刺激产生反应即因变量、无关变量的控制，自变量控制越纯反应变量越大）。

（四）涉案事认知脑电检测的认知期间、认知当中和认知后，无情绪相关，易受多因素的情绪生理反应可忽略

大脑认知过程脑电对可信度评估的贡献：

1. 问句：情绪心理生理反应多因/单因。

2. 认知中：听答（脑认知加工中），只与认知相关（无情绪相关）。

3. 认知后：听答—情绪—体表生理变化（情绪相关）。

4. 确立：脑电分析成分、脑区，避免量表、问卷被检测人的自我掩饰、迎合、可调可控降的情绪变化。认知脑电是成熟的脑科学技术应用，具有非自主占优的特性，具有法庭科学证据的属性。

（五）涉嫌人的脑电检测刺激概率、句长

（1）等概率刺激诱发脑电避免 oddball 小概率新异脑电 N300。

（2）检测问句 18±2 字长脑电认知纯度高，具有推动法庭科学证据科技进步的作用。

（六）选择脑电针对性强

大脑：复杂的巨系统管理与控制，认知越深入、越复杂，脑电活动越强烈（越坚定、越敏感的认知，脑电显现的可能越强）。无法伪装，难以回避，可以探查下面的行为特性：

1. 潜的行为（长期积蓄而暂时没有暴露，或者已经有犯罪行为被认定，而已经实施过的、其他犯罪的行为未发现，有可能短期爆发不计后果的犯罪）。

2. 长期的行为（由于认识出现偏差，一些自己认为合理的"习以为常"行为，可以用常人的正常行为与其比较，得出言辞的可信度，故意—习以为常—特定等具有不同的认知特点）。

3. 精神主导控制占多的行为（认知偏执或错误的执念、执迷不悟者、邪教；或行受贿者时常的"惦记"，无或少外露的行为表现）。

4. 人格（精神卫生不良、人格健全较弱的非一般犯罪动机，可从一般反社会人格内容相关的检测问句内容的认知评估开始）、脑电位分析技术要求高。

用途：探索的 ERP 的基础量化模型，在高涉密岗位、重点岗位、关键岗位人员筛查、危险人员评估（刑犯危险性评估测查）、刑事/民事案件调查等方面

的应用。心理测量在人事选拔、甄选、分类和安置等过程中的广泛运用。

（七）认知脑电技术前沿（脑科学研究成熟技术）

与其他的欺骗检测技术相比较具有以下特点：高相关（颅骨体表生理变量与认知——对测谎提问的回答相关程度非常高）、非自主（无法自己主动随意控制）、易采集（佩戴电极帽，直接在颅骨体表容易捕捉变化的数据）、响应快（对案件相关信息的认知可在毫秒级水平上）、抑反强（抑制反测试强，无法回避——人体肯定存在并且一定发生的对刺激产生连续的可测量到的随认知过程改变的变化）、难伪装（神经系统的神经细胞的电位活动是无法随意控制的）、自主低（脑电无法自主控制而仪器可测量）。通过给被试以不同认知属性的图片和语句等刺激，记录分析由此所诱发的脑电信号，探查被测人与调查案件之间的关系。跨学科交叉研究欺骗原理，以新的前沿的认知科学技术发展的成果探索欺骗的脑认知证据，是自然科学与法律科学交叉共生的结果。

测谎的科学性一直未能很好地为测谎的证据化提供科学的理论支撑，而测谎结论证据地位在法律领域的缺失反过来进一步使测谎技术的推广应用丧失了来自实践部门的动力源泉。

第二节　法律神经学

法律神经学以剖析行为人的大脑活动来推断行为人的心理活动，证实欺骗发生。欺骗行为是一种复杂的认知活动过程，说谎时需要多个功能区域的共同参与（丁晓攀，2012；Ding etal.，2017）。通过分析被试在说谎和不说谎状态下的被试脑网络特征之间的差异，可以让我们更好理解说谎时不同大脑区域之间是否存在联系以及如何相互传递信息，这可以使我们更好认识大脑是如何进行说谎的本质（董珊珊等，2013；蒋伟雄、刘华生、廖坚等，2015；Abe，2011）。

一、观察人的外在行为、体表生理参数变化进行心理学研究

认知神经科学通过观察人的外在行为、体表生理参数变化进行心理学研究。而法律神经学强调通过剖析行为人的大脑活动来推断行为人的心理活动，并探究行为人产生这些心理的根源及其规律，侧重于从人的内部研究法律心理，并可为法律心理学提供强有力的解释。认知神经科学和法律神经学在个体完成认

知任务的同时，观察个体脑活动变化的研究路径方面是否有交叉之处，亦即当心理活动为自变量、生理指标为因变量时，两者的研究路径相同，但法律神经学亦可以通过改变脑组织与脑活动来研究脑与行为之间的关系。更深层次而言，认知神经科学从属于认知心理学。法律心理学家或许运用认知心理学范式来探讨问题。然而，认知神经科学家关注的重心与认知心理学家有所区别：他们可能更想了解一个认知过程是如何在大脑里面展现出来的，包括空间上在大脑的位置，时间上在大脑活动区域的变化或者生理电学上神经元动力变化，以及不同大脑区域之间的白质连接。认知神经科学一般通过近距离观察大脑的活动来了解所有认知过程的机理，而其他只做行为实验的认知心理学家可能暂时先忽略大脑活动，而通过行为实验来发展理论，最后探究此理论是否被认知神经科学的实验所支持。

法律神经学侧重研究人的大脑活动对人的行为影响，尤其是大脑患有疾病时行为人的责任能力问题，亦涉及测谎、行为人做出决策的行为规律。法律神经学的研究范围较法医学大且更为深入。

允许引入诸如测谎技术这种建立在新科技方法上的新颖而有帮助的证明手段。

认知脑电检测更具盖然性，全面、系统、深入地研究和解决测谎的科学性、正当性和合法性问题。新的证据方法的发展也正稳步地将传统裁判者的经验常识与证据规则从认识机制中的特权地位上排挤出去。尤其是伴随着科技的迅猛发展，证据法必须适应技术的发展，拒绝在证据法中采纳通过新技术来获取信息是错误的。测谎检验科学技术的发展无疑为法庭提供了更多、更有效的证明手段，通过物质性分析的技术质证方法，法官的主观认知将得到补充与制衡。

未来随着测谎技术的不断进步，测谎检验在诉讼中所发挥的作用将会越来越大。可以预见，在技术发展和立法时机都成熟的时候，测谎检验意见会作为鉴定意见的一种正式进入民事诉讼证据的行列。

二、认知脑电检测的法律神经学的支持

（一）法律活动中被检测人的心理与行为的神经机制是人人都有的

从事任何活动，必然是在一定的心理驱使下而为，而这些都必须有心理与行为的神经机制支持，每个人在发生行为前会出现动机、目的，这些在前出现，便决定了每个人行为的性质。脑认知（心理）具有内隐性，行为具有外显性。

无论心理还是行为，最终均受到大脑神经机制的控制。神经科学技术、法律神经学通过运用心理生理学机制和技术手段，可以获取每个人大脑神经机制的相关数据，而这些数据能够科学地解释每个人从事活动的心理与行为动机。

（二）与人任何行为有关的神经机制发生、发展与变化的规律具有客观性，不以人的意志为转移，但能够为人所认知与利用

人类发生的任何一个行为，往往具有一定的规律性，诸如连环杀人案、连续盗窃案等法律案件总有一定的规律性，而能够捕捉这一规律是顺利完成通过脑认知脑电检测的关键。行为人从事某行为是在一定的神经机制运作控制下的产物。行为动机的产生、预备行为、中止行为、既遂行为均受这种神经机制的控制。神经科学、心理生理学、法律神经学通过解构从事某行为中相关人员的神经机制发生、发展与变化的规律，能够更好地推动关于行为动机的研究。

（三）现行法律制度如何应对认知神经科学发展所带来的挑战

由于认知神经科学的发展，促使许多法学难题得到合理解决。而这些科学性解决不依赖于现有的法律秩序，强调的是一种社科法学式的证据，与传统法教义学所坚守的形式证据存在直接冲突。尤其是在法律制度常滞后于科技发展的情况下，许多法治难题的介入难以依据现有的思维进行解答。法律神经学必须紧跟科技发展的脚步，为某行为者在定纷止争的过程中提供科学的依据。由于法律存在滞后性，科学证据或许不能受到法律工作者的重视，而这往往容易造成冤假错案。法治理论强调公平正义，法律神经学同样强调这一原则。现行法律制度应给予法律神经学更多的宽容，甚至随之而改革，以更好地保障公民的合法权利，稳定社会的正常秩序。

法律神经学的研究对象并非一成不变，会随着法律实践的适用范围而不断变化。社会生活条件与认知神经科学的发展变化，都会对法律神经学产生影响。法律神经学研究对象的变化，既取决于法治理论与实践的变化，亦受制于认知神经科学的发展。

认知负荷与说谎存在着十分紧密的联系，基于认知负荷进行测谎研究能为测谎提供更为科学的理论依据（Blandón-Gitlin et al.，2014）。如分析说谎时的时间和空间信息，更加全面地考察说谎时的脑活动特征（Ding et al.，2013，2014）。

相比少量说谎的被试，大量说谎的被试的认知负担会变得更小，也就是说，被试说谎越多，说谎会变得越容易。对于经常说谎的人不需要太多努力来抑制真相，左侧额中回的激活已减少。因此，利用执行控制相关脑区的激活为指标

只能鉴别出少量说谎的被试（准确率为83.3%），鉴别说谎多的被试的正确率处于随机水平（准确率为48.4%）（Li et al.，2018）。

第三节　行为和认知脑电的相关性

人脑是一个开放的复杂巨系统，是一个由不同种类的神经元和神经元核团、神经化学物质、神经通路和网络、神经电活动组成的多样化、多层次的高度自组织系统。

一、认知功能由不同的脑结构共同实现

认知功能不具有确定的皮层定位，认知神经科学的脑成像技术即使分离出一些相对独立的认知功能系统，也不意味着它们等同于计算机上可拆可插的独立组件，而是呈现相互重叠或者部分重叠的网络分布，无法解释认识过程的生成演化的复杂现象。

同一个脑结构可能参与多种认知功能，而同一个认知功能可能由不同的脑结构共同实现。

认知功能的网络分布也是动态的和相对的，个体与周围世界"打交道"的方式最终决定了这种动态变化模式。在生成认知的视域下，脑不是绝对"指挥者"，而是认知活动的参与者；不是一个静止的信息加工"容器"，而是处于感觉、运动、循环与环境的不断的动态交互中，并在此过程中与认知、身体、环境相互生成，建立起不可割断的功能耦合的非线性反馈关系。认知是在大脑、身体和环境之间进行非线性作用，具有具身性（embodied）、生成性（enactive）、涌现性（emergent）、情境性（situated）和嵌入性（embedded）等特征的自组织系统。有情绪生理反应，也有认知类属差异下在脑认知电位不同的反应。

被检测人生成认知将人脑、身体和世界视为统一的认知系统。

认知是在各要素耦合中有限有异地生成的，其一开始就将行动设为理解认知的起点，认知是行动着的个体在与赖以生存的环境"打交道"的过程中主动的、富有选择性的意义建构（sense-making）活动。

二、认知是系统层层涌现的生成过程

在复杂认知系统的诸多因素中，很多活动并不是受所谓中央执行系统支配控制的，而是在系统各因素间以及与环境的交互作用中"涌现"出来的。

涌现就是从个体的、简单的行动主体产生整体的、复杂的新系统的过程。

认知是系统层层涌现的整体生长过程：从微观上看，人脑由多个有层级关系的功能系统构成，每一层级都由下一层次组成，却具有下一层级所没有的功能。从植物性神经系统到中枢神经系统，从感知觉、记忆到概念、推理等都是这种系统整体涌现性的反应。

认知脑电是人脑最为典型的复杂巨系统活动表现之一，被检测人整个宏观系统的演变和进化是在这个基础上逐渐派生出来的。从宏观上看，认知是主体的适应性活动，身体—脑—环境的组合构成了复杂的自组织系统，各组之间时刻地互动，突出地导致了个人稳定的心理和行为模式。

第四节　认知和情绪测谎（心理测试）技术原理比较

一、心理状态或过程本质上是大脑神经系统的状态或过程

心理现象本质上是大脑神经系统的突触集中表现状态和内分泌腺各激素综合作用的结果，它并不是大脑某一细胞、神经元集团或某个局部的属性，而是由许多层次，如物理的、化学的乃至社会的因素所组成的交叉系统的产物，精神状态本质上是某种动物大脑中枢神经科学逐渐揭示了有关人格、决策和冲动控制的神经基础，并解释了导致不负责任的或犯罪行为的详细的和明确的神经机制，从而促使机械主义世界观获得科学支持变得更加具有说服力。

脑成像研究表明，大脑额叶腹内侧皮层和记忆、计划、语言等区域都存在着广泛的联系，它处于觉醒与情感的神经系统和认知系统的中介位置。大脑额叶腹内侧皮层在个体的道德行为中处于中心位置，直接影响个体的道德判断：大脑额叶腹内侧皮层受伤患者可能会变得极不道德。并且，在个体进行道德行为判断时，大脑主管情绪的脑区中的扣带回有强烈的激活，逻辑思维的脑区则没有明显的变化。

神经科学研究越来越明显地以科学的客观真实性挑战着传统道德判断的直

观性，传统道德的综合性判断逐渐被以神经科学为依据的单纯的科学判断所取代，即道德判断是一种基于个体文化、经历和逻辑推理等因素共同作用后的决策。有证据表明，越来越多的脑成像证据出现在刑事审判的量刑阶段。

探测大脑正常结构和功能的神经基础，特别是高分辨率、实时性的功能性脑成像，具有无创伤性、无放射性、可重复性以及较高的时间和空间分辨率，可准确定位脑功能区域等特点，它主要被用于推算大脑活动与注意力、情感、记忆和决策等之间的关系，又被称为"司令部"。由于中枢神经系统被脊椎和颅骨严加防护，因此想要测量里面的运作是相当困难的。

二、情绪诱发生理变化

神经系统的另一部分是周围神经系统，它由脊柱发出，负责身体其他部分的日常工作。这意味着从这部分神经系统获取测量值要容易得多，使用最广泛的心理生理学测量法也正是作用在这部分神经系统上的。周围神经系统再分成两部分：副交感神经系统和交感神经系统。副交感神经系统处理身体的日常运作和放松；交感神经系统则更多的是负责面临突发情况的反应和兴奋感。

意思就是，周围神经系统可以用于测量情绪。观察典型的情绪二维视图可知，这种方法在测量激励（一般的高活性交感神经活动对抗一般的低活性副交感神经活动）时效果显著，对于效价（愉悦的情绪对抗不愉悦的情绪）却并不那么管用。

需要指出的是，尽管这二者在日常用语中通常是可互换的，但越来越多的心理学方面的证明得出了这样一种观点：情感和情绪是两种不同的概念。

这种观点称，情绪是身体的状态，我们用心理生理学方法可以探测到，如计算心率，心率增加则意味着兴奋。然而，情感是情绪状态的意识性感觉。也就是说，情感是你有情绪时才产生的。你可能有情绪，却感觉不到情感，但它仍然以某种方式来影响你的行为。

而就案（事）件相关测试层面来说，被检测人的情绪是可以通过心率监控器来测量的，但只有当你提供一份调查问卷给被检测人时，你才能确定被检测人的情感。之前提到过，这意味着你可能可以从心理生理学测量法中得到被检测人自己都不一定能够意识到的信息。

三、认知脑电检测是特定的心理生理学测量法

事件相关电位（也称为内源性事件相关电位）是一种特殊的诱发电位，主

要研究认知过程中大脑神经的电生理变化，并赋予刺激以不同的心理意义，因此又被称为认知电位。

在研究中枢神经系统方面，脑电描记法 EEG 是适用于案（事）件相关测试和研发的最简单而有效的工具之一。这是因为它不像高分辨率的 PET（正电子扫描）或者 fMRI（功能磁共振成像），需要被测量者一动不动地躺在庞大又昂贵（有磁力）的机器上。

EEG 的操作是通过在被检测人的头上安装一个电极来测定大脑产生的电脉冲完成的。

只要让被检测人戴上完全电极帽和贴上简易的头带就可以开始执行测量，至少要戴一个小时的电极帽，方可有效测量大脑某区域的特定活动，而头带只负责分析一般的脑电波。

就案（事）件相关研究而论，EEG 在检测各种不同的大脑活动（或者脑电波）频率等方面，确实是相当可行的参与度与情绪测量法。

脑电信号数据处理包括脑电伪迹去除、独立分量分析原理、去噪实现及结果、案（事）件相关脑电提取与处理、事件相关电位、脑电数据分段、基线校准、相关均值叠加。

分析被检测人认知，如认知结构、认知过程、认知偏好与评价模式、EEG 与认知活动的相关性、实验数据分析。

得到大脑活动频率的基本特点如下：

德尔塔段（1~4 赫兹）反映睡眠、放松和疲劳。

塞塔段（4~8 赫兹）反映激动和震撼。

阿尔法段（8~14 赫兹）反映了平静的大脑工作。

贝塔段（14~30 赫兹）反映集中、忙碌的大脑工作。

四、认知脑电中"忆出"与案（事）件脑电相关

认知脑电（event-related brain potentials，简称 ERPs）是用符合认知科学技术测试要求的语句或图片等作为诱发脑认知的任务，分析被测人认知加工——判断时的头皮电位，以评估被测人对所受检测的认知任务，包括对以前已经发生过的事情、行为进行"输入的'记'过没有"和"输出的'忆'出"，这些无法伪装难以回避脑电位上的差异表现。

神经科学技术中研究人脑的信息获取技术，如脑认知的事件相关电位等方

法从 20 世纪 90 年代诞生以来，以行为（犯罪也是一种行为）或经历过的事情，甚至意识形态方面与神经科学研究中的神经科学的理论、方法和手段，来研究与法律、国家认同有关的广泛问题等深层次更复杂的探查结合起来，并且具体涉及证据、刑法、民法、神经伦理学、法律决策和神经经济学等重叠交叉的应用领域，认知理论和脑成像技术的发展促成该领域的兴盛。从未来的发展看，认知法学证据作为与人的行为密切相关的学科，有必要吸收来自认知科学领域的知识。

事件相关电位是从自发脑电（electroencephalogram，简称 EEG）中提取的与特定刺激或心理活动（事件）相关的并在时间上同刺激锁定的电位变化。这些电位变化提供了关于认知过程的脑内信息，而且具有毫秒级的时间分辨率，在认知心理学、发展心理学乃至语言学等领域得到了广泛应用。综合近半个世纪的研究结果，众多研究者相继发现了与注意、感知、决策、记忆、情绪等认知过程相关联的 ERPs 成分，并通过不懈努力定位到了 ERPs 特征成分的脑内发生源；neuroscan 作为 ERPs 研究领域内科学、先进、广泛分布的脑电采集分析系统，一直致力于为广大科研人员提供功能丰富的软硬件资源，以便更好地了解和掌握 ERPs 实验技术和理论知识，让研究者们更系统、深入地认识与分析 ERPs。

第五节　认知和情绪测谎（心理测试）技术定性比较

多道心理测试仪应用于犯罪侦查已有百年历史，计算机化的多道心理测试系统（computerized polygraph system，简称 CPS）是现今各国应用的测谎技术。作为传统和现代的结合的 CPS 已经成为案件侦查的测谎手段，测谎仪不仅作为警察机构对犯罪行为的侦查使用，检察、法院、司法、国家安全等部门也将其作为忠诚度测试的工具已使用多年，另外纪检监察、军队、火箭军、金融保险等领域在人员安全、侦查案件等方面有明显使用的倾向。

CPS 是利用植物神经系统的生理参数变化进行心理测试的技术，神经心理学研究表明，不忠诚、欺骗发生时产生的兴奋、惊异、愤怒、恐惧、紧张等情绪均能唤醒人体植物神经系统中的交感神经，导致血压、心率、呼吸、皮肤电阻等生理指标异常。在 CPS 测试仪上，相应配有测量以上生理指标的检测通道，各通道可以实时、准确、客观地描述被测人的情绪变化过程，所以视其为现在的刑事司法等领域普遍应用技术（表 4-3）。

表 4-3　认知和情绪测谎（心理测试）技术定性比较

测谎方法	科学性	法庭科学认可	仪器精度	科学同行的认可（顶尖的 SCIENCE、NATRUE 为例）	原理	数据源	可操作性	普及程度	准确率	技术掌握人员培训难易周期
测谎（多道心理测试仪）仪	中	弱	需提高；测试方法需创新、改进	极少	情绪生理	体表	简单	高	较高	短
认知脑电	较高	高	高	多	脑认知	头皮	复杂	低，需建立国家层面的标准示范性实验室	高	长
眼动	高	较高	较高	少	认知	眼角膜	简单	低	较高	长
语音	高	较高	较高	少	情绪	语音	简单	中	较高	短
近红外	较高	不详	较高	少	认知	头皮	复杂	低	较高	长
fMRI	高	高	高	多	脑内血流	头部	复杂	低	高	长

　　ERP 是利用人脑事件相关电位的变化进行心理测试的前沿神经科学技术，当前处于蓬勃发展研发阶段。CPS 和 ERP 技术均是通过相关刺激诱发生理心理反应对之进行测量的技术，目前已成为主流测谎技术，与当年摄影光学和数码发展类似，两者与其他测试技术相比各有优势（表4-4）。

表 4-4　多道心理测试仪和认知脑电可信度检测实验生态分析

	情绪—心理生理反应			认知—期间过程中		
	多道心理测试仪	语音	眼内眶热成像	涉事涉项相关脑电位	眼动	功能性磁共振
原理	紧张—交感—心生变	情绪+认知	情绪	活着就有脑电—分析	认知	情绪
刺激	他问→自答	他问→自述	看—思考	看—思考	看—思考	看—静思
反应	声音简答—他人操作记录	声音自答—他	声音选答—他	动作自—选键	动作自—选键	动作自—选键

续表

	情绪—心理生理反应			认知—期间过程中		
	多道心理测试仪	语音	眼内眶热成像	涉事涉项相关脑电位	眼动	功能性磁共振
采集	皮电、血压、呼吸等	语音音频	红外	头皮电位	眼动轨迹停留时间、会跳次数	激活区域面积、数量、持续时间
操作	简单	简单	一般	复杂	复杂	专业
环境	任定	指定	任定	指定	指定	特定
问句	简单，短	需建库，复杂	简单	认知信息点突出、明确、短句	适中	适中
方法	简单	适中	简单	复杂	复杂	复杂
用途	广泛	适中	有限	广泛	广泛	较广
采集	便捷	容易	较方便	严格	便捷	较复杂
分析	简单	较简单	适中	复杂	适中	复杂
优势	易掌握	适中	非接触	精准；无法伪装、回避；毫秒反应	非随意	立体构造
劣势	多因多果；可调可控；刺激响应	稳定弱、重复差	可调控	掌握复杂	原理解释	运行复杂

检测技术在一些特殊岗位和部门的应用，见表4-5所示。

表4-5 可用于政治安全背景、忠诚度测试的心理测试方法比较

	多道仪 CPS[①]	语音	眼内眶热成像	事案件相关脑电位	眼动[②]	功能性磁共振
检出率	85%	不详	80%	85%~95%	不详	不详
鉴别	人体心理变化对应在体表的生理反应	音频言语	温度	脑认知中，实时、准确	认知过程轨迹，时长，次数	认知后过程
数据采集时段	情绪生理参数—数秒后	问答—后自己读—实时	问句后	脑认知加工中	搜索提取混	是认知任务数秒后血液中氧含量变化，是间接的
科学性	低，多因多果	探索中	中	高，提取有认知分类要求	高，有认知分类要求	高，无法字词反应

续表

	多道仪 CPS	语音	眼内眶热成像	事案件相关脑电位	眼动	功能性磁共振
检测生态逼真度	高，生理特性和生活习性同环境的统一	高	高	高，自然环境下生存和发展	高，无接触方式不影响正常的认知加工	中，体姿—环境
检测与真实的统一	测真（阴性率）91% 测假（阳性率）85%			不详	不详	不详
检测者	合格，受过专业培训	合格，受过专业培训	合格，受过专业培训	严格专业	严格专业	长周期
防反测谎	测前—编题	不详	规范	问句、测试方法	模型	不详
反反测谎措施	测中制止、阻止；测后数据图谱分析	测后分析	测后分析	无法伪装、回避；刺激法—认知分类标注	探索中	探索中
主动扰抗检测	需专业识别	检测	可检出	直接考察说谎认知过程本身	与认知的直接联系	不详
操作复杂性	操作简便，反应灵敏，易于学习携带	一般	一般	操作者需掌握诸多心理学知识，如认知神经科学、实验	稍复杂	复杂昂贵
出结果速度	及时—现场	1 小时	1 小时	限时—3 小时数据处理	3 小时	3 小时
重复验证	难	难	难	易	易	探索中
生理参数检测数量	数据分析源少参照统一难	少	少	多，模型建全	稍多，模型极少	多，解释多
生理参数检测项目	数据图谱——波型、形；转折；皮电阻（量），血压——律（心动周期变化规律）、率（单位时间心脏收缩次数）	语音语义	持续时间	前后—左右脑区 N2、P3、N4、CNV 等潜伏期、波面积、P300 的模拟犯罪测谎率	注视③ 眼跳④ 追随运动⑤	脑区强度面积过程

	多道仪 CPS	语音	眼内眶热成像	事案件相关脑电位	眼动	功能性磁共振
认知分类加工精度	有粗糙，数秒	有粗糙，数秒	有粗糙，数秒	有精细，毫秒	有精细，毫秒	有粗糙，数秒
问句技术要求	次数、顺序	段落、句子	段落、句子	少，认知纯度字少句短	不详	不详
情绪生理相关	是，情绪体表生理参数	是	是	否，认知中头皮电位	部分，瞳孔直径、微小眼跳	混合
技术支持	少	少	少	中	中	多
多技术伴随	低	中	中	高	高	高
加强	情绪生理参数			认知脑电规律空间立体	眼动与认知模型、数据库	实时
使用	高效			精准	探测	机制原理
用途比喻	快筛覆盖炮火			精确查出，定位导弹	寻筛，特务纵队	确认，狙击枪手

注：①CPS：computerized polygraph system 计算机化多道生理仪系统。

②眼动（eye track），眼动技术可以结合认知过程所伴随的情绪指标进行辅助分析，使心理检测更加实时准确。

③注视：首视点、时间、次数、兴趣区、停留时间、回视数。

④眼跳：（saccades）眼跳距离、眼跳潜伏期。

⑤追随运动：（pursuit movement）眼动轨迹、眼运动的速度。

表 4-6　适用于言辞可信度检测的技术科学性比较

技术	缩写	非自主抗干扰	刺激响应	纯化	强化	可重复
性能		自调自控	稳定对应	特意专门	特异	他人学习
计算机化多道心理测试仪系统	CPS	血压，心率变异性，皮电，呼吸	心肌收缩呼吸	弱	弱	强
语音	不详	声带震动语用弱	数秒			

续表

技术	缩写	非自主抗干扰	刺激响应	纯化	强化	可重复
事（案）件相关脑电位	ERP①	无法回避难以伪装	快	可	可	可
眼内眶热成像	不详	可调控	慢	复杂	复杂	复杂
眼动	EMT	非自主，记录眼动轨迹的从中提取诸如注视点②、注视时间和次数、眼跳距离、瞳孔大小等数据，眼动技术	快	探索人在各种不同条件下的视觉信息加工机制，观察其与心理活动直接或间接奇妙而有趣的关系，提供了新的有效工具	可	可
功能性磁共振	fMRI	非自主	数秒	复杂	复杂	复杂

注：①ERP：event-related potential 事件相关电位。

②注视点（fixation）轨迹图。

现行的"心理测试（测谎）"在欺骗的鉴识方面具有一定的作用，但其基于的"情绪—外周生理变化"原理，面对人的情绪受大脑的控制，即情绪的可调可控，而且情绪发生可同时或继时受到许多因素的影响，因此情绪所带来的外周生理变化并不具有唯一性和排他性，其法庭的科学性是有限的，这也就严重影响了其在法庭上的效力。针对此种情况，近年来，随着对人类认知和犯罪行为的深入研究，利用更加科学严谨的案件相关脑电位检测方法，即脑科学原理和认知脑电测查技术，为打击和防控犯罪行为提供了一条更好更高效的途径。

表4-7　计算机化多道心理测试仪系统CPS

参数	生理系统	非自主交感/副交感	测前编制问句防—反测谎	测中指定决策抗—反测谎	测后分析数据律型反—反测谎
血压	循环	是	强	可调控	可
心率	循环	是	强	可调控	可
指脉	循环	是	强	可调控	可
皮电电阻电量	代谢物质—能量体温	否可部分影响	较弱可调可控	易调控	可

参数	生理系统	非自主 交感/副交感	测前 编制问句 防—反测谎	测中 指定决策 抗—反测谎	测后 分析数据律型 反—反测谎
呼吸	呼吸	否	弱	易调控	可
位移	运动	否	弱	易调控	可

目前国内外运用相关电位（ERP）技术进行测谎的研究，被多数研究者采用的 Oddball 实验范式无法排除由于刺激的小概率呈现或者说刺激的新异性诱发的特异成分对测试指标所产生的影响。近年来有研究者应用 Go-Nogo 范式，即两种刺激出现的概率相等的范式，进行刑事和民事案件的测试研究和实验研究，证明 Go-Nogo 范式诱发具有案件相关脑电特征的可能性及实用性。

我国的魏景汉、罗跃嘉、范思路、郭春彦等用事件相关电位在诸多领域做了系统深入的研究；傅根跃在用 ERP 测谎方面已开展过较深入的研究，尽管在机理分析方面贡献巨大，但在实案应用方面研究较少。

表 4-8　适用于言辞可信度检测的技术性能比较

	可靠性	操作	人—机交互宜人性	参数采集
CPS	较高，依人和 规范操作	简单	简单	简单
语音	较高	复杂	简单	复杂
眼内眶热 成像	低	简单	简单	简单
ERP	诱发脑认知的语句	复杂	复杂	复杂
eyetrack	眼动可以反映视觉 信息的选择模式	复杂	注视点（fixation）轨迹图， 眼跳（saccades）， 追随运动（pursuitmovement）， 眼动时间， 眼跳方向[①]（direction）的平均 速度（averagevelocity）时间和 距离（或称幅度 amplitude）， 瞳孔（pupil）大小（面积或直 径，单位像素 pixel）和眨眼 （blink）	复杂
fMRI	高	复杂	复杂	复杂

　　注：①眼跳方向（direction）的平均速度（average velocity）时间和距离（或称幅度 amplitude）瞳孔（pupil）大小（面积或直径，单位像素 pixel）和眨眼（blink）。

ERP 涉及按照脑认知机理中的必然规律，对人认识外界事物的过程，或者说是对作用于人的感觉器官的外界事物进行信息加工的过程。它包括感觉、知觉、记忆、思维、想象、言语，是指人们认识活动的过程，即个体对感觉信号接收、检测、转换、简约、合成、编码、储存、提取、重建、概念形成、判断和问题解决的信息加工处理过程。

但是，ERP 也存在几个缺点。首先，与其他的测量方法相比它比较昂贵，特别是购买完全电极帽；脑电图描计器的安装和使用很费时，但对被检测人来说很有干扰性。例如要安装完全电极帽时，要保证每个电极都得用导电凝胶准确无误地安上，导电凝胶通常还要用针别上，以确保其有较理想的粘贴面。尽管这针不是刺穿皮肤，但还是会使受测者感到难受。据称曾有些受测者甚至在此过程中因极为不适而昏倒。其次，与其他测量法一样，EEG 一定程度上易受人为干扰，比如被检测人动作太大或者讲话（讲话当然会影响大脑的语言区）。另一点要提的也是所有测量法的普遍缺点，人的心理生理上存在相当大的个体差异，这意味着要不断考虑基线测量值。还有一点对 EEG 特别重要的是，有些人的大脑在阿尔法段根本不产生任何活动（但在其他方面是正常的）。最后，解读 EEG 的测量结果难度较大。比如，如果你探测到德尔塔活动增加了，可能是你的案（事）件相关太轻松，因此受测者心情比较愉悦，也可能是案（事）件相关太无聊又累人。同样地，贝塔段活动增加了可能是你的案（事）件相关很吸引人，或者可能被检测人神游了，正在想着他们工作时遇到的让人疲惫的事务。信息加工的知觉与认知构成了一定操作设置中工作负荷的主要因素时，P300 提供了心理负荷的可靠、有效的指标，而相关的工作负荷并不反映在 P300 的波幅上。P300 变小，反应时和正确率不变。注意资源分配以及刺激辨认与归类过程的同时性联系，不仅能评估双重或多重任务绩效相关的工作负荷，还能使 ERP 波幅对各任务加工需求增加敏感。

中央情报局、联邦调查局、美国国家安全局、联邦经济情报局和美国国防部等这样的部门机构都使用测谎测试来进行调查和人员筛选。

测谎仪测试在澳大利亚、加拿大、中国、日本、以色列、马来西亚、墨西哥、菲律宾、罗马尼亚、俄罗斯、新加坡、韩国、南非、英国、哥伦比亚以及中东等56个国家和地区使用。

测谎技术可用于反竞争情报、反间谍筛选、反恐怖主义和打击贪污等情境。近年来，测谎仪测试越来越多地被用于"一对一"形式下的行受贿、性犯罪、间谍罪的查打防和"两面人"、"两面派"有效发现，以及人力资源的"人岗适配"评估。检察官经常利用测谎仪测试来决定是否提出和提出什么样的控诉。在政府拥有 3000~4000 名活跃的测谎专家和私人测谎公司的美国，无疑是世界上最多测谎专家的聚集地。在亚太地区，新加坡可能是在政府和私人机构对测谎仪测试利用率方面排名最高的国家。在发达国家当中几乎所有的重要调查也采用此方法作为取证工具。

脑电波心理测试仪软件系统主要由个人信息编辑、刺激序列的编排与设置、脑电波数据的采集与图谱的实时显示、图谱的回放与编辑、算法分析等部分组成。本系统具有完备的个人信息档案和数据管理，刺激序列编排简单；脑电极的安放采用国际脑电图学会制定的全球统一的 10/20 国际脑电记录系统（international 10/20 system）的原则放置三个点的电极上；对脑电采集数据进行小波变换以提取其 ERP 成分 P300 波等，实验时间短，操作简便，提取结果准确。

脑电波测试仪可广泛使用于神经病学、神经心理学、精神病学、认知心理学、药理心理学、工程心理学、犯罪心理学、环境医学乃至遗传病学等方面的应用和研究，特别是应用于测谎时，可大大降低测谎的假阳性和假阴性概率。

脑电波心理测试仪的工作原理是通过对被试者施加一定方式的刺激（如视觉、听觉等），并从同时采集到的脑电波中提取相应的事件相关电位（P300）进行分析，从而对被试者的心理状态做出评判。脑电波心理测试仪原理框图如图4-3所示。

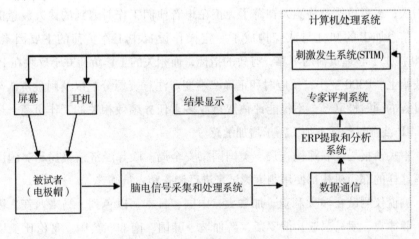

图 4-3　认知脑电采集过程

以 CPS 技术为主的可用于忠诚度测试的心理测试方法，可增强考核的针对性和有效性，针对不同的考核对象和考核内容，科学地设定忠诚度测试问题，根据测试结果运用科学手段分析考核对象的性格特征、心理状态，能够相对客观地得出较为准确的结果，有效地弥补了传统考核方法手段的不足，提高了考核效能。此外，常规的考核手段主要针对考核对象个人历史得出考核结果，无法对未来可能发生的变化进行预判，而心理测试技术测试忠诚度，通过对考核对象心理特征的考察，能够及时发现具有倾向性的问题苗头，从而达到防患于未然的目的。在高军科密、核心涉密人员政治考核中运用心理测试技术测试忠诚度，已经引起了各级科研的高度重视，一些部门和单位也已经进行了一些有益的探索和尝试。然而由于这项工作还处在起步阶段，在很多方面有待进一步明确和规范，如考核的具体方法和步骤、测试信息的管理使用、测试结果的保密要求等。目前，有需求的各相关部门和人员正积极开展此项工作的研究和探索，可以预见在不远的将来，心理测试技术将成为核心涉密岗位人员政治考核中的一项必备手段，为确保高军科密人员纯洁巩固发挥独特的作用。

第六节　认知脑电测谎与神经科学证据

一、一次测谎就是一次科学严谨的试验

认知脑电作为代表的无法回避难以伪装的体表生理变量体系，建立犯罪相关信息认知刺激的诱发模式，探索犯罪信息认知时多项体表生理变量并行综合条件下互匹配互证的关系，编制格式化（5~10 句标准的测试问句）可快速（30 分钟内问完）高效（组内比对）刺激序列程序，确定被测人犯罪相关认定的量程范围（P300、N400、注视次数、驻留时间等），经实案检测验证后可应用。

目前基于认知脑电位的侦测应用中，对信号的数据处理工作大多停留在比较简单的阶段，表现在：第一，通常借助于相关仪器和分析软件，对原始信号进行最基本的滤波、分段、基线校准等预处理操作，并采用直接剔除包含所有伪迹的脑电部分的方法去除眼电等干扰。由于脑电信号的复杂性，这种简单粗暴的处理方式往往会丢失大量有用信息。第二，需要经过较长时间的人工目视观察和分析，检测效率低且结果的判断完全依赖于人的经验。在很多实际应用场合，特别是对一些突发事件的处置，需要在较短的时间内对大量人员进行较准确的排查。这些情况下外界环境通常无法满足理想的测试需要，又对排查的

效率和准确度有较高的要求，依靠人工目视的分析和判断显然无法满足。第三，实验范式和数据理想化，很多实验室数据的获得与实际案例脱节，不利于实际当中的应用推广。随着计算机技术、机器学习和模式识别技术的发展，利用一定的信号处理方法对脑电信号进行深入分析成为可能。另外，脑电信号是复杂的混沌时间序列，包含了大量的信息，而单一特征所能包含的信息十分有限，易造成有用信息的大量丢失，限制了自动分类精度的提高。因此，多特征的利用就显得十分必要。

借助从脑认知加工过程中提取的与认知、记忆、思维活动有关的认知电位，即对案件相关内容进行认知加工时，所记录的头皮表面脑电位，经过分类平均叠加等技术来分析被测人与案件的关系。由于每名参与案件相关脑电测试人，对诱发刺激所产生的认知结果的判断和选择存在差异，此差异会导致不同的脑电变化，结合刺激属性，比较不同刺激和反应方式诱发具有欺骗特异性在反应需时、波幅、潜伏期、频率等上的差异，分析欺骗过程中在大脑的动态活动过程和激活部位，以及涉案人特有的"撒谎用时"，检测其是否有与诚实不同的特征，据此可判断被测人大脑中是否储存案件相关信息（表4-9）。

表4-9　可用于认知脑电检测的心理测试方法比较

特性	CPS	ERP	eyetrack	fMRI
准确性	情绪生理参数，数秒后	脑认知加工，中	搜索提取，混：情绪生理和脑认知的混合	大脑认知某一"任务"时神经活动数秒后导致的脑中氧含量变化

对检测问句内容的认知，引起情绪改变，情绪诱发了生理的变化，包括出汗量变化导致皮电的变化。虽然部分心理生理检测对皮电发生的机制还需心理生理检测人进一步深入研究，探索对应、稳定的情绪生理参数，但是执行心理生理检测就应该以规范、同行评价认可的实验方法去探索和研究认知后情绪性出汗量。

二、未来发展趋势

应用科技进行犯罪侦查已经显得越来越高效和重要了，言辞可信度评估更加如此，随着认知科学、心理生理学、犯罪心理学的发展，以及计算机在犯罪心理学研究中得到越来越普遍的应用，呈现人所不及的多种用途，既可呈现犯罪案件相关刺激和记录反应,又可处理犯罪相关的数据和控制实验程序,使以往的侦查"经验""逻辑推理"等越来越可验证。现今既重视犯罪侦查时定性研究方法的应用,又重视精细的犯罪侦查实验和仪器测定,而且越来越重视多种研究方法的综合应用,这样可以克服一方面由于犯罪侦查和犯罪心理学的各种方法都有其适用性和局限性,另一方面由于人的犯罪心理和犯罪行为是受许多因素相互作用影响的难以区分难以剥离的不利状况,前沿法庭言辞可信度评估表现以下趋势(表4-10)。

表4-10 测谎—法庭言辞可信度—诚信评估技术发展趋势

类别	趋势特点	内容	优势	技术代表
侦测理念	由被动到主动	视频。由已经侦查获取到的案件相关事实,案发场所、涉案工具、涉及人员或事等逐件被动询问式测查到主动探查	不仅查证已有的犯罪,还可以了解犯罪嫌疑或相关人员是否有余罪、漏罪,避免审讯的盲目性和被动性	认知脑电眼动编题
	由核实—核查—核对向可探查探究	由已经发生的涉案数额等的核实,发生地、触及工具等的核查,经历过的人员等的核对,探查有可能的未知,以侦测案件事实	找出关于案件未知方面的知情人、作案方法、手段以及赃款、赃物的去向等	认知脑电眼动磁像
	社会与自然科技方法融合	由纯理论经验逻辑推理社科方法向实证化,根据案件、事件发展的逐一阶段逐一状况,区别采取适合且适用某一仪器的原理和技术性能开展侦测,这一自然科学方面的技术路径	可避免经验不匹配,即无法适应当今的社会差异,避免理论态与现实态的差距	脑电
	由定性分析向定量分析	由模糊、多解、因人而异的个人评价向数据、量化、少解可相同检测,去"神",去伪,唯数据存真比较	标准规范技术,可重复比较共同的、科学性强的方法,可让"神"探减少,专家(自诩的)遁形	脑电磁像热像
	由柔性的经验向刚性的数据	共同的方法、固定的格式、标准的技术,检测出可共同比较的结果	经验,可变也可编且多变数据难变、难编、难改,易比较	脑电磁像热像

95

续表

类别	趋势特点	内容	优势	技术代表
数据解释的人体科学机制	由心向生	由心理理论分析向生理数据分析,由心理的情绪向认知、生理等	以心理生理的"物质"性数据结果逐渐替代甚至弃用心理"精神"的不可确定难重复数据	脑电磁像多道仪
	由单学科向多学科综合	侦查学、犯罪心理学、认知科学由原先单一、各自单打独斗成为跨学科,进行多学科整合	可以围绕行为、动作方式、路线、藏匿、工具等单一主题进行多学科综合分析,互补互进,增效明显	多道仪脑电
	由浅入深	由体表的情绪生理值分析深层次脑高级活动指使下的犯罪行为和所测值的关系	降低体表情绪生理值的多解,提高案件相关复杂认知因变量反应纯度,明确案件相关生理量值	脑电眼动磁像
	由单少向多综合	由皮电单类单种向单类多种、多类多种,整合起来综合分析	减少假阴、假阳发生	多道仪脑电
言辞可信度评估数据源	由表及里	取的是头皮、胸腹、指腹等体表生理值,分析的是体内高级认知过程	提高非案件相关的排他性固定证据、反反测谎、言辞可信度评估	脑电磁像眼动
	由人向数(据)	由人机结合,以人为主,向机器数据结合,以数据为主	规范程序化操作设备,科学原理和技术结合以测试数据优先	全部仪器
	由后到期间(中)	由认知后的情绪体表生理值变化分析,到认知进行中获取检测数据分析	显著特征。给言辞可信度评估带来了质的飞跃,避免非案件相关因素混入犯罪信息识别,无法回避,难以伪装	脑电眼动磁像
	由内到外	从脑内分析到外部心理生理行为印证表现分析	脑内的分析提高了犯罪行为原因的指向性	脑电磁像
	由情绪到认知	由表浅的情绪变化分析,到深层的认知加工解释欺骗	情绪是认知后的结果,分析认知可探究深层次的谎"源"	脑电磁像
	由主观的心理到客观的生理	心理的主观、人为、经验描述值越来越少,向更多地用客观的生理测量值来测评	非自主控制、可重复、可比较等科学性好	脑电眼动磁像
	由外周向中枢	由外周神经活动变化向导致的生理值改变中枢神经原因分析	欺骗的中枢神经变化比体表值的表现分析准确性更高	多道仪脑电

续表

类别	趋势特点	内容	优势	技术代表
检测的技术性能	由秒到毫秒量级	言辞可信度评估仪呼吸、皮电、动作、心率等心生值曲线变化由秒到毫秒量级	脑认知言辞可信度评估案件相关刺激诱发的反应实现"实时"	脑电眼动
	由间接到直接	言辞可信度评估量值由经验估计范围推算到实测定量数值精算	实现具体实测人言辞可信度评估状况一人一组数据分析，改年龄段、性别组、职业群等间接检测	多道仪脑电
	由有线到无线	体表生理传感器有线连接，改无线发射后接收采集信号分析	无需静止可移动，更加正常体位采集信号	多道仪
	由接触向非接触	由传感器接触体表向非接触体表采集数据检测	远红外低失真，直接方便采集	眼动眼眶血流
	由模拟向数字转换	由模拟信号采集向数字变换	数据提取、分析、比对、统计检验更加方便快捷，更精准，测试结论更准确	多道仪脑电
结果评价方法	由个评到公评	人机结合以人为主，个人观点转向以公开获取的评价为标准	科学本无神，破"神探""专家"，取代"权威"个人和"派""宗"	脑电眼动磁像
	由口评向数评	由专家个人口头向标准一致的公共专家数据评价	避免个人、群体口头非同行共同测评，避免无法重复测试、比较	多道仪
	由自由向规范	言辞可信度评估过程—方法—评图由自由格式向标准模板规范	可以不同案件的相同比较	问句
	由自创向与模窗格式	由自创、原创向与固定模窗格式	精确、成像直观、信息丰富、无创检测、简便经济等特性	脑电眼动磁像

　　基于人认知原理，在查明罪犯使用的方法、犯罪的动机和犯罪人员间联系等，以及确定案件性质、判明案情、刻画作案人的人身条件、提供案件的证据材料等，可从原先的核实确认为主发展成探究探测同步进行，"求实"和"求索"同时检测。言辞可信度评估员"求实"讲求案件相关的实际，科学客观地或冷静地观察，以求得被言辞可信度评估人对客观实际的正确认识；言辞可信度评估人"求索"是寻找和搜寻未知的，但犯罪行为发生有可能相关刺激，以达到检测的目的。如采用"探索"性言辞可信度评估问句和"延展"性言辞可

信度评估问句；分析犯罪行为过程的"完整"性和"连续"性逐点采集刺激点；区分不同言辞可信度评估题不同作用和使用方法，如以核实为目的的言辞可信度评估题编制（已经知道部分案情相关内容，检验和查证是目标），以探索为目的的言辞可信度评估题编制（未知、无直接、需多方寻求答案的可能的行为方式测试），以核验为目的的言辞可信度评估题编制（言辞可信度评估人已知概念定义，审核检验量表问题诱发体表生理反应值大小，是否表里如/不一）等，这些都已经经过实案的验证是行之有效的。

三、各技术的相互关系

法庭证据的科学技术各有各的优势，只有更加"适合"某种需求、任务、状态、情形等，没有谁排斥谁，谁替代谁，而是谁也离不开谁，是"相互利用"各自的长处，包容促进，是"相互利益—相互利用—循环利用"，是将各自的优势、长处、针对性的适用性、特性最大程度地发挥出来。

包容并蓄，多个角度想问题，带着一个包容、宽容的心去对待他人、对待事物。

博采众长，技术上实现，广泛采纳众人的长处及各方面的优点，或从多方面吸取各家的长处。技术的使用方法、性能扬长避短、取长补短。

科学的测谎——基于原理的科学规范让法庭科学认可原理的科学程度关系到领域的"生死存亡"，科学界对本学科认识了解、认可、承认、引用，从公众方法的规范可促进同行的认可，提高自身从方法到分析，再到科学同行认可。

第五章

科学测谎的基本组成

广义上的科学测谎是对被检测人，用科学技术方法或公认的理论和定律对谎言测试，如有使用量表的也有使用仪器等。狭义上的（也是本书着重论述的）科学测谎是基于某一案件、任务，对被测人采用涉及案件或检测任务的相关问题提问，对所诱发的情绪的生理反应参数，基于脑认知科学、心理生理学等原理进行数据分析，进而对被检测人与案件的相关性进行评价的过程。

科学测谎方法和科学测谎试验是指检测人所做的测谎实验，通常有许多案（事）件心理生理的验证性试验，每一次测谎实验是许多测谎科学结论的依据，实验可以开辟一个全新的时代，往往重要的结论是由实验得出的。科学测谎实验是主试为实现案（事）件相关程度、岗位适配性、政治安全背景等预定目的，在主试的人工控制条件下，通过干预和控制科研对象（被检测人）而观察、采集和探测被检测人有关脑认知在认知脑电上的规律和机制的一种研究方法。它是人类获得知识、检验知识的一种实践形式。

第一节　科学测谎试验的组成

无论何种类型的科学测谎实验，它们都是由三个部分组成的：

1. 检测方法；
2. 被检测人，即被试；
3. 检测人，即主试。

开展科学测谎需要对科学测谎目前使用的状况有所认识并了解，而且对科学的本质有基本的认识，科学的方法论能使与测谎检测相关的人树立正确的科学观，也是检测人所需要具备的基本条件，科学测谎的科学世界观是检测人的核心素质和进行科学测谎的基本要求，检测人要避免无知的无"畏"和偏见。

表 5-1　实验或试验的组成分析

组成	原理机制	数据分析时段	人体相关	技术种类
检测方法	脑认知	认知期间	脑认知实时	脑认知、眼动、功能性磁共振等
	情绪生理	认知之后	情绪生理参数	多道心理测试仪、热成像、语音、微表情等
被检测人	了解、询问	每条问句视觉加工，他人问听答	脑认知—情绪生理互不兼容	
检测人	技术、仪器	设计诱发刺激与反应对应有效	对被试、对适应性、针对性	各种方法选择，能够适合被试的语句内容

　　人类的行为和意识异常复杂，要想得到正确的结果，必须选择合适的实验设计。

一、检测方法

　　测谎或心理生理检测检测人接受测谎的心理生理检测任务后，考虑自身掌握的技术能力和能够达到检测标准的实验方法，即由心理生理检测所使用的仪器、方法、标准、设备等这些客观物质条件组成，多道心理测试仪、认知脑电检测仪等测谎相关实验仪器是当今的欺骗检测的主要设备。

　　检测方法的作用主要表现在两个方面：一方面是检测人通过所掌握的科学测谎实验方法把检测目的要求、自己设计的刺激内容（自变量），以及控制被检测人在被检测时的对象（因变量——检测问句分类后拟得到的心理生理反应参数）的心理生理、认知脑科学作用机理，能够通过不同刺激内容方式作用或传递到被检测人的反应上，即体现在被检测人的反应参数（实验对象），使检测人的意图得到在被检测人受到刺激后有对应的反应；另一方面，测谎实验方法要能够显示被检测人在符合各种心理生理检测技术条件下，使用仪器获得情绪的生理参数变化、认知脑电变化的参数（被检测人）的特性，而把被检测人在经受内容不同的刺激与控制后呈现的状态传递给检测人，使检测人能够获得关于心理生理参数（被检测人）的有关心理生理反应、脑认知过程变化的数据结果和认识。

　　欺骗检测方法是检测人和被检测人（刺激诱发的被检测人生理参数的变化）

之间的中介环节。没有适当的检测方法，被检测人的某些特性就不能暴露出来，人们就不能获得对这些特性的认识。

欺骗检测方法的状况决定着科学测谎所能达到的认识水平。检测方法不断发展、改进、提高，各种技术方法每一步改进，都意味着人们对被检测人的可观察量的增加，意味着科学测谎水平的提高，甚至带来科学测谎理论上的重大突破和发展。一个时代的检测方法又是那个时代科技水平的具体表现，并为当时的相关科技发展状况所制约。检测方法的改进，新检测方法的装备，只有伴随着整个相关科技水平的提高才能实现。

不同技术进行测谎的实验方法是主试和被试之间的中介环节。欺骗检测的实验方法是由实验的仪器、工具、设备等客观物质条件组成的，实验仪器是其中的主要成分。现在测谎检测原理中有两种基本分类，即认知相关的如脑电、眼动、功能性磁共振等技术；情绪生理相关的多道心理测试仪（CPS）、眼内眶热成像、语音等技术。这些检测欺骗试验方法的作用主要表现在两个方面：一方面是主试即检测人通过欺骗的实验方法，把符合对应的心理生理检测技术的自己设计的检测问句内容和被试即被检测人的意图，依靠各种心理生理检测技术，传递给被试这一实验对象，使主试的意图得到物化，即心理生理检测技术将被检测人的心理生理变化的参数这一物化了的表现形式，进行分类、记录、采集、离线分析；另一方面，测谎的实验方法显示被检测人的特性，而把被检测人在接受不同检测问句内容刺激诱发下，经受情绪的生理、认知脑电变化与控制后呈现的状态传递给主试，使主试能够获得关于测谎检测被检测人在不同类别检测问句刺激下不同的变化和与欺骗有关的认识。

二、被检测人以及诱发脑电位条件

这是检测人所要认识的对象，检测的目的是从设计好的刺激内容的基础上，获得被检测人的心理生理参数的变化，通过被检测人刺激反应的参数得出分析的结论，不管何种检测对象，它既是检测者进行不同诱发内容和控制的对象，又是检测人的认识对象。

保持状态。应保持被检测人的常规状态。不论研究对象（被检测人）是正常生理状态，即处于自然界中意识清醒的人体，还是被检测人自己，为了保持测谎实验结果的客观性，要尽量保持被试的常规状态。只有在常态下，欺骗或被试所表现出来的才是其真实的情况。在保持正常的状态下，改善符合心理生理检测仪器工作条件和环境、刺激语句贴近被试实情等其他"硬件"因素。

基于认知科学、神经心理学、心理生理学等原理，借助认知脑电检测技术，对被检测人的认知脑电进行测试，将所得到的相关数据进行分析评价的认知脑电检测，实际上是一项研究心理或行为如何与生理学的变化相互作用（心理生理学）的科学实验。要获得有差异性的认知脑电的检测结果，前提是让被检测人的大脑产生认知，发生有一定"心理水平"的活动，因为"心理水平"是作为被检测，当回答检测问句内容这一特定时刻，其大脑认知后的心理活动发展已达到可供科学分析的水平。也就是被检测人脑认知活动的时刻，不仅认识、情感和意志的水平具有正常水平，而且已经形成的每个检测人都产生不同的心理特征。因为对不同的检测问句内容、描述的情景、涉及事项，每个人都是不同的。

进行试验时刺激的方式和内容扩展开来，采用多媒体的方法，即同时利用视频和音频的刺激，利用图片、照片、语言、文字、实物、声音等，将有动态认知诱发电位单次提取及其应用的研究，这一切必须是以被检测人理解被检测问句内容为前提的。

获得被检测人含有认知成分的脑电，前提是要让被检测人对检测问句内容能够听懂，才能诱发"认知"效果。采集被检测人对检测问句内容的认知脑电，要获得被检测人有效"认知"脑电，需要的是被检测人注意到某一条检测问句内容，对其进行高级认知加工，如思维、情感、记忆、判断等时，在头皮上记录下来的"认知"脑电位，这也是和普通诱发电位不同之处。

要使科学测谎达到试验标准和要求，被检测人的基本条件如下，并见表5-2所示：

1. 被检测人清醒状态下能听懂检测问句内容；

2. 需"认知"的检测问句是完整语句，至少有主谓宾三种成分，所有的不含复杂认知内容的刺激，不是单一重复的闪光和短声刺激，而至少要有两种刺激编成刺激序列（刺激信号包括视、听、数字、语言、图像等）；

3. 组成除了易受刺激物理特性影响的外源性成分外，还有不受刺激物理特征影响的内源性成分；

4. 内源性成分和认知过程密切相关，是"窥视"心理活动内容的一个"窗口"。

表 5-2　被检测人实现科学测谎的基本条件

实施	内容	方法
懂	清醒且听懂	测前谈话、语音、理解力
整句	主谓宾完整句	明确、简洁、高频字词句
对应	认知诱发的刺激与脑电的反应对应，内源性成分和认知过程密切相关	检测问句认知分类明确、明显、词义唯一无歧义
内源性	脑内源性成分不受刺激物理特征影响	字大小、反差、屏中位置、像素、颜色等非认知相关高于阈上刺激

获得被检测人认知活动水平和认知材料刺激脑电的变化是脑认知电位应用于案（事）件相关性检测成功的前提和关键。

被检测人的大脑认知加工由主试按照检测任务的需求所编制的检测问句，对这些外界信息的感知—识别—记忆比对—判断—决策（按键）一系列过程，可以假设为通过模式识别的方式完成，就"模式"而言它是检测问句中汉语字—词—句语义等若干元素或成分，按一定关系形成的某种刺激结构，也就是"刺激的组合"。这种模式（刺激的组合）识别过程是检测问句所带来的感觉信息，与长时记忆中的有关信息进行比较，判断出它与哪个长时记忆中的项目进行最佳匹配，再把"匹配"的结果与自身安全、自尊、利益相评估，在此之后决定何种选择即按键的过程。认知脑电检测就是探寻大脑这种自上而下的认知加工过程，如是基于怎样的特征进行模式识别的。由于对不同的认知类别的认识理解，大脑认知不同的检测问句内容会诱发不同的脑电。

三、检测人或主试

检测人是负责检测的组织、检测方案的设计与制订及具体进行检测实验。主试的职责是组织、设计和进行科学实验的人。测谎是主测和被测谎人之间的中介环节，要用适当的符合人体科学、测谎技术要求等测谎方法。新的测谎实验方法的采用，往往会带来测谎科学理论上的突破和发展，有意识地改进测谎实验方法是一项法庭证据科学。

四、主试、被试、有关人员任务职责

测谎人员组成。"2+1"，即两人为测谎人，一人为被测谎人，见表 5-3 所示。委托单位、办案单位等有关人员，在不影响测试情况下，可以在被测谎人

后侧非视线范围内，在实测场所进行安静的观察，并尽量不要走动、发出声响、非常态着装等；也可在有单向玻璃镜后的其他监测间进行观察。

表 5-3　测谎人员分工和实施内容

人员	角色	任务内容	具体任务
主试/测谎人 A	负责人	根据测谎委托方的需求，对测谎进行组织、设计和结果发布。测谎范围的确定、测谎方案问句的设计、测谎步骤的制定、测谎数据的结果和结论解释等	测前谈话 问句编制 数据采集 测后分析
主试/测谎人 B	辅测者	按照主试 A 的要求，具体实施测谎计划中的每一项工作步骤，测谎过程的仪器操作、测谎数据的处理	测前联系、仪器调试、传感器安装；测中记录监控；测后数据整理统计
被试/测	被测人	明确自己的权利和义务，与主试配合，按照技术要求回答。既是测谎者进行变革和控制的对象，又是测谎者的认识对象	回答认知分类的问题
有关人员	参与者	观察了解全部，认识科学所在，对测谎进行改进、补充、见证	测后提问

作为鉴定人员的测谎主试条件。测谎人员必须是具备测谎鉴定资格的专业人员。测谎技术是建立在心理、生理、犯罪学等多种学科的基础上的，测谎过程是测试仪器、测试方法和对话技巧的有机结合，测谎结论依据的不仅仅是被测人测试过程中记录的生理图谱，还有测试人员测前谈话和测试过程中的观察，以及在此基础上得到的综合性结论，测谎结论准确率的核心要素是测谎人员的专业水平。在美国，学习测谎必须是大学毕业，通过 10 个星期的强化学习，再经过 1~2 年实习，经过笔试和口试，成绩合格后方可从业。在日本，测谎人员的准入标准是心理学硕士。在我国没有任何准入资格和从业标准，这是我国测谎水平不高的根本原因，测谎结论要具备证据资格，测谎人员就必须实行统一的资格考核，建立从业标准，保证测谎结论的质量。此外，测谎人员还应当像其他鉴定人员一样，遵循法律上规定的回避事由。

不学术不规范。不可不按照要求不规范地滥用、胡用。

不妄自菲薄。只知道 50 年前不多的技术，因缺乏了解其他技术而进行"差"评。

不妄自尊大。把认知脑电检测技术能力、水平、优劣势和地位摆正，不自视过高。

不妄自尊。不过分狂妄地夸大。

不自满，不自大。

杜绝伪造试验数据、试验报告。禁止超越授权范围开展试验工作。禁止瞒报异常试验数据或结果。

主试对测谎科学需要凸显坚持坚守、正本清源、守正清源、凝聚共识、澄清谬误的担当功能，这也是主试一般的行为准则。

第二节　主试应知的测谎科学原理性质

就学术评价而言测谎人才的教育、培养具有了公认的水平，也达到了相对应的标准和要求，虽然就每一次的测谎试验并不一定要具备如此学位、学历，但是对需要达到严谨的标准化的科学实验或试验、法庭科学证据的要求来说，那些提供测谎技术的组织者、实施者，在科学测谎的设计、数据的获取、结果分析、结论的得出等步骤，无不与进行测谎科学实验的人——检测人（主试），他对科学测谎理解和对测谎中的"科学"定义的掌握有关。他对每一个检测任务所能达到的程度（更多的解释是不能实现或人们认为可以达到或实现的目标）的确定，对科学测谎具体方案、测谎问句内容的设计，对测谎步骤的制定，对测谎实施和测谎过程的操作，以及测谎实验数据结果的处理解释等，不仅是基于科学测谎试验数据图谱的科学结论报告是否具有科学性或科学水平、层次高低的问题，更在给予裁判者法律判罚的依据意义上，比一般意义上的"科学"意义和标准更高更严格。在每一个环节都是检测人直接负责完成的。是心理生理检测试验的主体。

检测人从事测谎科学实验是为了取得对人体情绪生理或认知脑电等人体生理变化这些特定对象的认识和分析。没有检测人这个认识主体，测谎科学实验就不会发生。不过在此需要指出的是，不能把检测人理解为"生物学"意义的孤立的个人，在任何情况下检测人都不是作为孤立的个人在活动，而是作为社会的人在活动。检测人学习、继承着已经有的学术成果，也借鉴了成功案例检测人的经验或冤假错案的失败教训，同时依赖着科学测谎同行们之间进行的各方面的协作、交流、借鉴，检测人所取得的任何一点心理生理检测结论，都将融汇到科学测谎的科学评价体系的总体中去。任何时候都不要否认检测人个人的创造能力，而且这种创造能力只有不脱离科学测谎同行共同的这个科学测谎基础才能得到发挥。

检测人在确定受理每一次的检测任务后，准备执行检测前需要按照检测技术的规范、科学同行认同的方法，针对检测任务需求，就试验中每一项可检测的内容，结合被检测人心理、行为、检测刺激进行想象和推理，结合所使用检测方法、仪器中的心理生理学机制、原理进行假设或猜想，无论测谎成功与否，一次或若干次检测不足以形成测谎科学的理论，测谎科学理论的形成需要以多次检测、反复验证观察到的数据、图谱等这些客观事实为依据。随着科学技术的发展，使用测谎技术的检测人不仅对人体—自然世界的认识不断深入，而且对人体脑认知会观察到更多的与欺骗相关的事实，并在此基础上发展出解释更多人类欺骗—心理生理反应和脑认知的现象，可信度评估、人岗适配性等的应用范围会有更广的心理生理学、脑认知科学理论。这样原有的测谎科学理论就会被新的测谎科学理论所取代，当今测谎科学理论的一个前景是任何测谎科学的理论、机制、原理的形成，在将来不是永恒不变的，而是相互包容、取长补短不断地发展变化的。

测谎科学中不同的学科对证据的依赖、利用假设和理论、应用逻辑等很多方面是相同的。不过，测谎科学家在确立研究对象、如何开展工作、是重视历史资料还是实验发现、应用定性还是定量方法、如何应用基本理论以及吸收多少其他测谎科学家的研究成果方面是大不相同的。尽管如此，由于测谎科学家们不断进行着技术、信息和概念的交流，因而他们对组成有效测谎科学研究的要素是有共识的。离开了具体的测谎科学研究，测谎科学探究就难以表述，没有简单的、固定的测谎科学探究模式，但测谎科学的一些特点使测谎科学探究模式具有下列明显的特征。

一、测谎科学是逻辑与测谎科学试验中假设的结合

心理生理检测就是科学试验，是在认知脑电、心理生理学机理下的科学试验，过程为：①定义——对检测任务内容进行明确的界限划分；②假设——根据脑认知已经有的机制和原理，由检测内容确定认知分类问句，进而对检测试验的方法进行设计；③检验——将检测方法在相关仪器上进行具体操作；④取得数据——把试验所获得的数据进行分类、分析、公布、发表；⑤建构（脑认知、心理生理原理和机制）；⑥结果报告——以科学同行的标准，在数据结果的基础上得出心理生理检测的结论。测谎科学论据符合逻辑推理原则，也就是说，心理生理检测试验的数据证据是应用科学同行一定的推理标准、证明和常识确

定的，这与仅有逻辑论证是不同的，对数据证据进行严密的验证，通常在专业同行中是为了满足测谎科学的要求。

测谎科学概念不会仅从数据或一些分析中自动地产生，提出假设或理论去想象欺骗是如何运行的，然后再设计它们如何能在心理生理检测试验中、在脑认知的过程中，通过理论机制去验证假设，得到证实，这与逻辑、理论进行论证一样具有创造性。

二、测谎科学能进行解释和预见

测谎科学理论的可靠性通常取决于它们揭示先前看起来没有联系的现象之间关系的能力。例如，欺骗者由于案件相关问句内容的出现，对检测出案件相关后可能受到刑罚的后果后怕产生紧张的情绪，进而诱发生理的反应，情绪的心理生理反应理论的可靠性在于它说明了诸如刺激语句内容、被检测人高度相关、情绪的生理反应出现等各种现象之间的大概率出现的关系。

三、测谎科学极其积极地欢迎其他技术的进步来促进本身水平的提高

从长远观点来看，新理论的提出应当以结果来评判是否可取。新提出的研究成果以及改进的心理生理检测理论，如果可以比之前的理论或机制更加准确合理地解释相关现象，并且可适用于更多检测条件、满足更多检测需求，同时可以提高准确率并降低假阳性和假阴性率，以解决更重要更关键的检测问题，那么新理论和方法就可以逐渐地取代以前的心理生理检测理论和方法。愿日后测谎科学的学习者们，可以做到时时接受与时俱进的新内容，以提高自身水平，并且我们在测谎科学系列科研工作中，也应该拒绝那些将测谎视为"独门绝技"的独裁式"专家"以及将测谎技术故意夸大宣传的忽悠者。真正的检测人不会拒绝接受新的理论，尽管已经收集到足够的证据表明目前自身还有所不足，但只要有心提高自身心理生理检测水平，就表明已经接受了新的知识和理论，日后必会做得更好。

由于测谎科学有证据的要求，因而开发更好的测谎仪器和观察技术具有很大的价值，同时，任何研究个人或小组的发现都需要能被其他研究者验证。测谎科学极其积极地欢迎其他技术的进步来促进其提高水平，奉行开放包容、取长补短的方针。

四、测谎科学可以提供证明与检测任务、案（事）件相关的情绪的生理、脑认知电位所需要的科学试验证据

测谎科学主张的确立最终是由对被检测人就不同检测问句内容的体表生理参数、脑电的参数变化现象的观察决定的。检测人根据各种心理生理检测仪器的性能按照各项技术的要求，主动设计各类具有不同认知属性内容的问句（如与案件不相关、相关、准绳等认知分类的内容，或将大脑认知的靶刺激、探查刺激、与案（事）件无关的检测问句内容，即检测问句内容有标注的问句）；被动地收集认知不同分类下的生理心理参数变化、认知脑电参数的变化；主动地分析所获取上述心理生理参数变化的机制、原理，探究人体科学中与检测任务、案（事）件相关程度数据上的关联性，目的就是寻找人体科学方面的具有法庭证据性质的科学证据。

五、测谎科学者需要恪守科学准则，避免偏见

科学的发展告诉我们，任何测谎理论或定律都不是最后定论，都不是最后的一种理想不变的科学测谎方法，科技的发展只会不断出现更好更科学的测谎测试方法。不可因为对测谎科学中的机理理解、认识、学术观点等的不同，而使人们拒绝寻找或强调某种证据或解释。

第三节　主试对测谎科学原理机制的理解

科学的本质能使我们树立正确的科学观。其一，一旦科学家根据自己的价值观念选定了研究测谎课题，他就必须停止使用自己或他人的价值观，而遵循他所发现的资料的引导。无论研究的结果对他或对其他什么人是否有利，他都不能将自己的价值观念强加于资料。从这个意义上说，从事测谎科学研究的人作为科学家应该受科学精神的支配。其二，既然事实世界和价值世界是两回事，研究者就不能从实际的判断中推导出应然的判断。

测谎科学原理中指导心理生理检测作为一项专业的系统知识体系，应对检测者——个人，被检测人、关系人、社会公众——社会，以及公检法司安以及测谎需要部门——机构三个维度。测谎无论是为了获得法庭科学证据，或者是为了认知科学研究，基调是一项严谨的科学活动，从事任何科学活动都要讲科学，这也是当今世界上所有活动的主要特征之一，与其他特征相比，它也许更能把我们的时代与以前的时代区别开来并不断发展。

检测人应该具有的基本认识。科学测谎者对他们所从事的心理生理检测工作，以及他们如何看待自己的检测，在检测开始之前都要有一些对涉及法庭科学证据的检测基本的信念和态度，这些信念和态度与包括检测在内的自然世界的性质，以及和检测相关的所有人对科学测谎检测的了解有关。这不仅关系到对科学测谎的认识，更关系到测谎本身科学与否，因为主试是在科学测谎中起到核心作用的，当下的一些测谎之所以不被法庭科学证据所理解和接受，无不与缺乏基本的科学测谎观念有关，"神""神探""第一人"等如果仅仅在文学作品、媒体渲染、造势等发表本无可厚非，但凡涉及"科学"二字，尤其是与证据相关，就必须去"神"去"鬼"，科学测谎无"神"无"鬼"，建立基本的科学观是科学测谎的基本认识基础。

表 5-4　检测人的基本观念

测谎观念	具体表现	技术之间
谎是人脑结果，虽复杂但可知	人类复杂的神经活动——欺骗、言辞可信度评估、测谎等涉及大脑复杂的活动，科学家们相信，运用智慧和扩展人类感官的仪器，人们能够发现自然运行的图式	可测可知，无"神"无"鬼"
科学测谎原理是变化的发展	不管一种测谎科学理论对一系列观察事实解释得多么完美，总可能有其他理论同样适用或比它解释得更好，使用范围更广	与时俱进，随其他发展而发展
测谎科学知识的持久性	尽管有多种测谎科学理论和测谎方法目前被使用，而且是一直在变化的，但这种变化是修正和不断地提高的，而不是彻底地否定原有的测谎科学	系列延续、传承，相互借鉴
各测谎技术之间优势互补、包容、非排他的	随着科技发展，不仅使原有科学测谎原理、技术得到进一步的补充和发展，而且有更新的原理和技术出现，不断出现的新技术和方法与原有的之间不是排斥关系，而是各具优势，互为补充	各技术间包容并蓄、优势互补
科学测谎不能为所有的欺骗问题提供全部的答案	测谎和世界上有些事物一样，就目前的科学技术水平和能力而言，是不能用科学方式得到完全有效的研究的，但是会一直向前进步	肯定有不足、有失败、有不结论

注："不结论"是一次检测结果的报告形式之一，即该次检测到的数据无法让检测者做出结论。

检测人要避免无知的无"畏"和偏见。检测人需要理解包容其他人体心理生理检测的相关原理和技术，避免偏见，科学测谎者的年龄、信仰、性别等可能会使他们偏向于寻找或强调某种心理生理学证据或解释，在科学测谎研究领域，或许让不同的研究者或研究小组从事同一项科学测谎内容，对提高科学测谎水平是非常有利的。

科学测谎达到证据科学标准是无神、无独裁、无秘籍的。科学测谎者主张的确立最终是由对现象的观察、测谎科学原理解释所决定的。科学测谎者可以主动也可以被动地测量心理生理值的变化、检测改变规律、收集刺激诱发下的体表生理参数，以各种相关技术主动地探究情绪生理、认知脑电等人体生理原理机制，其目的就是寻找心理生理与案（事）件相关的证据。

测谎科学理论的可靠性，通常取决于它们揭示先前看起来没有联系的现象之间关系的能力，例如，情绪生理反应机制中精神紧张和出汗是具有相关性的。认知脑电诱发的刺激中，各种心理生理参数变化的理论的可靠性在于它说明了诸如精神紧张、认知材料类别差异以及人体认知、认知后情绪生理匹配等各种现象之间的关系。

测谎科学原理具有严谨的科学逻辑是与科学假设、想象、验证结合的。测谎科学原理中论据必须基于人体科学、生物学等相关的基本原理，而且所使用的心理学技术原理应该相符合，在试验设计、数据的原理解释、机制的推论中也符合逻辑推理原则，也就是说，心理生理检测试验得到的数据图谱等结论性的证据，是应用科学同行认可的推理标准、数据证明方式甚至常识所确定的，但是仅有逻辑和对心理生理试验的证据，进行严密的验证（科学技术目前还无法解释所有自然界中的现象）通常无法满足测谎科学的发展。

第四节　主试应掌握的科学测谎试验步骤

基于认知科学、神经心理学、心理生理学等原理，借助认知脑电检测技术，对被检测人的认知脑电进行测试，将所得到的相关数据进行分析评价的认知脑电检测，实际上是一项研究心理或行为如何与生理学的变化相互作用（心理生理学）的科学实验，认知脑电检测就是用来实验的科学工具，也就是心理生理测试仪作为工具实现目的，认知脑电检测是为了得到被认知脑电检测人与某案（事）件有无关系或涉案程度这样的结论，而这一结论的获得，不仅需要像其他科学研究一样，每一结论都需要经历一个科学、规范、标准的过程，而且要考虑认知脑电检测的结论涉及法律对人的公平正义，不允许错误，因此必须有更高标准更加严谨的过程。

与其他科学试验相比，主试完成一次科学测谎检测试验需要七个重要步骤。

1. 理解：追踪课题组、导师、主题、导师作者相关学术专著（长期、系统、深入、专注相对固定研究领域往往有高水平的、全面的、系列的、权威的、成体系的、成建制的学术成果）、论文等科学文献，学习、理解、观察所在课题研究组的学术积累、当前的研究。对此次检测任务内容进行观察、理解、分析，针对案（事）件的性质、案件信息被污染被漂白、时间久远、检测对象的性质，确定初步方案。

2. 分析：把欺骗或被检测人心理生理、认知脑电生理关系，由整体分解成各个部分或属性，将研究欺骗这一检测对象的整体分为各个部分，如血压、心率变异率、皮电，认知脑电的成分、潜伏期、反应时、准确率、峰值、左右脑电极、前后脑区等，并分别加以考察。分析的意义在于通过认识前述的内容或人体心理生理现象的区别与联系，细致地寻找能够发现言辞可信度与情绪生理、脑认知电位等参数科学解释问题的主线，主试并以此解决欺骗问题对事实和事件的详细记录。一项技术不一定能完成任务的所有细节，与任务提出方共同讨论后，明确划定任务"边界"定义，分析具体的可以完成的检测内容、详细的方法。

3. 定义：对问题进行定义是有确切程序并可操作的。从权威杂志、期刊获得，自己慎重提出。在符合检测技术性能要求的基础上，依据检测原理提出假设，设计探测—靶标—无关认知分类的检测问句形式，并将案情细节编入检测问句中。

4. 假设：提出假设是对一种事物或一种关系的暂时性解释。在学习了解多道心理测试仪、认知脑电检测等专业检测技术原理，以及阅读大量相关文献基础上，提出修改、补充、增加、调整、改进、提高的可能性方案。按照实验心理学的方法编制不同自变量的问句来让被检测人回答，并采集其对检测问句认知加工时的认知脑电，以检验依据原理提出的假设。

5. 检验：收集证据和检验假设，一方面要能提供假设所需的客观条件，另一方面要找到方法来测量相关参数。测谎试验验证假设的数据是说明检测结论的依据。用具体的实验得出对假设所验证的结果。

6. 发表：对采集的数据结果，发表认知科学、心理生理学原理方面的逻辑推论，并详细描述出彼此的相关性。发表研究结果，测谎科学信息必须公开透明，真正的测谎科学关注的是解决问题。

7. 建构：建构理论。孤立的问题无法建立理论，测谎科学的理论是可以被证伪的，通过一次或多次的试验，从数据结果得到验证的种种假设中，归纳、整理、解释欺骗脑机制等。

表5-5　测谎科学检测形成的基本步骤

过程	任务	方法
理解	学习并接受所在群体研究的内容	阅读卷宗，了解检测任务
分析	观察即对事实和事件的详细记录	已经有的研究结果，观察，提出改进，补充，提高
定义	对问题进行定义是有确切程序可操作的	概念，边界，操作定义，掌握理论
假设	提出假设是对一种事物或一种关系的暂时性解释	基于原理机制可以探索的可能性，控制因素
检验	收集证据和检验假设，一方面要能提供假设所需的客观条件，另一方面要找到方法来测量相关参数	用科学测谎技术性能设计试验组别，反复实验、核对结论
发表	科学信息必须公开，真正的科学关注的是解决问题	科学语言、第三方语气发表研究结果
建构	孤立的问题无法建立理论，科学的理论是可以被证伪的	基于结果得出结论

第五节　主试完成科学测谎试验的具体工作内容

因为主试所使用的测谎仪、多道心理测试仪、认知脑电等仪器设备与实验对象的相互作用是不依被检测人的意志为转移的合乎脑认知、情绪的生理反应规律的表现，所以，这个阶段主试对被试所进行的脑认知、情绪的生理反应的体表生理活动变化，是一种客观的科学同行认可的物质活动。被检测人的情绪的生理反应变化、认知脑电变化数据，皆为被检测人的客观的感性物质活动的实验实施过程，是主试对被试已有认识的检验，也是提供了被试就案（事）件相关程度科学的认识和评价的科学实证事实。主试完成科学测谎试验/实验的步骤如下。

一、准备阶段：测谎科学实验过程的第一个阶段，可以叫作测谎实验的准备阶段

一项测谎科学实验的价值，它的成功或失败，很大程度上取决于测谎科学实验的准备阶段。在这一阶段，人们需要进行四项工作。其中的每项工作，都不能离开测谎科学原理、各种技术原理的运用，不能离开心理生理检测原理和各种检测技术活动。

确立实验目的。这是为了明确我们为什么进行测谎实验。所要完成的测谎任务是否能与所掌握的检测技术相适应，不是任何技术都能够适合任何测谎需求的。

主试采用的研究方法通常包括：①实地调查法。在实际检测部门分别进行调查，实地了解需求方检测人员检测内容的需求、被试的基本条件及检测的具体要求。②问卷调查法。以被检测人和主试为样本发放问卷，以了解当前检测任务的观点、方法。③文献研究法。参考课题组、导师等相关文献和有关学术报告、综述而提出观点。④信息分析法。对测谎任务的被试进行简单调查取得的资料进行汇总与分析，借由主试指导编制检测问句和测谎试验。⑤对比分析法。学习他人相关的研究，从而以更科学严谨、相关可行的检测技术、包容广阔的视野解决欺骗检测数据的科学结论问题。⑥数据分析法。以实际检测得出的数据为基础，进行科学的定性定量分析。

掌握最新原理和研究成果。应熟练掌握与测谎实验课题有关的脑认知原理、情绪的心理生理原理理论和已经有的其他相关研究的结论结果和经验。科学测谎实验方法是在主试人为的控制下对被试这一研究对象进行研究的一个过程，成功设计测谎实验方案需要对研究有关理论、实验有充分的学习，了解目前的水平和状况，所以这是一个需要漫长的精心深入准备的工作内容。在科学测谎设计实验方案和进行具体实验操作的过程中，离不开前人理论的指导和前人相关实验的经验的积累。主试只有具备必要的脑认知理论知识、情绪的心理生理学和实验仪器技能，才能对测谎实验中出现的参数、图谱有敏锐的观察力和分析能力，当检测参数表现超出原来的理论框架时，能够及时加以捕捉并发现其欺骗本质。

着手科学测谎实验设计。在实际进行科学测谎试验行动之前，主试需要考虑根据检测任务应如何开展试验，采取哪些常规、必备的步骤和环节，每步试验可能带来什么数据图谱结果，如果被检测人或案（事）件中某些条件突然改变了将产生什么影响等问题。科学测谎实验是检测者为了认识人类欺骗而进行的一种探索人类高级神经活动与生理反应的活动，这些数据对象是科学研究实践活动的参数来源。主试当然更要在采取测谎具体实验行动之前，先在原理、机制中以科学概念的形态大致完成这个论证的欺骗相关的过程，哪些干扰生理参数因素应设法排除，哪些次要因素可以暂时留置，这一切都应在测谎实验设计中给以考虑。测谎实验设计的任务，就是在测谎实验实施之前，主试先把这个测谎实验在自己的观念中完成。

提出假设。应事先提出假说或需要检验的观点、理论等。实验在测谎科学研究中主要有两种目的：一是探索和发现新现象或新规律；二是检验已有知识或理论的正确性。测谎实验设计是运用脑认知、心理生理检测等一定的情绪、生理、脑认知电位基本理论进行科学逻辑推论的过程，主试测谎实验设计的优劣很大程度上取决于主试设计过程中的科学测谎逻辑思维是否严密。例如，在实验设计中，要细致地思考操作变量，尽可能将自变量的影响降低，这样所得因变量反应的科学实验数据的"纯度"才会提高。在实验的实施中可能会有哪些偶然性因素发生，这些偶然性因素会对测谎实验效应带来什么影响？例如隐秘信息检测问句，技术要求被检测人对"隐秘"信息点高度相关才是有效的情绪生理反应点，拿这种有效刺激点的效应作为测谎实验来说，在实验设计时就要考虑到，如果被试不知道是在特指的信息点作为心理生理效应的实验，他的心理反就可能影响到生理上，从而使实验数据发生偏差。如果被试知道主试哪些检测问句内容是测谎实验组，哪些问句属对照组，那么他的心理反应也可能会影响到心理生理反应，从而使实验数据发生偏差。因此，在测谎实验设计中就要采取相应的严格措施，以消除这种偶然因素对测谎实验效应的影响。这些思考过程，都是运用一定理论而进行的逻辑分析和逻辑推理的过程。当然，在测谎实验设计中还有许多具体的生理和物理方面的会影响数据的问题，因而需要提前预设，但是贯穿测谎实验设计的一根主线是运用一定认知科学、心理生理理论而进行的科学逻辑推论。相应的生理和物理影响的问题也只有在一定科学逻辑思维基础上，才能联结成一个完整的设计。

应能有效地控制影响实验的各种因素。控制因素（自变量的控制和因变量的纯度）是数据科学价值的重要保障。在实验过程中，要根据研究目的尽量控制好实验中的各种因素。要突出主要因素，排除次要因素、偶然因素以及外界的干扰，从而能更准确地认识事物的本质规律。伽利略的落体实验、斜面实验和单摆实验都是在突出主要因素、排除次要因素的条件下获得成功的。

测谎实验准备。主试做好准备，包括应选择好实验环境，准备好实验工具。

测谎实验环境对于实验的成功与否有很大关系，如在对人体进行欺骗活动的观察时，只有在认知活动状态和生理活动水平正常，才能取得理想的科学测谎实验效果。测谎实验技术、工具是测谎实验取得成效很关键的一个方面。它的状况决定着实验能达到的认识水平。如没有高分辨率的认知脑电技术、多道心理测试仪，就无法认识人脑认知过程中各种认知内容不同的情况下认知脑电的精细差别结构。案（事）件相关脑电位、多道心理测试仪正是由于不断把测谎实验的精度提高，才有可能得到人体欺骗与否的情绪的生理反应差别和认知脑电上的差别。

进行测谎时往往会把测谎实验仪器、设备、材料的准备当作一种纯物质的活动，其实不然，每一种心理生理检测技术下的仪器都是在对某种检测技术性能、参数、目前的研究水平、状况、原理都有了解的基础上，并且以心理生理、认知脑电参数原理某种解释或某些理论为依据而进行设计和制造的。每采取一种测谎仪器，实际上就意味着引进了一些理论。刺激材料的选用也是根据一定的理论进行的。离开了一定的理论和逻辑思维，实验仪器、设备、材料的准备工作就无法进行。

二、科学测谎实验实施阶段：测谎科学实验的第二个阶段，可以叫作实验的实施阶段

主试操作自己所掌握的一种技术，使用一定的仪器设备，包括设计各种心理生理检测的问句，使检测问句的内容让被检测人理解并经过思考，检测问句内容（承担的法律责任、社会评价降低等）作用于被检测人，此作用进而产生情绪生理反应并在被检测人体表出现，最终主试取得这种实验效应和数据。

仔细观察。测谎时主试应仔细观察，尽可能得到精确的数据。测谎实验中某些重大发现公布之后，经常使一些测谎科学家后悔莫及，因为他们也曾见到过类似现象，但由于未加注意而失去了发现问题本质的大好良机。在测谎科学实验过程中只有仔细观察，才能得到理想的结果。

反复实验。科学测谎应从小到大、反复进行实验。一般来说，在做一种类别深入且大规模的实验前，如国家认同、民族认同、健全人格、心理健康等类检测试验，先要做一些探索性预试验，先简单后复杂，这样可以为以后的实验工作积累相关的信息和思路。实验要注意其可重复性。只有多次重复，才能表明其成果是可以让大家认可的。所有的实验在其他实验室应能重复，才能被科学界承认。

　　数据分析是对测谎的定量研究过程。对科学测谎的结果进行分析，就是将被测谎人测谎时所得到的具体的测试数据作为研究对象，把这些测谎中得到的整体数据分为各个方面、单元、因素、层次和部分，并分别加以研究和考察，这也是主试/测的专业认识活动。测谎分析的意义在于，主试/测细致的寻找能够解决被测谎人与案（事）件之间关系这一问题的主线，并以此解决问题或分辨出测谎问题与被测谎人的相关程度。主测人学习测谎内容的深度和广度，决定了测谎水平的高低，钻研测谎越深，发现被测人与案（事）件相关性的能力越强。

　　结果评价是对测谎的定性研究过程。对科学测谎的结果进行评价，就是在对本次测谎得到的各类/种数据进行逐一分析基础上，结合被测人、被测案（事）件等多方面、多因素，衡量、评定各种情况、各种数据的价值，整体地对被测人案（事）件相关性进行考察讨论，最后得出测试结论。测试者评价水平高低与测试的经验丰富与否相关，这些由实案测试实践得来的测谎知识与技能，对测试者的理解和解释能力有影响，一个富有实案测试经验/经历的测试者，其将所测试到的数据进行综合评价的能力基础则较好。

　　三、结果处理阶段：测谎科学实验的第三个阶段，即测谎实验结果的处理阶段

　　主试在这一阶段上，对实验结果进行分析。尽管主试在测谎实验设计中做了周密考虑，但在测谎实验的实施过程中，仍会有一些结果是实验前没估计到的，有些是技术性能无法达到的主、客观因素影响到测谎实验结果。测谎实验客观因素主要是指测谎实验仪器设备的偶然变化（电子元器件、检测环境、被检测人生理状况等）、实验初始条件和环境条件的偶然变化、实验材料在品种规格上的某些差异等。测谎实验主观因素有在实验设计时，程序编写遗漏了对一些可能产生的系统误差的考虑，在读取数据时感官上造成偏差等，这些因素造成的影响是混合在一起的。因此，检测人必须对实验/试验最初所呈现的结果做分析，以区分什么是应该消除的误差，什么是实验应有的结果。

　　核对结论。应仔细核对实验后所得出的结论。测谎实验结束后，要对测谎实验中获得的数据做进一步的加工、整理，从中提取出测谎科学事实或某种规律性的理论。在分析过程中，要利用统计分析的方法，借助计算机等手段从数据之间的因果关系、起源关系、功能关系、结构关系等多角度、多层次进行处理。

一次科学测谎过程一定是由 6 个步骤组成的：①检测试验目的的确定；②检测试验方案的设计；③检测试验步骤的制定；④检测试验过程的实施；⑤检测试验数据图谱结果的分析处理；⑥检测试验结果的解释公布。而每一个过程都是由主试直接设计并实施的。

第六章

科学测谎试验设计

　　基于心理生理学等原理，借助认知脑电检测仪对被检测人进行测试，其目的是得到被认知脑电检测人与某案（事）件关系或涉案程度这样的结论。以认知科学的脑认知电位、情绪的生理参数来分析的测谎，科学标准规范的刺激才能得到科学严谨的数据，这是科学测谎首先要保证的。测谎刺激材料的选择、各类刺激数量及呈现的比率、刺激频率等的设定都有严格的要求。

第一节　测谎试验基本过程

　　测谎科学研究是从检测需求方提出的需求、问题、任务开始，继而分析、考察可行性等。

一、科学测谎试验的基本过程

　　科学测谎试验的基本过程与普通科学试验大致相同。一般包括下列步骤，见表 6-1 所示。

表 6-1　科学测谎试验的基本过程

步骤	事项	具体核心内容		
		主试	被试	需求方
受理	受理检测需求方的问题、检测任务	查实适宜性，归类	咨询技术、权益	提供卷宗
分析	查阅能够完成检测任务的相关文献、可支持的试验结论，获取参考资料	筛选方法	考察合理、合法	解惑释疑
假设	基于原理，提取编制检测问句内容的信息，提出试验的假设	假设合理性	询问过程、方法	修改检测例句内容、次数、时长

续表

步骤	事项	具体核心内容		
		主试	被试	需求方
制订方案	制订研究方案，完善检测问句	确定检测问句	提出不适宜内容	共同修改
试验	验证假设，认知分类尽量差分时显，采集对应明确，资料完整	采集数据	执行认知检测任务	伴随
运算	数据和资料的统计处理	软件可靠性	质疑	核对
分析	测谎科学原理等与所采集数据的结果结合分析，了解心理生理人因即被试被检测问句内容所诱发出的心理生理变化；检测仪器的科学使用；检测时环境和检测问句内容编制的针对性，并与他人结论参照	心理生理人因了解	解释自己	问询
结论	对假设、心理生理人因逻辑推理与数据吻合度做结论，无法达到细胞水平机理的解释确信	比对探查—知情—无辜，认知法学、神经法学、法庭科学证据原理的解释	可重新测、再测	理解

上表（表6-1）中的前三个步骤是选题过程，其主要任务是按照人体科学原理和检测技术的要求，针对案情提出假设和考虑选择验证假设的途径和手段，考察选题内容的合理性和科学性。

中间两个步骤（制订方案、试验）是围绕着验证假设制订研究方案，确定自变量、因变量及其操纵和记录的方法，并对无关变量加以控制，然后搜集论证假设的证据。

后三个步骤主要是运用逻辑方法、统计方法和其他方法对搜集到的数据资料进行加工整理，对研究中的现象和变化规律做出解释，说明获得的结果与假设的符合程度并形成结论。最后，以论文的形式反映该项研究的成果。

因此，心理生理学的科学测谎研究实际上就是提出假设和验证假设的过程。科学测谎应用的心理学是根据所研究问题（如检测任务的需求、被检测人状况）的性质、目的以及研究过程各阶段的要求来选择具体的研究方法。

二、完成科学测谎试验的步骤

针对案（事）件测谎任务的要求和需求，确定完成任务内容的技术路线是整个任务完成的基础所在，在此基础上制定测谎任务的技术路线，以更好地完成测谎任务。技术方案为技术路线服务，而二者共同服务于测谎任务的内容。主试只有经过下面（表6-2）的主要过程，才能完成一项检测任务。

表6-2 科学测谎过程

过程	目标	做法
检测目的的适配确定	为了取得对自然界特定对象被检测人的认识，尤其是技术性能与任务/目标适配	充分认识检测目的、需实现的目标、可行性论证
检测方案的设计	主试知道本次检测：可实现的适应性技术；单技术多种方法；多技术一种方法；多技术多种方法（混合）	科学性：实验原理、实验方法和操作过程必须科学、严谨、合理且具安全性，实验操作要尽量防止带有危险性的操作，尽量避免与有毒物质接触；可行性：设计的实验方案要真正切实可行，仪器、装置、附属品操作可靠；简约性：实验设计应简单、明确、易行。装置简单，实验操作简便，实验"因变量"现象明显
检测步骤的制定	从"点—线—面—体"层面确定筛查、普查、确查而差分对待处理，尤其是情绪生理、认知单/多目标（主题）	主试能够知道：已经了解到的原理、机制等理论；已经熟悉的现有的技术；已经发表的相关论文（导师、课题组成员）
问句过程的操作	交互、单独、混合	认知原理的检测—看懂—反应时优先，每句≤3秒；情绪生理原理的检测—听懂—生理反应充分，每句≥15秒
检测数据图谱的分析	自带软件的处理、单独开发软件处理	情绪和认知两种原理下的步骤、比较方法等有较大区别，形式似乎同其大脑认知与情绪生理反应的心理生理原理差分巨大
解释结论	以试验结论报告方式为主	客观，无法达到细胞水平的有限性

　　主试明确此次检测任务的目的意义。心理生理检测目的意义是指通过该课题研究将解决什么问题（或得到什么结论），而这一问题的解决（或结论的得出）有什么意义。有时将研究背景和目的意义合二为一，在此基础上主试确定科学测谎任务的技术方案。

三、满足科学证据标准

（一）具有法庭证据性质的认知脑电测谎，其对刺激有着基本要求

1. 反应速度、反应方式、反应结果都可能与真正伪装者实际的发生不全相同，也不能相同。尽量地只能做此，而几乎无法做其他。

2. 科学性——实验/试验范式逼真、可重复、可验证、被试配合、生态效度。

3. 数据来源——与认知任务对应（时间——毫秒；空间——左右脑、脑区、沟回、脑认知加工所属的皮层、所发生的神经柱、目前达不到的具体脑细胞）。

4. 数据解释——支持的理论、机制、科学测谎的实验/试验。

5. 被试熟练地掌握实验/试验相关材料，这样做生态效度就会变得很高。

1 至 5 能做到，被试则无法伪装，认知脑电无法控制、无法调节。被试回避不了，除非被试不看不想，否则做不到，被试的认知脑电是案（事）件相关的"同一"甚至是"唯一"。

（二）反应方式/按键、体表生理值（认知脑电、皮电）是检测设计的重点，有着基本的实验过程

1. 原理准备，每一项试验的全过程都需要有足够的、对应性强的、能够实现的理论基础做指导，建立科学合理的假设。

2. 制订试验/实验方案和实验设计，包括说明前人相关试验的评价，明确本次实验的目的，确定被试的条件、选择、分组、变量的操作和检测、测定方式以及实验的步骤等。

3. 试验/实验模拟、知情、标靶诱发刺激内容确认或布置，试验/实验器材的准备，观测/记录仪器安装、调试等。

4. 训练被试，即学习按键操作、标靶刺激认出等决策/按键方法，模拟案件让被试熟悉实验情境，卷入场景，介入相关行为、动作的实验活动。

5. 实验数据采集、认知分类与对应结果的分析整理和解释、评价。通过检测试验能够严格控制试验/实验条件，尤其是对自变量的严格控制，并对实验条件和被试活动做出精确的记录，以便分析和研究；其缺点是在实验室的检测实验条件和实际欺骗发生条件有相当的距离，而且实验室条件下的检测问句内容与案（事）件检测任务的契合度会影响被试的心理表现检测问句内

容，要有对"记忆出错是百分之百"的"冗余"。以上一级的概念来设置不够清晰确凿的"情节"。

（三）提高测谎准确性的原理与方法

1993 年国外的达伯特判例（Daubert v. Merrell Dow Pharmacenticals. inc），联邦最高法院对科学证据的判断以"综合观察"标准取代了 20 世纪 20 年代确立的"普遍接受"标准。依新标准，对科学证据的采信主要考虑以下因素：

1. 新的科技是否得到了检验；

2. 科技原理是否已经公开出版或已经由相关同行进行过评论；

3. 新科技的错误率是否已经知晓，并且该科技方法是否有规范的操作标准；

4. 新科技是否已经被普遍接受。

新科技证据只要具备上述因素之一，就可被陪审团自由裁量。

第二节 根据检测目的任务的分类

在需求方提供检测任务需求后，主试对所得到的卷宗资料等进行分析，依据卷宗情况和检测技术的性能，初步对测谎试验进行预备评估，根据检测目的任务的类别做初步区分。虽然对测谎或言辞可信度评估的方法有很多，也各具特色、各有优势，但是心理生理参数、认知脑电参数这些心理生理学的研究方法，是我们人类获得测谎知识、检验"发现—防反"反检测的方法。这一大脑机制下测谎机制的分析，是一种应用于测量心理的前沿技术形式。普通意义的测量就是依据一定的心理生理检测规范、脑认知检测技术方法等专业上的法则，使用适合案（事）件需求、针对被检测人适合检测问句/量具，采用适当对应的心理生理检测技术，对被检测人的欺骗所发生的心理生理变化、认知脑电的特征进行定量描述的过程。

一、以测谎任务的来源分类

案（事）件测谎试验，其目的就在于选择适合案（事）件性质的技术，根据检测任务、测谎需求、检测对象设计检测问句等，检验心理生理反应、认知脑电变化。这个目的的实现，对于推动心理生理学的检测欺骗、发现欺骗的认知脑电规律有着十分重要的作用，详见表6-3所示。

表6-3　不同测谎任务的来源

导向	案例	特点	提出	形式	不足	弥补
任务	××心理康复方法	指定、固定、明确	国家、部门、单位	任务指南、考核指标	不一定完全契合所在研究组的学术积累，有强有弱，可组合，可以取长补短	需要主动适应，发挥原有功能，拓展新任务，提升完成能力
需求	境外人员身心状态评估，如任期、聘期、专项任务前后的评估；政治安全背景评估，如对两面人、伪忠诚者、变节者的评估	社会突出现象、大众热点问题，甚至炒作	寻找得到测谎、心理生理检测可以通过实验明确得到的科学证据	各职能部门明确提出部门内应用	需求明确，区域性、局部性、时效性明显	服刑年龄是否降低，青少年自主控制能力，心理生理学实验结论，供法学有关专家科学判断
问题	认知脑电测谎法庭证据	积累上的突变	权威书籍、文献、系列、连续追踪	大数据下心理检测技术研究	难免不"成熟"，应用领域和应用对象有限	紧贴实际、适用，响应当前
专业	案（事）件相关心理生理评估	站在巨人的肩膀上，方法、范式科学同行认可且相对固定；科学兼容性强，可重复、可相互比较，任务的稳定性、成功率高	丰富的学术积累，成熟、稳定的方法范式，减少尝试错误	大学科研机构提出，专著、期刊发表	面窄且尖，任务的适应性、针对性、灵活性弱	专业深奥，普及、提高科学素养
兴趣	反测谎	执着追求	个人、爱好者	自媒体	系统性、科学规范弱	与专业机构交流

二、以测谎需求、目的分类

被检测人理解检测问句在情绪状态中发生的植物性神经系统和内分泌活动方面的变化,提供了对情绪进行客观测量的指标,如皮电反应。由于在情绪状态中皮肤血管收缩的变化和汗腺分泌的变化而引起皮肤导电率的变化,皮电反应是交感神经系统活动水平的灵敏指标,被称为心理电反射。呼吸的频率和振幅的变化,血压、心率、血管容积、皮电以及肾上腺素和去甲肾上腺素含量变化等都可作为测量情绪的生理指标。

表6-4 以测谎需求、目的划分的类型

分类	使用目的和对象	应用部门、范围
根据测谎的主体	单位、团体、个人 单方、双方、多方测试	公、检、法、司、安五类机关 军队、纪检监察 移民局、海关
根据测谎的需求	排除 确认 探索	刑事、民事案件 单位内部保卫 政治安全背景 品性、品格 维和警察 个别任务需求
根据测谎的目的对象	心理健康 人格健全 人岗适配 身份背景 犯罪记录 人格倾向 意识形态 案(事)件检测 自证清白测试	机构 政府 企事业 个人
按照检测对象的性质	忠诚度、"两面人"、"关系人"	单位内、外 "体制"内、外
根据测谎预定目的原有结果	重复 间隔 连续 定期常规 个体需要 任务需要	认定测试 排除测试 不确定

续表

分类	使用目的和对象	应用部门、范围
根据案（事）件的性质	刑事犯罪测试 民事纠纷测试 商务调查测试 员工忠诚度测试 民族认同测试 国家认同测试 政治认同测试	国家机关 公司

三、按测谎实验目标分类

现有可以进行科学测谎的技术，按照检测的目标不同，可以把检测分为定性检测、定量检测和比对分析检测（表6-5）。

表6-5 不同心理生理检测技术所能达到的检测目标和量化程度

	目标	原理	方法	量化程度
定性	判定某种因素、性质是否存在	情绪生理反应	CPS、眼内眶热成像、语音	程度低，难控自变量
定量	测定某种数值或数量间关系	脑认知过程	认知脑电、眼动	可：案（事）件电位 无：脑区—部位
比对分析	了解被研究对象，内部自变量控制，尽可能小的各种心理生理反应之间差异，差异的生理机制证实相关	脑认知血氧	fMRI、PET①	滞后比对，无法反映认知的瞬时

科学测谎定性实验是用以判定某种因素（各种问句）、性质（认知分类后检测问句）是否存在的实验，如认知脑电、情绪的生理参数变化等。

科学测谎定量实验是用以测定某种数值或数量间关系的实验，如认知脑电中仅字、词、句逐一对应下认知脑电位所发生的相对应的变化。

科学测谎结构分析实验是用以了解被研究对象内部（如大脑复杂的认知加工）所表现出来的各种成分之间空间结构和电位变化关系的实验。

---

① fMRI：functional magnetic resonance imaging，即功能性磁共振成像；PET：positron emission computed tomography，即正电子发射型计算机断层显像。

四、按科学测谎任务内容中时间的相关性——时态分类

检测任务涉及行为，行为如果是已经发生过的，检测问句就属于验证性的，是验证既往的事实是否有"过"，如"行为"过、发生过、做过相关、存在过、看见过、听说过。明确的是"过去"时态，无关乎是否对现在有影响，如现在完成时表示动作发生在过去，但与现在有关系，即用一个发生在过去的动作来说明现在的情况，对现在还有着一定的影响。而过去完成时只适合表示在过去某一段时间或动作以前已经完成的动作，不谈及对现在的影响。检测问句内容所相关的行为"过"的定义，既有可能是"一般现在时"，表示通常性、规律性、习惯性、真理性的动作或状态，或者动作有时间规律发生事件的一种时间状态，又有可能是"一般过去时"，表示过去某个时间里发生的动作或状态，或是过去习惯性、经常性的动作、行为。

"时"指动作发生的时间，"态"指动作的样子和状态。以检测行为发生"过"为核心，与"时"相关，与"态"无关（表6-6），即时间、地点、人物、事由等可与具体确切信息相关，便于准确描述，也便于检测问句的制作，更便于被检测人快速地识别和加工。由于"态"程度、描述标准不一，发生"态"难以确切，编出的检测问句其内容诱发的刺激容易引起歧义，导致脑认知资源耗费，属无关干扰且会混入认知脑电成分中，少用慎用。

表6-6 以检测行为发生"过"为核心，与"时"相关，与"态"无关

类别	定义	特征	应用	检测用词	
				认知脑电	情绪生理
时	动作发生的时间	具体、明确、易描述	确定性查实应用，建议尽量应用，但是一般给予的检测条件和卷宗提供的材料有限	用具体时点	用单一时
态	动作的样子和状态	抽象、模糊、不正确	筛查、普查等一般性检测时应用，注意尽量标准化、量化	用简单名词	高频明确

只注重动作有没有"过"，至于动作开始于过去，是否一直持续到现在不考虑。没有现在完成时，表示的动作发生在过去，以现在的时间为基点，但侧重对现在产生的结果或造成的影响，与现在有关。也没有过去完成时，表示的动

作则是一个相对的时态，不考虑以过去时间为基点，动作是否发生在过去，也不需强调"过去的过去"，以及只有和过去某时或某动作相比较时的专门限定。

五、动机—行为，动机用探测、行为用验证的分类

卷宗中提供的信息有时是非常有限的，尤其是对动机、愿望等案发现场的某一具体物品物证，这些是推理案发现场的可能，无证据直接明确指向，是抽象的、类推的，这些宜采用区别对待试验设计。

表6-7　动机用探测、行为用验证的差别比较

	性质	特点	使用	作用
验证	验证已知、既往的事实是否有"过"	具体	测量实验、对照实验、判定性实验	唯一、排他、确定
探测	询问未知，但可能存在"有可能"程度	抽象	可以是未知的、未觉察到的、未发现的，但是具有真实存在的可能，犯罪动机、手段/方法、工具、路线 可以是精神类内容、倾向、观点、爱好等	排他、类比、前瞻、预防

六、按欺骗检测预定目的分类

根据实验者的预定目的可分为定性实验、定量实验、测量实验、对照实验、验证性实验、判定性实验和中间实验等。欺骗检测预定目的是验证性实验。

确定测谎实验目的是认知科学理论、心理生理学原理的科学逻辑演绎的一个过程。主试明确试验设计、指导测谎实验过程，对准备采用的脑认知、心理生理学的理论有充分的准备。主试在确立测谎实验目的之后，并不能马上着手设计测谎实验，而是要先明确以什么理论来指导该次测谎实验的设计。确定的某种指导性理论，就是启发主试方应采用什么方法，并从什么方向上去实现已确立的目的。没有这一步骤，就不能从实验目的过渡到具体的实际设计上去。例如，情绪早就被实验提出，与体表的心理生理变化相关，情绪的生理变化是通过被检测人对检测问句认知后，是由神经、激素、交感/副交感、神经递质化学传递等途径产生生理机能作用的。在情绪的生理反应提出之后，很多测谎科学家都想用实验来检验情绪的生理反应的科学论断。但在很长一段时间里，人们始终不能进入具体的情绪的生理反应的实验设计，其原因是问句内容、认知、

应急情绪产生生理反应的实验设计，所依据的指导性心理生理理论有时不具备，主试有时还不知从何处着手去设计这种实验。也就是说，在科学测谎实验目的和具体测谎实验设计之间，有时缺少一个可以把两者联系起来的中间环节。

进入 20 世纪后，科学界才提出了一个理论：玛格达·B. 阿诺德（Magda B. Arnold）1954 年提出了情绪的评定—兴奋学说，她认为情绪与个体对客观事物的评价联系着，是在大脑皮层上进行的，认为情绪反应的序列应当是情景→评价→情绪。既然情绪的来源是对情景的评估，而认识与评估都是皮层过程，因此皮层兴奋是情绪的主要原因。她的学说是相当具有推测性的。情绪生理机制学说的众多，说明了情绪的生理机制是相当复杂的。可见情绪是大脑皮层和皮层下神经过程协同活动的结果，而皮层下神经过程的作用处于显著地位，大脑皮层起着调节制约的作用。

七、按欺骗检测手段分类

根据实验手段，如量表、各种心理生理检测仪器、设备工具等，以是否直接作用于被检测人为标准，实验可分为直接实验、间接实验和模型实验等。直接实验就是实验手段直接作用于被检测人这一研究对象的实验，心理生理检测就是直接实验。模型实验就是根据相似原理，用模型来代替被研究对象，即代替原型，实验手段则直接作用于模型而不是原型的一种实验。欺骗检测复杂性用模型去实现目前还没有较好的方法。尤其是在现代自然测谎科学中，模型虽然已不限于与原型具有同样物理性质的物理模型，而是又发展出数学模型、控制论模型等，数学模型是建立在模型和原型的数学形式相似的基础上的，复杂的欺骗模型难以建立。但是人们可以在具有不同脑认知、心理生理反应形式的对象之间进行简单的模拟实验。

八、按欺骗检测的对象性质分类

根据实验对象性质的多样性，可以分为物理实验、化学实验、生命实验、人体实验等。测谎所涉及的人体是在复杂、抽象的认知语句下，检测人脑认知活动、情绪的生理反应的高级生命活动形式的人体心理生理试验。

第三节　欺骗检测试验设计

测谎作为科学试验，每次实施测谎前，需要根据检测的需求、目的和被检测人的状况，按照技术原理和性能要求，进行科学测谎的试验设计。针对性强、适应性良好的试验设计是成功完成检测的基础，包括实现的技术路线、设计的操作方法。

测谎试验设计是对试验的一种具体安排，需要主试考虑试验所要达到的目标、完成的任务和解决的问题类型，对由数据得来的结论赋予欺骗的何种程度的普遍性、希望以多大功效做检验、试验单元的整齐性、每次试验的问句具体形式和内容等方面，选取适当的因子和相应的水平，从而给出测谎试验实施的具体程序和数据分析的框架。这是由数理统计这一分支得出的测谎结论，是按照预定的检测目标，制订适当的有针对性和适应性的测谎试验方案，以利于对试验结果进行有效的统计分析的数学原理和实施方法。只有将脑认知原理与技术性能采集到的数据和一定统计结合，而且根据检测任务的要求，结合具体的研究对象，对其采取不同的研究方式，如认知分类、分组等，提出测谎科学试验详细具体的方法，才可能是完整的检测。对每一项的测谎试验进行的设计是必需的过程，只有精心设计、严密组织，才能使科学测谎符合基本的科学规范，数据可信，结论可靠且成功率更大。

一、根据测谎任务确定的技术方案

测谎试验技术方案就是主试对某项测谎工作，从测谎的目标要求、工作内容、方式方法及工作步骤等做出全面、具体而又明确安排的计划类材料，与测谎需求方讨论并可更改。之后主试制订测谎试验项目实施方案，即测谎试验执行方案，这是主试正式开始为完成某测谎任务而进行的活动或对努力工作过程的方案制订，是测谎主试顺利和成功实施的重要保障和依据。一项测谎任务是指一系列独特的、复杂的并相互关联的活动，这些活动有着一个明确的目标或目的——必须在特定的时间、预算、已有的涉案信息资源限定内，依据规范完成。测谎试验中产生的参数，包括测谎试验的范围、质量、成本、时间、资源。测谎任务实施方案则是将一次测谎任务所实现的目标效果，一次测谎任务的前、中、后期的流程，以及各项参数做成系统而具体的方案，以此来指导一次测谎任务的顺利进行。

表6-8　科学测谎试验专项技术提供方服务的关键过程

测谎技术供/需双方		需求方要求	技术供给方内容
试验设计	在需求方实验设计的基础上，进行实验之前的预先干预，保证数据可靠性	甲方即需求方提供具体实验设计	实验设计的优化指导，具体实验设计参数是否合理，以及实验安排的合理性
试验编程	根据需求方要求完成实验程序	提供实验素材，书面写明实验目的要求、实验设计框架、具体的实现想法	根据需求方提供的信息，遵循需求方想法，完成测谎实验的编程、检测问句编制
试验实施	根据需求方要求完成数据的采集	需求方提供实验设备（也提供设备租借服务），约好被试，安排实验数据采集时间，提供实验场地，安排实验助手	数据采集前期准备工作（设备检测、软件调试），数据采集过程数据观测，完成有效数据采集
试验处理	根据需求方的需求完成数据处理	需求方提供实验数据，书面提供需求方需要的最终数据形式（观测成分、体现方式）、最终数据结果体现方式	根据需求方要求完成数据的分析，含简易分析（只得到平均值函数）、复杂分析（潜伏期、峰值等）

二、根据测谎任务来确定设计思路

（一）了解当前测谎研究背景

研究背景即提出问题，阐述研究该课题（检测任务）的原因。研究背景包括理论背景和现实需要，还要综述国内外关于同类课题研究的现状：

1. 人家在研究测谎技术、方案是什么、研究到什么程度（如案发10年前或以上的案件）？

2. 找出你自己想研究而别人还没有做的问题。

3. 他人已做过，你认为做得不够（或有缺陷），提出完善的想法或措施。

4. 搜索别人已做过的，你重做实验来验证。

（二）科学测谎试验方案设计的思路

1. 对比实验设计：对比实验是实验设计的一种基本思路，有利于实验现象观察对比，有利于推理论证结论。如情绪生理测谎的准绳问句与相关问句、背景问句组与相关问句。

2. 控制变量实验设计：一个问题常常受多方面的因素制约，为了研究每一个因素对问题的影响程度，常常采取控制变量法逐个检验，每一个现象只说明一个问题，换一个条件再检验。综合各个因素对问题的影响做出综合性的判断。检测问句编制以主谓宾三个成分组成形式尾注，以每句 5 个信息点表述为上限。

3. 综合实验设计：设计一个实验探究多方面的问题，如设计一个组合实验探究某一嵌套认知串，指定决策/按键等方式下的认知脑电位特征，某一单频、非嵌套认知脑电位特征等。

4. 开放型实验设计：检测问句内容从提出问题、试验的方向、仪器的选择、装置的设计、现象的观察记录到结论的推理完全基于课题组或其他相对固定方案自主完成。修改、增删检测问句，过程既有规范又有原来试验的基础，并且合理完整，方法简便，现象叙述要准确，推理要符合逻辑。

三、成员分工、实施计划、可行性论证、预期成果等是设计思路需要考虑的内容

设计具体方案即测谎研究方法和检测方法具体用什么方法来实现测谎相关的目标，除了前面所叙述的主要内容外，还需要确定下面内容，保证检测实施。

（一）测谎试验组成员分工

测谎试验组成员在研究过程中所担负的具体职责，人人有明确清晰的事干、个个都承担逐个检测连续环节的责任，以及组长负责协调、组织。

（二）测谎试验组实施计划

这是作为课题方案的核心部分，它主要包括研究内容、研究方法和时间安排等。研究内容是指可操作的东西，一般包括几个层次：

1. 研究并确定检测方向，即点—线—面—体的检测规模，以及筛查、普查的方式。

2. 子课题（数目和标题），即分批次检测。

3. 制订好检测方案及有关的内容，即要通过什么、达到什么等。检测方法要写明是纵向文献资料所得的核实、核查研究还是实验、调查研究。若是调查研究是普调还是抽查？如果是实验研究，要注明有无对照实验和重复实验。检测实施计划要详细写出每个阶段的检测语句安排、地点、任务和目标、由哪一个问句负责。若外出调查，要列出调查者、调查对象、调查内容、交通工具、

调查工具等。如果是实验研究，要写出实验内容、实验地点、器材。实施计划越具体，则操作越容易。

（三）测谎试验的可行性论证

可行性论证是测谎试验组实施检测时所需的条件，即检测所需的信息资料、实验器材、研究经费、测谎试验组的知识水平和技能及测谎试验组负责人的指导能力。另外，应提出该课题（检测任务）目前已做了哪些工作，还存在哪些困难和问题，在哪些方面需要得到其他相关检测、相关的研究组或个人帮助等。

（四）预期成果及其表现形式

预期成果一般是论文或调查（实验）报告等形式。成果表达方式则通过文字、图片、实物和多媒体等形式来表现。

四、科学测谎研究技术路线

测谎研究技术路线要反映测谎研究思路、测谎案（事）件相关的研究内容、研究方法等，通常用框图将"内容+方法"的逻辑路线勾勒出来（表6-9）。

表6-9　完成科学测谎、心理生理检测的技术路线

	属性	内容	重点	避免
路线	战略	总的方针，主试可以依据所掌握的各种技术，考虑案（事）件的适应性，选择具体的技术	与被检测对象的适应	技术不适合案（事）件的性质
方案	战术	是具体计划类的，主试反复调整确定整体过程，人体生物学逻辑与检测试验假设的结合	被检测人具体的适应方式和问句内容	实施的针对性不足，问句内容不适
方法	战斗	是详细具体的操作办法，属具体行为，同时考虑取舍、增加、加强步骤	检测的次数、年龄、角色	每个人、每次、每句状态区分

测谎试验研究技术路线包括测谎研究路线流程图和实现研究任务的流程图两个部分。其中，测谎研究路线流程图主要包括：①做成树形图，按照测谎任务即测谎研究内容流程来写，一般包括测谎试验研究对象、方法、拟解决的问题、相互之间关系；②做成结构示意图，根据测谎研究项目的子内容、测谎研究任务顺序、相互关系、方法、解决问题做成结构示意图，见图6-1所示。

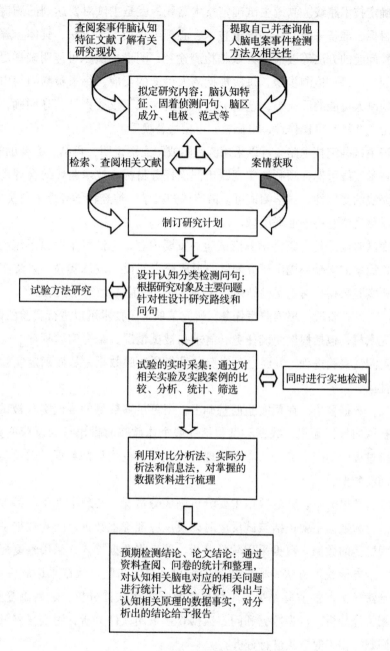

图6-1　主试完成科学测谎的基本步骤

五、反复验证后确定技术路线

借鉴认知科学、神经科学等理工科类方法，在准备、启动、进行、再重复、多次后确定技术路线。测谎主试确定技术路线，就是主试对要达到的测谎目的或研究目标，准备采取的认知脑电技术、心理生理技术等方法、具体步骤及解决关键性问题的方法等被检测人欺骗检测途径，测谎主试尽可能明确详尽，每条检测问句、每一检测步骤、每次被检测人可能的反应、每条检测问句内容不同时被检测人可能的反应等，这些关键点测谎主试不仅要设计清晰明确，还要阐述清楚，并具有可操作性、可调整、可模块替换等。

　　测谎主试确定技术路线可以采用流程图或示意图说明，再结合必要的解释。合理的技术路线可保证顺利地实现既定测谎任务目标。技术路线的合理性并不是技术路线的复杂性。科学测谎可多借鉴认知科学、神经科学等理工科类方案，提高科学测谎法庭科学证据质量。

　　测谎试验设计是完成科学测谎试验的重要内容，主试可采取以下流程：整理以往检测案例文献→提出研究问题→形成研究假设→设计实验→采集实验数据→分析实验数据→讨论实验结果。这样的科学测谎试验研究方法如下：

　　第一，准备阶段。根据测谎任务，研究某项检测技术可以进行实验的假设，准备研究素材，包括根据测谎任务、需求和被试情况，编写实验程序、检测问句，确定测谎实验进程。并经过预实验，采集预实验数据，从而确定实验研究的可行性。

　　第二，数据采集。在预实验的基础上，招募足够数量的测谎实验被试，完成相近被试的数据采集，数据类型包括一般个体欺骗时做出行为反应的数据，测谎实验过程中的脑电数据、心理生理反应数据及生物反馈数据，以及实验结束后的问卷数据。

　　第三，数据分析。脑电数据主要分析脑成分情况、心理生理反应参数的变化数据。行为数据主要包括被试反应时以及反应准确性数据，问卷数据主要是分析主观感受的数据。数据采用软件分析，然后将数据导入，采用重复测量方差分析、卡方检验等方法检验所得到的结果。对认知脑电数据采用软件分析，获得大脑激活情况的实验结果。生物反馈数据采用软件分析，之后重复测量、回归、相关等分析。行为数据和问卷数据直接采用软件分析，用重复测量方差分析、回归、相关等方法进行分析。

　　第四，讨论实验结果。不论是脑电、情绪的心理生理反应、生物反馈仪还是行为数据的结果，整合在一起，总结分析，检验假设，并提出理论。

第四节 "柔"性的主试与"刚"性检测仪器

科学测谎主试人基于脑认知原理、情绪生理原理、检测仪器技术性能等，用法庭科学证据标准的检测仪获取检测数据，得到对假设验证的数据结果，从而获得人体生物学相关原理逻辑推理被试与检测任务内容相关性的结论。

一、测谎主试人、检测仪、数据结果、被试结论关系

主试操作认知脑电采集仪、多道心理测试仪等得到相关测试数据，做出案（事）件相关判断。图6-2中，人是一个可以"圆滑"的人，因为可以通过学习掌握不同的人体生物类的相关科学知识，得到的数据和结论是可改变的，即所学到的知识是可以不断改变和变化的，而作为基础的认知脑电采集仪、多道心理测试仪和测试数据必须是科学严谨的、刚性的、有边有角的、基础稳固的才能使测试结果可信可靠。

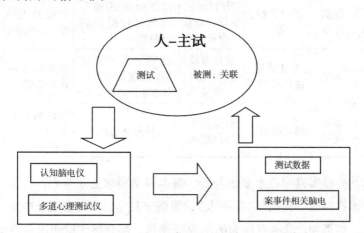

图6-2 测谎主试人、检测仪、数据结果、被试结论关系

测试者必须是"梯形"的人，有棱有角，棱是边，角是尖。有坚实宽泛人体科学测试基础的是"梯形"基底的基础；有具备人体心理生理等测试机理专业知识的是基底棱边；有不断探究人体测试科学原理，发现测试科学的原理、现象、规律，做出系统的相关成果，并为同行认可为科学的是"角"。

二、参与案（事）件检测人各自面对结论的态度

与案（事）件相关脑电、情绪生理的皮电/心类电的检测试验结论高度关联人员，即对检测结论使用付诸法律实践的人员基本有三类，即主试、被试、关系人（结论使用者）。其中，主试做出结论；被试接受或不接受结论；关系人，包括结论的使用者如裁判人员、辩护律师等。测谎结论放在犯罪嫌疑人身上时就至少会产生三种可能性：一是犯罪嫌疑人是真正的犯罪人；二是犯罪嫌疑人因其他原因了解案情但不是犯罪人；三是技术失误错认犯罪嫌疑人。在我国，由于测谎仪结论不准确而形成冤假错案的情况已经发生过。有研究说"心理测试是否符合测试条件值得商榷"（牛卫军，2017），试想如果在不符合测试条件下进行测试，那出错是有可能的。

表 6-10　参与案（事）件检测人各自面对结论的态度

测试相关人	目的	过程				结论
		1	2	3	4	
主试（检测人）	探测证实	受理评估、确定	测前询问、编题，告知责权利	操作脑电/多道心理测试仪得到测试数据	对被测人判断，再次询问	通过不通过不结论
被试被测人	被证	自主确定被检测与否	获得参检说明、被检预备	视/听语句懂后反应，回答提问时自体表生理值被采集	数据被分析评价认定	解释辨认
关联人	被证使用	确定参与否	补充说明等待检测	被检测协助	测试结果科学性、答疑解惑	解释说明

检测前要核实遵守技术要求与否，基本科学要求达到与否，以及避免、拒绝夸大技术性能的"神探""第一人"，要恪守科学、严谨客观、中立，清楚检测的不足，如果加之非故意所为的不规范操作，都会导致检测出错或偏离科学技术本质，其性能肯定会深受其扰而出错，进而出现这种"亡者归来""死而复生"的现象。

三、参与案（事）件检测人各自面对结论的处置

参与案（事）件检测的各类人员在整个检测任务实施中，就检测结论后的处置方式是不同的。

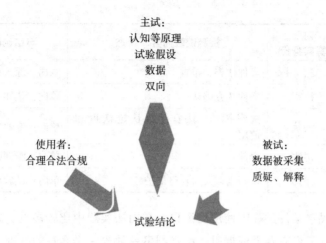

图6-3 与案（事）件检测结论相关人各自处置结论的方法

与检测结果的相关人对待检测结论的处置方法是完全不同的。主试从基于心理生理原理设计试验方案、编制检测问句，以及调整各项内容、各种比重、问句顺序/次数，到最后用人体认知科学原理逻辑推论，给检测下结论和数据解释，输入和输出是双向的。既要为保证所获数据的科学合理而进行试验设计、方案调整修改，又要对科学假设后试验数据做出原理解释，输入和输出是双向的。

被试中有涉案、知情、无辜三类，加之知情"捣乱"、无辜"捣乱"共五种数据，无辜只是单向获取自己的被检测数据以排除相关，其他既是数据由于检测问句内容诱发的解释者，又是数据结论被查出案（事）件相关即知情、涉案、涉事件者将担负责任，需要主试做出原理解释，输入和输出是双向的。

表6-11 案（事）件检测试验相关人

	内在真实身份	检测试验内容、状态	与结论的关系
主试	主检测	发问：试验整体设计、语句设置	双向：设计、查验
	副检测	记录操作：规范	双向：获高纯数据
被试	无辜	受检、排斥、抵触、配合检测	单向：排己
	无辜"捣乱"	非涉案的无辜、知情挑衅，制造状态	单向：故意寻理
	知情	决策/按键、回答问句，选择趋利避害	双向：选其轻
	知情"捣乱"	涉案知情"捣乱"、挑衅，制造状态	双向：故意寻理
	涉案	决策/按键、回答问句，欺骗	双向：原理度自辩

内在真实身份		检测试验内容、状态	与结论的关系
使用结果	公安、国安	案件侦查、排查	双向：深入、挖
	检察	案件调查确认	单向：认知与法关联
	法院	法庭科学、法官结果认定认可和使用	单向：专业内容理解
	司法	案件	单向：服刑改造路径
	律师	律师当事人为自己辩护	单向：试验原理理解

在受理民事案件过程中使用测谎仪，在司法实践中比较多见。办案法官在双方各执一词又没有有力证据时，法官判案就缺少一个客观的标准。虽然根据有关法律法规规定，不能把测谎结论作为证据使用，但测谎仪的测定结论，对于帮助审查、判断其他证据能起到很好的作用。测谎结论目前作为一个参考证据，而不是直接证据。欺骗行为没有独特的生理特征，而说谎与生理学之间联系确定的关系，当下科技能力和水平所能得到的结论很可能是不明确与易变的。宾夕法尼亚州立大学心理系教授凯文·墨菲（Kevin Murphy，美国科学院测谎仪问题委员会的成员）认为："测谎仪最大的问题在于，它已经被使用了将近百年，并且没有什么理论能解释为什么测谎仪可以工作，或者解释在什么环境下它会工作得更好或者更坏。它所依赖的生理信号与被测试者的心理状态只有很弱的联系。在某些情况下，它确实比随机猜测强，但是很难知道这是为什么。很明显，测谎仪恐吓一些人，这是它作为一种技术能够成功的因素之一，但是我们不清楚，当被测试者没有被恐吓的时候，它是否还有帮助。"如今多道心理测试仪技术发展在检测的精度和程序处理数据的能力等方面已经大有提高。情绪生理下多道心理测试仪是这样，但认知脑电等技术与情绪生理几乎无关，仅与脑认知相关，并有更大的优势。

四、案（事）件相关检测仪与被检测人的相关性

主试、被试、结论使用者对检测仪器的要求：仪器需与检测技术原理、仪器性能与人体心理生理反应相结合、相互对应，具有较高的法庭证据科学性（表6-12）。

表6-12 案（事）件相关检测仪与被检测人的相关性

分类	使用要求	性能状态	生理机能系统优劣
主试	灵敏	敏感	神经系统：认知分类脑电采集、分类对应 循环系统：非自主、防反测谎、对应弱 能量代谢：皮电响应非自主较好、多因多果、自变量设计与控制
	信号响应	特异	
	非自主性抗干扰	反测谎	
	体表被测量	易采集	
	客观	难伪装	
被试	无伤害	服从，行为状态不违抗	全部被试
	测不出/测错	顺从，屈服于别人的意志	涉案、知情
	真实可靠	接受与配合	无辜、知情
结论使用者	原理符合法庭科学	数据原理符合法庭证据科学性要求	案（事）件相关的科学关联性
	合原理、合证据要求	律师质疑	案（事）件与检测数据关联程度
	可重复验证	反测试	查验、复测数据

主试为获取案（事）件相关的数据和法庭科学证据关联，应该考虑的措施和对应的方法如下（表6-13）。

表6-13 数据来源和分析的关联因素

分类	相关	措施	方法
预设	数据原理	被测因变量	刺激反应的心理生理学
	问句设计	仪器自变量	电子元器件灵敏度
采集	获取	采集安全	统一、标准、规范
	删减干扰	符合法庭科学要求	软件设计
分析	敏感	问句内容认知分类	基于的机理
	特异	排他	类排，筛查
重复	验证	合理解释	个排，知情非案
结论	严谨	认可局限	不可以偏概全，检测局限和不合理的解释、说明

五、欺骗的案（事）件相关脑电/皮电检测数据纯度

采用认知脑电技术、情绪心理生理技术（多道心理测试仪、测谎仪）等获取案（事）件相关脑电/皮电检测数据，主试应该尽量避免影响数据纯度因素，并将其尽量降低。

表6-14 测试数据纯度影响因素

关联	实施对象	因素
人	主测	人体生物相关原理掌握、科学假设的建立、检测问句编制、资质
	被测	心理：未知的恐惧→紧张，假阳性 生活事件：离婚、亲人故去、解聘等 生理：被询问时间、疲劳、服药（感冒、哮喘等抑制性）
	非相关	非测试相关人员进入测谎场所（领导的指导与关心）
多道心理测试仪	生理信号采集盒	信号转换，信号衰减、失真、阻抗、放大，采集频率
	传感器数个	灵敏、同步、电极导联、各传感器导联关系
	测试软件	更新补丁、信号匹配
测试数据	唯一程度	用测试的数据解释被测人与被测案件的关系
	排他	类属关系差异，探查与标靶诱发刺激脑电成分差异
	同类	认知分类（type）区别的差异的trial次数（越少越好）
案（事）件条件	时间	记忆百分之百出错的情况下，供甄别记忆相关案（事）件内容的方法
	污染	案（事）件时间久远，干扰、"污染"严重，识别提取能力差

六、科学测谎技术非万能全效

心理生理检测者应充分利用试验方法来研究欺骗这一特定的条件下人体生理参数变化，但是必须懂得实验方法的局限性，如实验不能替代理论研究；实验总是特殊的，特殊的结果与普遍的理论之间总是有距离的；实验只能在有限的范围内进行，许多问题是无法通过实验进行研究的。

科学测谎技术非万能全效，检测具有局限性。作为对人体心理生理反应的直接检测的科学测谎，其方法具有局限性，研究者应充分利用试验方法来研究特定的事物。每一项技术都应该具有科学、严谨、中立、逼近真相的平静，并放下替代或统领其他方法的期待。

第七章

认知脑电检测欺骗的"刺激—反应"生理学原理

认知脑电检测是一项研究心理或行为如何与生理学的变化相互作用（心理生理学）的科学实验，其目的是探测被检测人与某案（事）件的关联程度或被检测人的涉案程度，而只有在正常视觉（看检测问句理解内容）、听觉（理解问话内容）基础上，才能实现检测的目标。

第一节 刺激反应理论

一、刺激反应理论是测谎科学原理中的根本性理论

每一次的心理生理检测是由案件侦查、脑认知检测等相关人员，根据人之行为与大脑之控制行为的生理机制，以及约翰·沃森（John Watson）建立的"刺激—反应"理论（S-R theory），即人类的复杂行为可以被分解为两个部分——刺激和反应，人的行为是受到刺激的反应。刺激来自两个方面——身体内部的刺激和体外环境的刺激，而反应总是随着刺激而呈现的。实施的心理生理检测，是被检测人在受到被检测问句这一"体外环境的刺激"下，尤其是检测问句作为认知刺激内容的作用下所诱发的认知脑电位变化。

刺激反应理论是测谎的认知反应、情绪的生理反应的生理机制基础，无论是基于情绪的生理反应的测谎，还是认知脑电的测谎，其反应都是由刺激而产生的。刺激反应理论是测谎科学原理中的根本性理论。心理生理学、认知科学、心理学观点在测谎领域的应用中，与测谎相关的解释如下：

1. 被试的一切行为包括欺骗，都是在刺激与反应之间形成的联结，心理生理学的任务就是在严密控制的情境下，如实验室、模拟案（事）件、实际案（事）件状态下，给予被检测人一定的刺激，并观察被试的反应，从而发现和预

测欺骗行为的变化，得出试验的结论。

2. 研究被试在被检测问句内容问及下诱发情绪的生理变化、认知脑电变化等，通过仪器所采集到的外部心理生理参数、行为数据，研究被试进行欺骗时的心理过程，用刺激—反应所涉及的生理机能变化来解释欺骗心理生理反应、行为。

3. 通过测谎所使用的检测问句内容所引起的被试内驱力、记忆线索、生理反应、认知记忆强化等概念来解释检测问句内容刺激—反应联结过程中脑认知、情绪生理变化的现象和规律。在以上理论体系下，对检测问句内容与刺激—反应之间形成联结的过程要进行深入的分析，提出并分析每一位被试实施欺骗的见解和陈述。埃德温·格斯里（Edwin Ray Guthrie）强调刺激（S）与反应（R）同时出现，形成接近性条件反射，以 S-R 公式表示；克拉克·赫尔（Clark Hull）重视有机体（O）在刺激和反应之间具有反应倾向，以 S-O-R 公式表示；伯尔赫斯·弗雷德里克·斯金纳（Burrlus Frederic Skinner）则认为，若一个反应发生以后，接着给予一个强化刺激，则可使反应发生的倾向增强，表示为 R-S 公式。刺激反应理论是建立在动物学习研究的基础上提出的一些概念和原理，对测谎科学原理中的心理生理学理解有重要的作用。

4. 检测问句内容刺激的次数，即呈现的次数，会影响测谎的生理反应强度和认知脑电反应的性质，即被试的"学习"效应，会导致被试进行试验时对检测问句刺激内容的持久变化或可能变化，使试验数据受影响，其实质与刺激和反应之间形成联结程度有关。这在检测方法设计上都有所考虑。

二、认知脑电检测欺骗的方式

现代心理生理学研究所采用的技术，很多可以用于欺骗检测，欺骗检测已经采用的大脑认知活动检测事件相关电位技术（ERPs）、脑波（脑波记录仪，即 EEG）、fMRI（功能磁共振成像）、皮肤电导率（皮肤电导率反应，SCR 措施；皮肤电反应，GSR）、心血管技术（每分钟的 BPM，心率变异性 HRV，血管舒缩的活动）、肌肉活动（肌动电流术在骨骼肌上的 EMG）、瞳孔测量法和眼动技术（通过记录眼睛角膜的发光和眼睛注视时间、方向、回返的方法）都可以用来进行心理生理的检测。而能够实现这一检测条件的，是人体对刺激能够产生反应，这是由于人体有可兴奋的细胞存在。

第二节　被检测人的生理基础

测谎科学原理中讨论的被检测人体，其体内都有可兴奋细胞（excitable cell），即受刺激后能产生动作电位的细胞，所以具有对刺激产生反应的能力。一般认为在被检测的人体中神经细胞、腺细胞、肌细胞都属于可兴奋细胞。

一、测谎科学原理机制体系中，人体内具有可兴奋细胞是刺激—反应—欺骗检测的基础

检测欺骗时的认知脑电变化参数离不开被检测人人体可兴奋细胞所具有的生理机能，如果被检测人体没有此生物性质，就不可能开展任何的科学测谎，也不可能有任何的测谎科学。

表7-1　生命基本特征基础上的测谎——刺激后反应出现欺骗检测的基础维度

生理机能变化		相关	
		情绪生理	认知脑电
兴奋性	刺激—兴奋—兴奋性—可兴奋组织 引起生物体出现反应的各种环境变化统称为刺激；受刺激后产生生物电反应的过程即表现为兴奋 产生兴奋的能力为兴奋性 能较迅速产生兴奋的组织为可兴奋组织（神经、肌肉、腺体）	低 （能正常反应即可）	低 （因为属器质性的神经核团、功能柱①的综合性神经动作电位）
适应性	被检测人以适当的反应克服反复出现的环境变化所造成的危害，以保持自身生存的能力或特性	中 （语音、语调、语速）	低

---

① 功能柱：生理功能相似的神经细胞集和群在大脑皮层形成的"柱"状排列结构。神经元跨越不同层级，以垂直分布的方式对同一个输入产生响应。20世纪50年代，V. B.芒卡斯发现大脑皮层功能的柱状结构。Hubel和Wiesel，1982年发现在大脑皮层中，具有相同图像特征选择性和相同感受域位置的众多神经细胞，以垂直于大脑表面的方式排列成柱状结构，即功能柱。功能柱垂直地贯穿大脑皮层的六个层次，同个功能柱内所有的神经细胞都编码相同的视觉信息。迄今为止，科学家在高等动物的大脑皮层上已经发现了多种与处理不同感觉信息相关的功能柱。因此，垂直的柱状结构已被看成大脑皮层组织的一个基本结构，这是近三十年中在脑研究领域所取得的最重要的进展之一。

续表

	生理机能变化	相关	
		情绪生理	认知脑电
新陈代谢	生活在适应环境的被检测人总是在不断地重新建造自身的特殊结构,同时在不断地破坏自己衰老的结构;物质与能量代谢是生物体最基本的生命活动过程,包括同化作用和异化作用	高(能量供给低下会影响体表生理参数)	低(神经系统消耗大,但供给稳定)

感受刺激的能力普遍存在于生物界,但只有随着动物的进化才能得到发展。在测谎的心理生理实验中多用视和听刺激,因它易于选择刺激强度、刺激持续时间等。在生理学和心理学上,是作用于有机体并引起其反应的任何因素。刺激是否引起反应,一是要看它的性质和强度,二是要看有机体本身的特性。

二、感觉器官完成的感觉是认知脑电检测欺骗的基础

感觉是人类关于世界的一切知识的源泉,也是人类心理过程产生的生理基础,更是科学测谎必不可少的根本。被检测人对刺激产生反应,首先刺激要作用到人体的感觉器官。感觉器官是人体与外界环境发生联系,感知周围事物的变化的一类器官。人体有多种感觉器官,主要感受外界事物刺激的器官是眼、耳、鼻、舌、皮肤等。感受器不仅种类繁多,而且形态功能各异。有接收物理刺激如光波、声波等的视觉、听觉感受器,由此才能理解检测问句内容、听懂问句意思;也有与情绪相关的接收化学刺激的嗅觉、味觉等感受器;有情绪的生理反应测谎相关的接触外界环境的皮肤内的触觉、痛觉、温度觉和压觉等感受器,以及位于身体内部的内脏和血管壁内的感受器。感受器的分类方法很多,在人体解剖学上,一般根据感受器所在部位和所接收刺激的来源把感受器分为三类,见表7-2。

表7-2 感受器的分布和测谎的相关性

分类	分布	作用	方式	测谎相关性
外感受器	视器、听器、皮肤及黏膜处	接收来自外界环境的刺激	触、压、切割、温度、光、声等物理刺激和化学刺激	视器、听器是认知、情绪基础
内感受器	在内脏和血管等处	接收加于这些器官的物理或化学刺激	压力、渗透压、温度、离子和化合物浓度等刺激	情绪测谎生理影响

续表

分类	分布	作用	方式	测谎相关性
本体感受器	在骨骼肌、肌腱、关节和内耳位感觉器等处	接收加于这些器官的物理刺激	接收机体运动和平衡时产生的刺激等	骨骼肌、随意肌，测谎参数，科学"性价比"低，表情易伪装、动作易夸张、效果易虚张、科学原理缺乏、容易发生改变。（科学原理缺乏，经不起科学验证。）位移传感器接收信号

被检测人体具有对刺激进行反应的生理机能表现。刺激、产生感知觉即关系到兴奋→细胞具有兴奋性→可兴奋组织，这些是实现认知脑电检测的生物学基础。正常人体对生理阈值范围内的外界刺激都会有反应，虽然有些可以通过主动调适，增加或减小反应的生理机能值，但也都是在被检测人的生理机能调节的作用下得以实现的。有刺激—感知觉—反应作为人体生理机能的调节方式（表7-3）基础，可以分析脑认知这一复杂活动前期，让刺激维度的内容所产生的感知觉更加准确地反应大脑加工状态。

表7-3　人体生理机能调节方式与刺激—反应—感知觉

方式	执行	生理机能特点	刺激	反应—感知觉认知关联
神经	神经细胞膜电位	迅速、局限、短暂（最重要）	视、听、触觉	直接
体液	激素	缓慢、广泛、持久	转换	间接
自身	细胞液	幅度小，不十分灵敏	转换	关联弱

三、接收刺激的生物学基础

刺激是以被检测人能够产生感觉且具有感受性为基础的。感觉是被检测人的大脑，对直接作用于感觉器官的事物的个别属性的反映。也就是客观事物直接刺激被试的感受器引起神经冲动，沿着一定的感觉传导通路传递到脑的相应部位而产生的，这是心理活动开始的源头，是一种最简单、最基本的心理过程，是包括欺骗在内的一切心理现象产生的基础。每个人对客观世界的认识是从感觉开始的。

从简单的反应时的生理机能检测，到复杂的测谎、言辞可信程度评估、人格测评、健全人格或心理健康测评，都是以刺激—能感觉—产生心理等复杂的活动为关系，先让刺激产生感觉，进而产生心理活动。刺激产生感觉的生理过程是被试心理活动生物层面的物质基础，心理活动有赖于被试具有产生感觉的能力，这种能力受年龄、性别、生理状态等因素的影响。每一位被试其感觉主要分为 3 个部分，详见表 7-4 所示。

表 7-4　与测谎相关的感觉的分析器

解剖	生理机能	欺骗检测要求	作用	认知相关
感觉器官	直接接收体内、体外的刺激（信息）	能看清楚、能听见	接受、前提	低
传入神经	将能量（信息）传向高级神经中枢（大脑）	传入顺达、无神经障碍	连接	低
大脑皮质和皮层中枢	接收信息并负责解释，产生相应的感觉	能理解看懂、能听明白意思	复杂的心理活动基础	高

被检测人体感觉的分析器包括：

（1）感觉器官。直接接收体内、体外刺激（信息）的作用。与测谎相关联的感觉器官中的感受器（receptor），如眼睛中的视锥细胞、螺旋器内的听觉细胞受到刺激后产生神经冲动，经蜗神经和脑内的听觉传导路传到听觉中枢，产生听觉，这些是负责接收并转换能量的核心装置。

（2）传入神经。负责将能量（信息）传向高级神经中枢（主要是大脑）。

（3）大脑皮质和皮层中枢。接受信息并负责解释，进而产生相应的感觉，以及在此基础上做出决策。

（1）和（2）在脑认知方面关系并不密切，而（3）是认知加工直接发生的被检测人体的器官。

以上这三个部分统称为感觉的分析器。在测谎所需要的所有感觉过程中，这些分析器都遵从着同样的工作模式：感受器接收信息，转换能量；传入神经传递信息；高级神经中枢接收信息并分析、加工，进而产生感知觉。

作为脑认知电位测谎相关名词的感知觉，是其他一切认知心理现象的基础，没有感知觉就没有其他一切认知心理现象，如果被试没有感知觉，如被试因近视看不清楚语句的文字，就无法理解语句，更无法理解认知分类的不同检测问句内容，所诱发的无认知类属差分认知脑电，就无太大的科学分析价值；如果被试听不清楚或者听清楚了发音，但听不懂，如方言或非母语之间的主试和被试之间的测谎等，都无法实现情绪的生理反应或脑认知的反应，测谎效果是没有的。只有让被试的感知觉诞生，其他认知过程如注意、记忆等才可能使被试的心理活动在感知觉的基础上发展起来。感知觉是测谎等其他一切心理现象的源头和基础，其他认知心理现象是建立在感知觉的基础上，并在感知觉的基础上发展、壮大和成熟起来的。作为大脑对检测问句的认知过程，也是从感知觉开始的，刺激维度的内容必须让被检测人有"感知觉"，只有在此基础上，大脑复杂的思维活动才能被认识和了解。

四、感觉的生理特性

诱发被检测人认知脑电需要以感觉作为基础，在产生感觉时，感觉因其生理特性需要在实施试验设计时能够有针对性。

感觉后像。当刺激对感官的作用停止以后，被检测人对刺激的感觉并没有立即停止，而是继续维持一段很短的时间，这种现象叫感觉后像。认知脑电诱发的刺激撤出屏幕时会对脑认知的电位成分有影响，需要考虑避免，以"注视点"、保证足够的反应时间或刺激出现前 200 毫秒脑电回落基线等方式检测或删除。

感觉适应。当刺激持续地作用于人的感官时，人对刺激的感觉能力会发生变化，这种现象叫感觉适应。感觉适应在视觉和嗅觉中最为明显。无论是听觉刺激，还是视觉刺激，都得有刺激的变化。

感觉对比。被检测人体当同一感官受到不同刺激的作用时，其感觉会发生变化，这种现象叫感觉对比。

脑认知的刺激是抽象的、复杂的，是对信号产生的信号刺激，比电作为刺激要复杂许多。

五、感知觉的分类与大脑认知、情绪生理反应的直接相关

根据刺激来源感知觉分成外部感知觉和内部感知觉两大类。①外部感知觉有视觉、听觉、嗅觉、味觉和肤觉（触觉）五种。这类感知觉的感受器位于身体表面，或接近身体表面的地方。②内部感知觉反映机体本身各部分运动或内部器官发生的变化，这类感知觉的感受器位于各有关组织的深处（如肌肉）或内部器官的表面（如胃壁、呼吸道）。这类感知觉有运动觉、平衡觉和机体觉。它们受刺激后首先发生的共同反应就是基于电压门控钠通道或电压门控钙通道激活而产生的动作电位。刺激—反应下的感知觉是由人体产生的，而不是自然界的。

表7-5 根据刺激来源的感知觉分类及其与认知的相关性

		人类生理阈值范围	实现	情绪生理	认知脑电
外部感知觉	视觉	看得到0.77~0.39微米的波长之间的电磁波	看清且看懂	低相关	直接相关
	听觉	听到物体振动所发出的20~20000赫兹的声波。可以分辨出声音的音调（高低）、音强（大小）和音色（波形的特点），通过音色我们可以分辨出火车、汽车的声音，可确定声源的位置、距离和移动	能够分辨出熟人的说话声，甚至走路声	直接相关影响情绪	低
	嗅觉	是挥发性物质的分子作用于嗅觉器官的结果，可分辨物体	可影响情绪状态	中	低
	触觉	也称肤觉，是具有机械的和温度的特性物体作用于肤觉器官所引起的感知觉。分为痛、温、冷、触（压）四种基本感知觉	环境温度、湿度、空气流动速度	部分反测谎	低
	味觉	是溶于水的物质作用于味觉器官（舌）产生的，有甜、酸、咸、苦四种不同的性质	口嚼	低	低
内部感知觉	运动觉	感受器在肌肉、筋腱和关节表面上的感觉神经末梢，感觉四肢的位置、运动以及肌肉收缩的程度	无	无	无
	平衡觉	感受器在内耳的半规管和前庭，反映头部的位置和身体平衡状态	无	无	无
	机体觉	感受器多半位于内部器官，分布在食道、胃肠、肺、血管以及其他器官，反映机体内部状态和各种器官的状态	原有会对后面有影响	无	无

　　测谎时所有感觉都是由感觉编码完成的，感觉编码是外界输入的物理能量和化学能量转换为神经系统后可以接受与传导的神经冲动的过程。

　　特异化理论：不同性质的感知觉是由不同的神经元来传递信息的。

　　模式理论：编码是由整组神经元的激活模式引起的，只不过某种神经元的激活程度较大，而其他神经元的激活程度较小。感知觉是大脑认知过程的必要经历阶段。

感觉编码的不同分类方式与测谎的相关性（表7-6）。

表7-6 感觉编码的不同分类方式与测谎的相关性

依据	种类	情绪生理测谎相关	认知脑电测谎相关
感受器位置	视觉、听觉、嗅觉、味觉、皮肤觉（触觉、温觉、冷觉、痛觉）	视觉、听觉、皮肤觉（触觉、温觉、冷觉、痛觉）	视觉、听觉
刺激能量性质	电磁能的、机械能的、化学能的、热能的	热能	机械能
身体构造	特殊感觉、体表感觉、深部感觉、内脏感觉	体表感觉、内脏感觉	特殊感觉

就生理机制而言，是由刺激→感受器→传入神经→神经中枢，近刺激、远刺激、内部刺激、外部刺激等感知觉分析器活动的结果，主要的三个环节包括对感受器的刺激、传入神经的活动、神经中枢的活动。

第三节 引起反应的刺激条件

认知刺激要诱发脑电变化，须以反射这一心理活动的基础作为前提，即先有反射作为前提，之后才有复杂的认知。反射一般是对固定条件的固定反应模式，而反应则不局限这个限制，只要是对一定原因而诱发的结果都是反应，包括没有反应也是一种状态。有兴奋性的组织一般需要神经细胞的参与，也就是有可以传递兴奋性电信号的组织，而其他的组织器官依赖激素或者其他信息调节，虽然具备类似兴奋的状态，但应该区分开来，如血液组织。

一、刺激引起反应的条件和阈刺激

诱发脑认知的反应，是以被检测人体具有兴奋性的组织和细胞作为基础的，而兴奋性的组织和细胞并不对任何程度的刺激都能表现兴奋或出现动作电位。作为欺骗检测的听和阅读检测问句内容，这一抽象的刺激不仅仅泛指细胞所处环境因素的任何改变，也就是说各种能量形式的理化因素的改变都可能对细胞构成刺激，更重要的是要有"认知"的刺激。但实验表明，即使是抽象复杂的刺激要引起组织细胞发生兴奋，也必须以刺激的强度、持续时间以及变化率（强度对时间的微分）作为先决条件，而且三个参数要达到某一临界值。

刺激的强度、持续时间以及变化率，这三个参数对于引起某一组织和细胞的兴奋并不是一个固定值，它们存在着相互影响的关系。在一般性的心理生理试验中，以电刺激作为人工刺激，用来观察和分析神经或各种肌肉组织的兴奋性，度量神经元兴奋性在不同情况下的改变。这是因为电形式的刺激可以方便地由各种电仪器（如电脉冲和方波发生器等）获得，它们的强度、作用时间和强度、时间变化率可以容易地被控制和改变，并且在一般情况下，能够引起组织兴奋的电刺激并且不会造成组织损伤，因而可以被重复使用。为了说明刺激的各参数之间的相互关系，可以先将其中一个参数固定于某一数值，然后观察其余两个的相互影响。例如，当使用方波刺激时，由于不同大小和持续时间的方波上升支都以同样极快的增加速率达到某一预定的强度值，因而可以认为上述第三个参数是固定不变的，而每一方波电刺激若能引起兴奋，就只取决于它所达到的强度和持续的时间了。

在神经组织和肌组织中进行的实验表明，在强度和时间变化率保持不变的情况下，在一定的范围内，引起组织兴奋所需的最小刺激强度与这一刺激所持续的时间呈反变的关系；也就是说，当刺激的强度较大时，它只需持续较短的时间就足以引起组织的兴奋，而当刺激的强度较弱时，这个刺激就必须持续较长的时间才能引起组织的兴奋。但这个关系只是当所用强度或时间在一定限度内改变时是如此的。如果将所用的刺激强度减小到某一数值时，则这个刺激不论持续时间多么长也不会引起组织兴奋；与此相对应，如果刺激持续时间逐步缩短时，最后也会达到一个临界值，即在刺激持续时间小于这个值的情况下，无论使用多么大的强度，也不能引起组织的兴奋。

上述情况给比较不同组织的兴奋性高低或测量同一组织在不同生理或非正常生理情况下的兴奋性改变时造成了许多困难。如果不仔细思考，可以认为那些用较小的刺激强度就能兴奋的组织具有较高的兴奋性；据上述，这个强度小的程度，还要决定这个刺激的持续时间和它的强度以及时间变化率。因此，简单地用刺激强度这一个参数表示不同组织兴奋性的高低或同一组织兴奋性的波动，就必须使所用刺激的持续时间和强度以及时间变化率固定在某一（应是中等程度的）数值；只有这样才能把引起组织兴奋，即产生动作电位所需的最小刺激强度，作为衡量组织兴奋性高低的指标。这个刺激强度被称为阈强度或阈刺激，简称阈值（threshold）。强度小于阈值的刺激，称为阈下刺激。阈下刺激不能引起兴奋或动作电位，但并非对组织细胞不产生任何影响。

检测问句刺激下的兴奋是复杂的"巨"兴奋。兴奋的产生需要一定的刺激量作用于可兴奋细胞。刺激量有三个参数：刺激强度、持续时间和变化率。同样强度的刺激，如果其强度是急剧上升的，就容易引起组织兴奋；如果强度是缓慢上升的，则可能不引起组织兴奋。

如果仅仅考虑影响反应时间的两个最基本因素，即简单/复杂反应时任务的区别，以及速度与准确性权衡即速度优先还是正确率优先的问题，不同的试验有不同的要求，在案（事）件相关脑电的欺骗检测试验中，以速度优先为反应的采用方式。此外，它还受到刺激变量和机体变量两类因素的影响。

第一，刺激变量。（1）刺激强度：反应时随刺激强度的增大而缩短，但其缩短受到有机体结构的限制，无法突破某一极限。（2）刺激复杂程度：反应时随刺激复杂程度的增大而延长。

第二，机体变量。（1）适应水平：反应时随被试对刺激的适应水平不同而不同。（2）动机：反应时随被试反应的动机水平不同而不同。（3）个体差异：反应时随被试个体之间在品质和属性上存在的差别而不同。

通常使用实验设计来平衡由被试差异所带来的实验效应，比如被试内或被试间设计，此外还可以使用方差分析计算被试误差项。

要得到大脑认知不同内容时的脑电参数的变化值，不仅需要达到实现形成刺激的要素（表7-7），包括刺激强度、持续时间、变化率，而且刺激的完成通常有赖于刺激物与感受器双方的作用。

表 7-7　刺激引起反应的要素

	内容	刺激呈现	实现要求
刺激强度	引起兴奋的最小刺激强度——阈上刺激	字体大小、颜色与背景反差	阈刺激值之上、试验中不变化、一致和稳定
刺激持续时间	最大刺激强度，最短刺激作用时间	时长要满足字—词—句的长短、词频、内容、反应不同要求	大脑对语句的认知所诱发的脑电以"看懂"为重要
强度对时间的变化率	避免适应，而不反应	出反应、撤反应	刺激呈现概率、刺激间隔（SOA、ISI）

二、刺激的阈强度和绝对不应期

被检测人体内不同组织具有不同的兴奋性，而同一组织在不同生理和病理情况下，强环境中离子成分特别是钙离子、酸碱度、温度的改变，以及存在着特殊毒物或药物等情况，都可以引起兴奋性的改变。但一个普遍存在于各种可兴奋细胞中的现象是，在细胞接受一次刺激而出现兴奋的当时和以后的一个短时间内，它们的兴奋性将经历一系列有次序的变化，然后才恢复正常。这一特性说明，在细胞或组织接受连续刺激时，有可能由于它们接受前一刺激而改变了对后来刺激的反应能力，因而是一个有重要功能意义的生理现象。

为了论证这一特性，可以让两个刺激连续作用于组织，这时第一个刺激的强度相当于阈强度，以便使它能引起组织兴奋，并以此阈强度的值作为该组织兴奋性的"正常"对照值；对于第二个刺激，在实验中要能任意地选定它们和第一刺激的间隔，并且可以按需改变它们的强度。这样，可以检查组织在受到第一个刺激后的不同时间内，接收新刺激的能力是否发生了改变。实验证明，在组织接收前面一个刺激而兴奋后的一个较短的时间内，无论再受到多么强大的刺激，都不能再产生兴奋，即在这一时期内出现的任何刺激均"无效"，这一段时期被称为绝对不应期。在绝对不应期之后，第二个刺激有可能引起新的兴奋，但使用的刺激强度必须大于该组织正常的阈强度，这个时期被称为相对不应期。上述绝对和相对不应期的存在，反映了组织在一次兴奋后所经历的兴奋性改变的主要过程，即在绝对不应期内，由于阈强度成为无限大，故此时的兴奋性可认为下降到零；在相对不应期内，兴奋性逐渐恢复，但仍低于正常值，此时需使用超过对照阈强度的刺激强度，才能引起组织的兴奋，并且到相对不应期结束时，兴奋性才逐渐恢复到正常。完成更精密的实验发现，在相对不应期之后，组织还经历了一段兴奋性先是轻度增高继而又低于正常的时期，分别被称为超常期和低常期。以上各期的长短，于不同细胞可以有很大差异；一般绝对不应期较短，相当于或略短于前一刺激在该细胞引起的动作电位中主要部分的持续时间，如它在神经纤维或骨骼肌只有 0.5~2.0 毫秒，在心肌细胞可达200~400 毫秒；其他各期的长短变化较大，易受代谢和温度等因素的影响。在神经纤维中，相对不应期约持续数毫秒，超常期和低常期可达 30~50 毫秒。

组织在每次兴奋后都要发生一系列兴奋性的改变，如果在这期间组织受到新的刺激，它的反应能力将异于"正常"。既然绝对不应期的持续时间相当于前次刺激所引起的动作电位主要部分的持续时间，在已有动作电位存在的时期内就不可能产生新的兴奋或动作电位，也就是说细胞即便受到连续的快速刺激，也不会出现两次动作电位在同一部位重合的现象。由于同样的理由，不论细胞受到频率多么高的连续刺激，它所能引起的兴奋或动作电位的次数，总不会超过某一个最大值；因为落于前一刺激所产生的绝对不应期内的后续刺激将"无效"，因此这个最大值理论上不可能超过该细胞和组织的绝对不应期的倒数。例如，蛙的有髓神经纤维的绝对不应期或动作电位的持续时间约为 2 毫秒，那么此纤维每秒钟内所能产生的动作电位的次数不可能超过 500 次；实际上神经纤维在体内自然情况下所能产生和传导的神经冲动的频率，远远低于它们理论上可能达到的最大值。

三、实行欺骗检测时需要达到的标准

那种刚刚引起感受的最小刺激量，被称为绝对感觉阈限。低于绝对阈限的刺激，虽然我们感觉不到，但能引起一定的生理效应。例如，低于听觉阈限的声音刺激能引起脑电波的变化和瞳孔的扩大。刚刚能引起生理效应的最小刺激量，被称为生理的刺激阈限。有意识的感觉阈限和生理的刺激阈限并不是完全同等的。一般说来，生理的刺激阈限要低于意识到的感觉阈限。用条件反射方法确定的阈限值一般低于用口头报告法获得的阈限值，它可能是生理的刺激阈限，而不是意识到的感觉阈限；事实上，形成暂时神经联系也不一定引起感觉。阈下知觉（subliminal perception）是指低于阈限的刺激所引起的行为反应。阈下知觉作用于各种感受器的适宜刺激，必须达到一定的强度才能引起感受。

获取认知脑电参数，脑组织的兴奋性和阈刺激是基本条件。这取决于神经这一可兴奋细胞接收刺激后能够发生兴奋的刺激量的大小（表 7-7 中三个要素）、神经细胞的反应能力（功能状态），以及保持最佳刺激水平，即适合于有机体的最佳刺激量，能与个体感知觉水平达到平衡状态，能对人的情绪、健康和工作产生有利影响。

无论是刺激的材料，还是刺激的强度、持续的时间，都必须与感觉生理相适应。达到或不符合感觉生理适应性的，要不产生正常的生理反应，要不所产生的生理反应将带有心理作用下的生理反应。字体过小、光线过暗等导致看不清楚会引起被试焦虑，若与评价相关还会引起被试紧张甚至恐慌——怕因此而被检测出错等。

被检测人神经组织的细胞所处环境因素的变化即刺激，有效地让"变化"即刺激出现，是认知脑电数据获取成功的关键。在生理学和心理学上，刺激是作用于有机体并引起其反应的任何因素。刺激是否引起反应，一是要看它的性质和强度，二是要看有机体本身的特性。因为刺激是一切反射活动产生的基础，反射又是高级神经活动，如大脑的认知活动基础，如果没有刺激也就没有诸如不同类的认知任务刺激诱发不同认知脑电心理现象，更不可能有对大脑认知过

程的分析。刺激的完成通常有赖于刺激物与感受器双方的作用。上述刺激引起反应的条件和阈刺激可以作为被检测人生理机能状态，即非认知、器质性检测的内容。

第四节   刺激维度

刺激维度是反应序列有效诱发涉案事者心理认知成分的关键，测谎的完成需要对主试设计的认知语句的显示做回答或回答主试的提问来完成，无论是视觉刺激还是听觉刺激，这些视、听刺激材料的完成，通常有赖于刺激物与感受器双方的作用。刺激物是可被感觉的特性，一种特性为一个维度。刺激维度（stimulus dimension）属于一种刺激物具有的、可引起心理反应的特性或属性，可用作信息编码。一个视觉刺激物可包含颜色、亮度、形状、大小等维度；一个声音刺激物可包含响度、音高和音色等维度。这些直接关系到测谎心理生理的信号是否检测得到，是否可以进行科学分析等。

一、反应序列中的刺激维度

根据刺激物特性的数量可分为单维刺激和多维刺激。一种特性就是一个维度。单维刺激只在单一特性上发生变化，如只在色调上发生变化的颜色。多维刺激具有两种及以上的特性，如具有响度、音高、音色等特性的声音。多维刺激比单维刺激包含更多的信息量，具有更高的信息传递效率。认知的、心理的社会刺激物一般具有多维特性，在具体研究中有严格的区分。实验表明，视、听等作为测谎的刺激物，字体的颜色大小、显示的对比会影响认知脑电的测谎，音调、响度、音色会影响情绪的测谎。

环境中的刺激太多（超载）或太少（感觉剥夺），都会使人紧张和心理失衡，使人处于应激状态。其与刺激的复杂性或多样性、新颖性、模糊性，以及信息源的冲突或不一致性、不稳定性有关，也受环境刺激模式的影响。

二、听觉刺激中的分类和物理性的刺激参数

听的是主试的声音，与认知脑电的测谎关系不大，但是与多道心理测试仪测谎是直接相关的，主试的检测问句就是用声音让被检测人识别、听懂、产生

情绪的生理反应。声音（sound）是由物体振动产生的声波，是通过介质（空气或固体、液体）传播并能被人或动物听觉器官所感知的波动现象。最初发出振动的物体叫声源。声音以波的形式振动传播。声音是声波通过任何物质传播形成的运动。作为一种波，频率在 20 ~ 20000 赫兹之间的声音是可以被人耳识别的。

（一）听觉刺激中的分类

纯音（pure tone）：波形呈正弦曲线的声音，听起来是单音调的"嘟"声。较短的纯音被称为短纯音（tone pip）。纯音曲线平滑，不易引起撤反应，在听觉实验中较常使用。

短声（click）：主观感觉为"咔"声，故也称"咔声"，犹如弹指甲时发出的声音，波形为方波。

白噪声（broadband noise/white noise）：在较宽频带范围内，含有各种频率的噪声，各频率的能量分布均匀，类似于光学中的白光形成原理，因此被叫作"白"噪声。

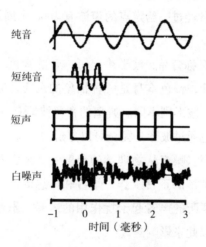

图 7-1　常用听觉刺激的波形

语音（phonetic）：人类所特有的带有明确含义的声音。

上述纯音、短声、白噪声与简单认知识别相关，与认知脑电欺骗检测关联不大，更多反映的是器质性状态，但是检测被检测人大脑能否正常认知反应的生理能力，一般是被认为默认具有此能力和达到被检测的水平。

(二) 物理性的刺激参数

频率：声音音调的高低（音高）用物体振动的频率大小表示，音调随频率增高而增高，频率单位为 Hz（赫兹）。

声压级：声音的强度可用声压级表示，其符号为 SPL，单位用分贝（dB），因此常用分贝·声压级（dB·SPL）表示。声强还可用其他单位表达，如感觉级等。

响度（loudness）：与测谎关系不大，被试主观上感觉声音的大小（俗称音量），由"振幅"（amplitude）和人离声源的距离决定，振幅越大响度越大，人和声源的距离越小，响度越大。

音调（pitch）：同样是与测谎关系不大的声音的高低（高音、低音），由"频率"（frequency）决定，频率越高音调越高［频率单位为 Hz（Hertz，赫兹），人耳听觉范围在 20~20000 赫兹。20 赫兹以下被称为次声波，20000 赫兹以上被称为超声波］，如低音端的声音或更高的声音（细弦声）。频率是每秒经过一给定点的声波数量，它的测量单位为赫兹，频率如何是与每秒的周期相关的。1000 赫兹表示每秒经过一给定点的声波有 1000 个周期，1 兆赫就是每秒钟有 100 万个周期，等等。

音色（timbre）：又称音品，波形决定了声音的音色。声音因不同物体材料的特性而具有不同特性，音色本身是一种抽象的东西，但波形是对这个抽象直观的表现。音色不同，波形则不同。典型的音色波形有方波、锯齿波、正弦波、脉冲波等，不同的音色通过波形是完全可以分辨的。

可影响测谎的噪声。噪声从物理学的角度看，是由发声体做无规则振动时发出的声音，能干扰被试的正常工作、学习和休息的声音，实施测谎时同样受到影响，以及对人们要听的声音起干扰作用的声音。乐音是有规则的让人愉悦的声音，反测谎可能以此来影响测谎。

音调、响度、音色是乐音的三个主要特征，被试就是根据它们来区分声音的，这些直接影响情绪的生理值的变化。

三、视觉刺激中的分类和物理性的刺激参数

被视物体的形状大小与被视物体的距离、被视物体与周围亮度的对比、被视物体的照度、观看被视物体的时间等相关。自然界存在的物体都可能成为视觉刺激，它们可以分为非图形刺激和图形刺激。非图形刺激如闪光等，图形刺

激如简单的二维或三维几何图形、文字及复杂的自然景观或面孔等，它们无论是静止状态还是运动状态均可作为视觉刺激物。在理论上，ERP（event-related potential，事件相关电位）研究已经突破了"可视"的概念，如呈现时程极短（<40毫秒）、人眼"视而不见"的图像也能导致 ERP 的变化。

（一）视觉刺激中的分类

视重即一种物体，即便是在一个二维平面也能看起来比其他的要重，能营造出视觉层级，往往与对称、平衡以及和谐的显示屏在关键位置使用，还能够帮助引导被试的注意力到希望的地方。

视重与对称性密切相关：为了在显示中达到对称和平衡，主试制造出物体在视重上相等的感觉。为了把注意力吸引到某个物体上（或者置于次要位置），我们会有目的地打破平衡，重新创造一个视觉层次，从而将目光吸引到主试希望的地方。

颜色（color）：饱和度高的颜色更容易受到关注。浅色背景上深色也比浅色来得更具说服力。色调是颜色的一种属性，即使是饱和度和明度相等的两种颜色。颜色还有一些能够明显影响视重的属性。白底黑字显示检测问句是合适的。

对比（contrast）：对比度高的比对比度低的元素看起来更加明显。适当使用对比可以维持视觉层次结构，增强可视性。若要使两者在重量上达到相等，我们可以通过引入其他因素，如颜色、大小、复杂性等。

明暗度（lightness/darkness）：深色比浅色重。明暗度是调节显示屏整体平衡有力的工具，底部有深色阴影的图片看起来更自然。重物在下轻者在上的放置方式是一种本能，这是模仿物理界中重力将重物拖至底部的原理。

大小（size）：两个物体形状相同，体积较大的物体会自然而然地让人感觉更重，占用的空间更大。应用大小均衡的字体显示检测问句。

比例和密度（density）：密度高的物体比密度低、分散度高的更重。这个很容易做到，只要我们减少一堆物品间的空白间隙即可。检测问句应用高频汉字。

复杂程度（complexity）：越复杂的形状或图案视重更重。一个简单的物品相当容易也能够更快地被理解，而相对复杂的图片要耗费更多时间去琢磨它到底想要表达什么。基于这个原理，可以适当地多使用复杂的图形和图案，因为它们能更吸引观众长时间地驻足观赏。应用复杂程度相近的图像作为诱发的刺激。

大小和密度构成、颜色也能唤起人们内心的某些情感（通常由于文化因素）。要做到视觉结构丰富和对称和谐的设计取决于我们利用好视重并平衡好各元素之间的关系，使之整体、协调。

（二）刺激参数

照度（illumination）：均匀投射到物体平面单位面积上的光通量被称为照度。照度用 E 或 Ev 表示。法定单位为勒克斯（lx），即流明/平方米或烛光/平方米（lm/m²）；厘米克秒制单位为辐透（ph 或 phot），以烛光/平方厘米（lm/cm²）表示。照度的计算公式：

$$E = \frac{\varphi}{A} \qquad (公式1)$$

E 为照度，单位如上述；φ 为均匀投射到某一物体平面上的光通量，单位为 lx 或 ph；A 为受照物体的平面面积。

对比度的计算公式：

$$对比度 = \frac{最大照度 - 最小照度}{最大照度 + 最小照度} \times 100\% \qquad (公式2)$$

亮度（luminance）：给定方向是离开、到达或穿过某一物体表面、单位立体角、单位投影面积上的光通量，符号为 L 或 Lv；法定单位为坎德拉/平方米（cd/m²）；米千克秒制单位为尼特（nt）；厘米克秒制单位为熙提（sb）［坎德拉/平方厘米（cd/cm²）］。亮度的计算公式：

$$L = \frac{\varphi}{A\cos\theta\Omega} \qquad (公式3)$$

式中，$A\cos\theta$ 为立体角内投影面积，单位为 m²；Ω 为立体角，单位为球面角；φ 为给定方向上立体角内投影面积上的光通量。

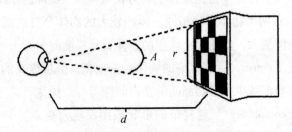

图 7-2 视角的计算（STIM 2.0 使用手册）

视角的计算公式：

$$视角 = \frac{360}{2\pi} \times \frac{r}{d} \approx 57.3 \frac{r}{d}$$

式中，r 为刺激物的宽度，d 为眼睛到屏幕的距离（图 7-2），二者单位应一致（*m* 或 *cm*）。

认知脑电测谎中的视觉，不仅要看清楚，而且要看懂，前者生理能力的需要是后者心理过程——测谎的基础。视觉刺激维度参数，属于生理意义，包括视角、颜色、对比度、亮度、时间频率和空间频率等，会对视力结果的测定有一定影响。在测谎实验开始之前，主试要对屏幕亮度、对比度、视距等参数进行调试，或参照同行标准、范式等来保证对全部被试对象采取同样的实验条件。检测问句中字—字组成词—词组成句子的文字亮度、字体大小、数量、占屏的位置、面积（避免肌肉收缩的眼动引起的肌电，眼睛视角水平方向<5 度，垂直方向<3 度）、显示器的刷新频率、与背景色的对比等对视觉诱发反应有特定的影响，测谎时主试要参照规范的方法来执行，应避免或降低生理的刺激条件而影响测谎检测的数据。

欺骗属于心理意义上的视觉刺激维度参数，认知脑电检测时的视觉刺激，是以文字形式的词/句所代表的语义为主的识别、判断、决策，其增加刺激强度会缩短潜伏期（主要是 500 毫秒以后的成分）、增高其幅度。不同波长光刺激引起具有不同图式的诱发电位；色盲被试仅对亮度差别有特定图式反应，而对色调差别就没有特定图式反应。

四、体感刺激

主要使用人体所能承受的微弱脉冲电流，刺激时程 0.1~0.5 毫秒，频率 1~5 赫兹，电压 50 伏。科学测谎检测中较少采用，但法庭科学证据的人身生理状况或伤害的评估方面常常采用。

五、科学规范地对刺激进行分类并制定各分类的刺激标准是测谎科学的必要基础

目前国际上使用的 ERP 仪器有多种，介绍刺激程序的设计方法也有许多种，用兼容性、通用性、占有率高的软件较好。要将一项实验计划编制成完整的实验刺激程序，需要完成以下若干步骤：

1. 实验设计；

2. 制作图像或声音的刺激文件（STIM 系统只接受 CUT 和 PCX 格式的图像文件）；

3. 编辑刺激序列文件；

4. 将刺激文件和刺激序列文件调用到刺激诱发的软件中，如 STIM 中的相应模块，设置并调试各项参数。

第五节 物理性刺激强度对反应的影响

认知刺激材料引起被检测人神经冲动，是电位门控载体的活动所致，兴奋强度与刺激强度呈正相关。但是，由于载体数量有限、电势差与化学梯度差达到平衡、细胞活动产能有限等原因的限制，在刺激强度达到一定程度后无法继续使兴奋强度增加。另外，在节律性兴奋细胞中，存在交感与副交感的调控，可以调整兴奋最大强度，同时，存在一个超极化期与相对不应期。

物理刺激通过人体的各种感觉器官，如温度觉、触觉、压觉、视觉等，将刺激信息传入人脑的知识结构中对应的区域，就会留下信息痕迹。轻微的、短暂的信息会很快消失，但是强度较大的、长期的信息痕迹（长时记忆）就会进入原有的信息结构中，组成新的知识结构。个体就是在内、外界刺激信息的长期作用下，在原有的信息结构基础上，不断发生这样的改变，最终走向成熟，构建出成熟的成年人的大脑知识结构。一切心理现象都是兴奋能量和抑制能量相互作用、相互协调，在人脑知识结构上运行并反映所在区域信息的结果。刺激的物理强度和心理强度之间，在心理承受范围内呈正相关。

心理性刺激强度以刺激内容更为重要和明显。认知脑电检测欺骗主要是在检测问句内容的认知分类诱发刺激的材料上体现，更多的是"心理性"的刺激强度，与普通诱发电位物理性刺激强度不同：（1）要求受试者一般是清醒的；（2）所有的刺激不是单一的、重复的闪光和短声刺激，而是至少有两种刺激编成刺激序列（刺激信号不定，可以是视、听、数字、语言、图像）；（3）构成除了易受刺激物理特性影响的外源性成分外，还有不受物理特性影响的内源性成分；（4）内源性成分和认知过程密切相关。

对个人影响的高低程度不同，诱发的脑电波幅尤其是 P300 波幅也是不同的。约翰·波里奇（John Polich, 1996）研究刺激的物理强度与 P300 的关系，结果表明增大刺激强度可以使 P300 波幅增大，潜伏期缩短；反之，缩小刺激的物理强度会使得波幅降低，潜伏期延长。

国外已经发表了一些 P300 测谎研究。彼得·罗森菲尔德等（Peter Rosenfeld et al. , 2006）在同一个实验里选择被试自己的名字和实验者的名字分别为靶刺激进行比较，结果表明高影响的个人信息容易被检测出来。在基于自主神经反应的犯罪知识测试中发现（Suzuki et al., 2004），高影响（谋杀工具刀）和低影响（谋杀的精确时间）的靶刺激作用下，被试呼吸不同。不过，这与罗森菲尔德等（1995）报告的人们认为更高影响力的被试生日和被试所在地的电话区号诱发的无差别的结果不同。因此，实验中考虑刺激的不同强度对于说谎的行为和认知会产生不同的影响，而且上述关于用 P300 来测谎的实验范式主要集中在双刺激模式和三刺激模式的探讨争论中，而且不同学者的研究得到的结论也不一致，选择什么样的模式来进行说谎检测并使之更加准确有效地反映真实的谎言还有待探究。虽然浦晓黎的研究认为刺激模式的使用需和刺激内容的影响程度相匹配，但是关于高低刺激的区分还是比较有质疑的。另外，不同的操作采用的不是同一批被试，可能会夹杂被试间一些无法解释的因素，无法进行被试内的比较。因此，研究会继续对不同刺激模式和不同影响程度下对说谎、测谎结果的影响进行探讨。

在阈上和阈值视敏度水平的 ERP 波形图中出现 P300 成分，是由于被试能够在主动情况下辨认出这两种视敏度大小的视标朝向，并且能够提取朝向信息进行储存记忆，当大脑觉察到朝向发生明确变化时便会引发 P300 的产生。相反地，在阈下视敏度水平，由于大脑无法看清"E"字视标朝向，故无法引出 P300 成分。海因里希·施耐德（Heinrich Schneider）等认为可能是随着刺激图片越来越小，对于一致刺激和冲突刺激的识别越来越困难，导致 P300 振幅呈逐渐下降趋势。这一结果提示，P300 成分可以作为评定视敏度水平客观而有效的指标。

第六节　物理性刺激的持续时间对反应的影响

无论多道心理测试仪等检测"情绪"的"慌"——情绪的生理表现，还是认知脑电等技术检测人体大脑"认知"过程的"谎"——大脑识别出检测问句内容阻止诚实的默认神经冲动，另外募集神经元实施与真实相反选择/决策/按键，都离不开人的心理过程，而心理过程的源头就是刺激。刺激是检测所得到的生理变化、科学分析的基础，在不同问句内容的刺激作用下，被检测人所发生的科学测谎数据只有个别区分开来分析，才能够符合科学证据的标准。

刺激是否引起被检测人体的反应，一是要看"刺激"的强度——各种感官阈值之上（背景反差，需要识别物大小、亮度能让人看清楚；能听到检测人说出的声音并听清）和性质（检测问句内容不仅能听清楚，关键在于专注听的状况下能懂、能理解），二是要看有机体本身的特性。

在各种刺激的强度都在阈上值且符合各个对应的检测技术特性时，在检测问句内容这一客观事物的各种属性上，包括问句内容中的字词句含义、与被试自己的关系评估，通过感觉器官在人脑中综合起来，并借助于以往的经验形成一个完整的印象时便是知觉，知觉包含感觉成分。这是测谎产生认知脑电、情绪的生理参数变化的心理基础，而此是以被试具有人体生理的性质为前提的。

一、刺激持续呈现时间的方式

有主动和被动两种方式：

1. 主动方式由被检测人按键后才进行到下一刺激出现，可满足被检测人个性化的阅读速度和习惯，没有阅读时间不够而看不懂检测问句的"理由"。被试内的组间、被试间组间因为呈现时间的不一致，每一认知任务下的认知脑电位成分、时相等与探查认知的需求，在锁时性上会出现不对应情况，脑认知成分会被叠加、被淹没。

2. 被动方式由主试设计固定的呈现时间，在限定的时间内无论被检测人是否看懂、是否按键都自动转到下一屏，所采集获取的认知任务呈现时间内的脑电成分，被试间、被试内、被试内组间等，脑认知电位的一致性高，可比较的认知脑电成分具有等同的效果，但是被检测人个性化的阅读速度和习惯得不到满足，试验的个性生态略弱。

在 STIM 软件中，反应窗口（win）即给予被试完成作业的最长时间。例如，win＝1 秒时，如果被试超过 1 秒才反应，无论正确与否，均视为"未反应"。对于特殊命令"WAIT"，键入"－1"；对于"NOVID"，键入"－2"。

二、刺激呈现时间的长短

根据实验需要确定具体时间。被检测人共性的状况如下：

1. 刺激呈现时间越短，则相应任务难度越大。

2. 当呈现时间短到一定程度，如视觉刺激在 40 毫秒以下，人就不能认知这个刺激，可利用此特性进行非意识的启动研究。

3. 在 ERP 记录过程中可观察到撤反应的现象，即刺激物消失也能导致 ERP 的较小变化。避免撤反应的措施，一是将刺激呈现时间适当延长或缩短，二是相减。

在 STIM 软件中，刺激呈现时程（dur）单位为秒。对于特殊命令"BUILD"，键入"-1"；对于"FLIP"，键入"-2"。

最小间隔与最大间隔（SOA_{min} and SOA_{max}）：如运行某范围的随机间隔，分别键入最小间隔数与最大间隔数；如间隔恒定，键入相同数；对于特殊命令"ASAP"，键入"-1"。需要注意的是，无论是 SOA 还是 ISI，指的都是当前事件（所在程序行）与前一事件（前一程序行）之间的时间间隔。

X 轴与 Y 轴（X/R and Y/L）：X 轴为视觉刺激的水平轴，Y 轴为纵轴，范围-500~+500，中点为（0，0），对听觉刺激，键入"-1"。

反应（resp）：根据要求被试在反应键盘上所按的键，填写相应按键的数字（1~4），"不需反应"为"-1"。

事件种类（type）：键入拟定的事件种类代码（正整数），在随后分析脑电数据时，将根据事件种类进行分类叠加。注意：事件种类的代码不能超过 255。

文件名（filename）：刺激文件名，不要带扩展名（扩展名），如".SND"".CUT"等。

刺激概率数（prob）：每一类型的刺激组在序列中出现的概率。概率总数相加应该为 1。软件编写时前三行及后面的每两行各为一类刺激组，如前三行组成一类刺激组，即表示 WHITE.CUT 图像文件后紧跟 2 个 1000Hz.SND 声音文件。每四行为一种类型的刺激，出现的概率分别为 0.33、0.33、0.34，相加起来为 1。

刺激模式（mode）：要有代号，根据刺激文件的类型键入英文名或数码。

在认知脑电检测的研究中，赋予刺激物具有不同认知内容的特性，可以是简单的便于量化的物理的或化学的刺激维度，也可以是复杂的心理（社会）的刺激维度。认知脑电的检测以视觉刺激物为主，一个视觉刺激物可以包含"物理"层面，如颜色、亮度、形状、大小等维度；可以包含"心理"层面上，通过检测问中的字、词、句表达大脑对不同的认知含义的诱发刺激；也可以如一个声音可包含响度、音高和音色等维度。

从认知脑电检测的认知材料刺激维度的目的考虑，是基于被检测人能较迅速产生兴奋的组织——神经，其具有生命的基本特征的基础上，不仅要让被检测人有简单基本的感觉，而且就认知材料要进行深入的"思考"；只有达到这样要求的刺激维度中的材料，所获取的认知脑电成分才有效。

第八章

器官水平

认知心理的物质基础是大脑，认知心理活动是人脑的精神活动。认知脑电测谎基于认知科学、认知心理学观点强调，认知科学和大脑对检测问句内容进行欺骗的实质就是脑器官的机能。每一认知过程、每个心理现象的实质都是有一定的生物学基础的。不管是情绪、情感、生理，还是知情意的学习、记忆，在思维还是在模仿，都是在由生物学产生变化的基础上进行的。这些人类心理活动的物质基础都是脑器官的皮层，脑器官的皮层反映了人类这些生物进程，也毫无疑问可以人为地在诸如脑电变化——案（事）件相关电位、脑血流动力学——功能性磁共振等这些科技的支持下，发现人类欺骗。

第一节 认知脑电的来源

人类从简单的反射到复杂的思维，再到脑认知活动，无不依赖于体内各个生理机能系统的协同活动，实际上是多种生物过程的整合，这种整合最离不开的就是神经系统，认知脑电测谎试验也是依据此开展的。人体利用下面的基本结构来完成复杂的生理机能活动和复杂的社会活动。人体所具有的如下结构是认知脑电测谎试验的器官水平的基础，即 1 个大脑；2（两）个半球，左右各一个半球；8 个脑叶，左右大脑半球各有 4 个脑叶，即额叶、顶叶、枕叶、颞叶；54 个脑区，如布鲁卡等功能区。

一、大脑的沟、裂、回

神经系统（nervous system）是产生心理活动和行为的物质基础。神经系统的基本结构和功能单位称为神经元（neuron）。神经系统有中枢神经系统（central nervous system, CNS）和外周神经系统（peripheral nervous system,

PNS）之分。认知脑电的中枢神经系统乃颅腔内之脑。

　　大脑主要包括左右大脑半球，它是中枢神经系统的最高级部分，是心理活动的主要器官，也是脑组织的最大部分。从外观上看，大脑几乎遮盖了其他结构，它的表面相当扩展，因此高度卷曲，形成许多的沟、裂、回。

　　大脑半球内面由大量神经纤维的髓质组成，叫白质。它负责大脑回间、叶间、两半球间及皮层与皮下组织间的联系。其中特别重要的横行联络纤维叫胼胝体。它在大脑半球底部，对两半球的协同活动有重要作用。

　　在大脑半球的内侧面，与脑干相连接并围绕着脑干的一些神经结构称为边缘叶，边缘叶包括嗅旁回、胼胝体下回、扣带回、海马回、齿状回等，它们与附近的一些皮层及皮层下的结构之间有着密切的神经联系，从而构成一个统一的机能系统，称为边缘系统。

　　边缘系统的机能与一系列的躯体、内脏活动有着密切的关系，它是许多初级中枢活动的调节者，实验证明边缘系统与动物的觅食、生殖性活动、植物性神经系统功能以及情绪、情感、学习记忆等较高级的心理活动过程均关系密切。

二、认知脑电测谎试验电位采集部位——大脑

　　认知脑电测谎试验的脑电位变化来自颅骨内的大脑，脑是中枢神经系统的高级中枢，位于颅腔内，在枕骨大孔处向下与脊髓相延续。脑在机能上超越于神经系统的其他任何部分，并控制着这些部分，是人类在生物界中占优势地位的重要原因。脑由脑干、间脑、小脑及大脑两半球组成。

　　脑干是脊髓向颅腔内延伸的部分，自下而上依次由延髓、脑桥和中脑三部分组成，大脑皮层、小脑和脊髓互相间的联系纤维都要通过脑干，它具有许多重要的中枢，具有调节呼吸、消化、心血管活动的功能，因而也叫"生命中枢"，这些中枢损害将危及机体的生命。脑干部位脑电位构成认知脑电的背景电位。

　　间脑位于中脑和端脑之间，它包括丘脑、脑上部（上丘脑）、丘脑下部（下丘脑）和丘脑底部。丘脑是皮层下感觉中枢，因为除嗅觉外，各种感觉传导束都在丘脑内换神经元，然后才能投射到大脑皮层的一定部位。下丘脑是植物性神经的较高级中枢，与内脏活动及机体的多种生理功能和情绪等均有着密切关系，如通过微电极技术已发现在下丘脑有专门的可发动"快乐"和"痛苦"的不同部位。间脑可维持被检测人长达 0.5 小时的心理状态。

小脑位于延髓和脑桥的背侧，两侧膨起的部分称为小脑半球，连接两半球狭窄的中间部分称为蚓部。小脑的主要功能是协调躯体肌肉的运动和维持平衡。小脑发生疾病时，闭眼直立时站不稳，走路时歪歪斜斜，运动不准确，不协调，不能完成精巧的动作。小脑与认知不密切可能只涉及决策/按键的动作。

三、大脑皮层的结构与机能

大脑皮层有严密的形态结构和机能定位。从外观上看，大脑由左、右两个大致对称的半球构成。两个半球的外层就是大脑皮层。皮层由神经细胞（神经元）胞体密集排列，其下部是由髓鞘化了的神经纤维构成的。人类大脑皮层的皱褶形成了许多沟、回和裂。按照这些沟和裂，可把大脑皮层分为额叶、顶叶、枕叶和颞叶。额叶与顶叶由中央沟分开，颞叶在外侧裂下面，与枕叶和顶叶相连接，但没有明确分开的沟（图8-1）。

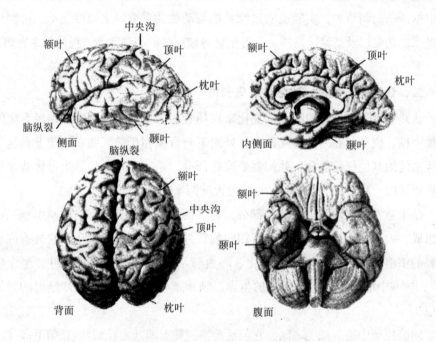

图 8-1 大脑皮层不同脑区的位置①

———————————

① 资料来源：https：//baike. baidu. com/item/% E5% A4% A7% E8% 84% 91/791360？ fr = aladdin.

四、大脑皮层的机能分区

大脑皮层不同的区域有不同的机能。按照上述的结构分布,大致相应地分为四类机能区:皮层感觉区、皮层运动区、言语区和皮层联合区(图8-2)。

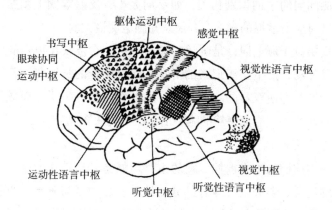

A（外侧面）

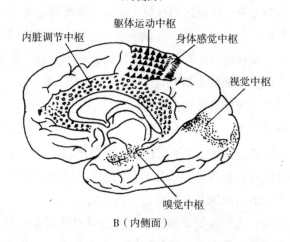

B（内侧面）

图 8-2　大脑皮层的重要中枢①

（一）皮层感觉区

皮层感觉区包括视觉区、听觉区和机体感觉区。它们分别接受来自眼睛的光刺激,来自耳朵的声音刺激,以及来自皮肤表面和内脏的各种刺激等。它们

---

① 资料来源：https：//baike. baidu. com/item/% E5% A4% A7% E8% 84% 91/791360？fr = aladdin.

是接收和加工外界信息的区域。

视觉区皮层位于枕叶，是视觉的最高中枢。它接受在光刺激的作用下由眼睛输入的神经冲动，产生初级形式的视觉，如对光的觉察等。若大脑两半球的视觉区受破坏，即使眼睛的功能正常，人也将完全丧失视觉而成为全盲。可利用与组成检测问句的字词识别相关，如字词大小、反差等阈上刺激，高频字词义，高于被试对应所掌握的词频，开展认知脑电测谎试验。

听觉区皮层位于颞上回，是听觉的最高中枢。它接收在声音的作用下由耳朵传入的神经冲动，产生初级形式的听觉，如对声音的觉察等。若破坏了大脑两半球的听觉区，即使双耳的功能正常，人也将完全丧失听觉而成为全聋。认知脑电测谎不涉及，应避免突然的响声出现而干扰认知成分。

（二）皮层运动区

位于中央沟前面的中央前回。它的主要功能是发出动作指令，支配和调节身体在空间的位置、姿势及身体各部分的运动。运动区与躯干、四肢运动的关系也是左右交叉、上下倒置的。中央前回最上部的细胞与下肢肌肉的运动有关，其余的细胞区域与上肢肌肉的运动有关。运动区和头部运动的关系是正且直的，即上部的细胞与额、眼睑和眼球的运动有关；下部的细胞与舌和吞咽运动有关（图8-3）。同样，身体各部位在运动区的投射面积不取决于各部位的实际大小，而取决于它们在机能方面的重要程度。动作越精细、越复杂，在皮层的投射区越大。与决策时进行按键选择和操作相关。

（三）言语区

对大多数人来说，言语区主要定位在大脑左半球，它由较广大的脑区组成。若损坏了这些区域将引起各种形式的失语症。在左半球额叶的后下方，靠近外侧裂处，有一个言语运动区，亦称布洛卡区，它通过邻近的运动区控制说话时的舌头和颚的运动。这个区域受损就会发生运动性失语症。在颞叶上方、靠近枕叶处，有一个言语听觉中枢，它与理解口头言语有关，称为威尔尼克区。损伤这个区域将引起听觉性失语症，即病人不理解口语单词，不能重复他刚刚听过的句子，也不能完成听写活动。在顶枕叶交界处，还有言语视觉中枢，损坏这个区域将出现理解书面语言的障碍，病人看不懂文字材料，会产生视觉失语症或失读症。认知脑电测谎试验数据与字、词、句理解相关，应该与语言区相关。

（四）皮层联合区

大脑皮层中具有联络、综合作用的结构和机能系统，称为皮层联合区。它是大脑皮层执行高级心理功能的部位。在种系进化的水平上越高，联合区在皮层上占的比例越大。除上述感觉区和运动区以外的区域，均为皮层联合区，它占据整个皮层的一大半（4/5左右）位置。

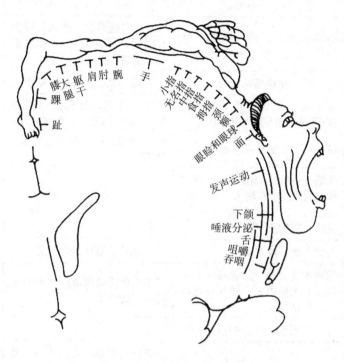

图8-3　大脑皮层躯体运动区定位示意图

　　皮层联合区不直接同感觉过程和运动过程相联系，它的主要功能是整合来自各感觉通道的信息，对输入的信息进行分析、加工和储存。它支配、组织人的言语和思维，规划人的目的行为，调整意志活动，确保主动而有条理的行动。因此，它是整合、支配人的高级心理活动以及进行复杂信息加工的神经结构。检测问句内容涉及感知觉、记忆、思维等高度与此区域相关。

　　人类的大脑跟蜥蜴的大脑差不多，都包括脑干、小脑和基底神经节等基本构成部分，它们负责处理基本的身体功能，如呼吸、平衡和协调，以及简单的生存冲动，如喂食、交配和防御；逐渐进化而来的边缘系统则包括脑扁桃体、海马体、下丘脑、扣带皮层和其他边缘区域，它们慢慢改善了我们的情感和记忆；最后进化完成的大脑皮层，则有助于我们制订规划、预测后果和使用语言，详见表8-1所示。

表 8-1　大脑叶/区与认知脑电检测关系

部位	生理机能	心理贡献	认知相关
额叶	运动中枢、言语、视觉（眶回）、嗅觉（嗅三角）、听觉	注意、问题解决、动机、行为程序制定（计划）、人格、记忆、情绪等高级认知活动	直接高度
顶叶	初级感觉区	疼痛、触压、品尝、温度	整合
枕叶	视中枢、言视中枢（角回）、视/听跨通道联合（角回）	记忆（近期，与视觉表象有关）、运动知觉（与视觉有关）	前期外源
颞叶	听觉区、言听（语言的接受）	嗅觉中枢、味觉中枢、记忆、情绪	直接高度
间脑	氏脑——痛觉、睡眠觉醒、除嗅觉外的外界感官输入中转（视、听、触、味）下丘脑——调节交感、副交感、进食饮水	情绪	推测
小脑	身体平衡、协调动作	动作、肢体语言稳定	参考
边缘系统（低级）	动物本能活动、注意（注意神经元）大脑内侧面最深处边缘的一些结构	基本生命活动需求得不到满足时出现的情绪	深部参考
脑干	延脑——生命中枢		深部参考
	中脑	视听反射中枢、身体姿势、随意运动（红核——舞蹈症、黑质——手脚动作不协调、面部表情呆板）	
	桥脑	中枢外周的桥梁、睡眠	
边缘系统（高级）	脑扁桃体、海马体、下丘脑、扣带皮层	复杂情感和记忆	深部参考
扣带回	情绪加工（前下部）、认知功能（后上部）	联合其他	深部参考
海马	记忆（LTP）、嗅觉、情绪背景调节（海马区域损害会导致情绪不稳定）	生存冲动，如喂食、交配和防御	深部参考
杏仁核	情绪、厌恶学习、危险线索识别	情绪变化	深部
脑干网状结构	情绪产生基础，上行网状结构——维持觉醒、注意；下行——调节肌肉紧张	情绪状态维持、心境	整体脑电水平

五、"公平脑"——"三位一体"假说

人类大脑的构成非常复杂，它是一种"三位一体"（triune brain）的组织。大脑由内而外是由"爬行动物脑""旧哺乳动物脑"和"新哺乳动物脑"三种类型的组织构成的。

"爬行动物脑"是大脑最内侧的部分，它产生于 2.8 亿年至 2.5 亿年前，这个脑区负责恐惧恫吓、领地争夺、社会等级、寻偶求爱和贮存收藏等行为。

"新哺乳动物脑"是大脑最外侧的部分，主要是新皮层，它可能是千万年前最早的灵长类动物出现时产生的，这个脑区主要负责处理语言、逻辑和数学符号。

"旧哺乳动物脑"起源于约 1.65 亿年前的哺乳动物，集中在了海马体和内侧颞叶上，海马体和内侧颞叶与人的空间和时间记忆相关，是自我概念和自传体记忆的基础。

在这三类脑中，"旧哺乳动物脑"与人的法律感有密切关系，因为这个区域可以迅速地以直觉的方式判定诸如"多少的损害应该带来多少的赔偿"等有关公平问题的结论，因此有学者将其称为"公平脑"。由此可见，公平不仅是法律人追求的目标，而且是一种进化的结果，正是由于这种公平感，生理学意义上作为动物的人才能进行有效的合作，进而能够幸存至今。

六、大脑皮层对内脏活动和对躯体运动的调节影响背景脑电

新皮层：在动物实验中电刺激新皮层，除了能引致躯体运动等反应以外，还可引致内脏活动的变化。刺激皮层中央前回的内侧面，会产生直肠与膀胱运动的变化；刺激中央前回的外侧面，会产生呼吸及血管运动的变化；刺激中央前回外侧面的底部，会产生消化道运动及唾液分泌的变化。这些结果说明，新皮层与内脏活动有关，而且区域分布和躯体运动代表区的分布有一致的地方。电刺激人类大脑皮层也能见到类似的结果。

边缘叶：边缘叶是指大脑半球内侧面，与脑干连接部和胼胝体旁的环周结构；它由扣带回、海马旁回、海马和齿状回组成。这部分结构曾被认为只与嗅觉联系而被称为嗅脑；但现已明确，其功能远不止这些，而是调节内脏活动的重要中枢。由于边缘叶在结构和功能上与大脑皮层的岛叶、颞极、眶回等，以及皮层下的杏仁核、隔区、下丘脑、丘脑前核等是密切相关的，于是有人把边

缘叶连同这些结构统称为边缘系统。边缘系统的功能比较复杂，它与内脏活动、情绪反应、记忆活动等有关。

边缘系统的内脏调节功能。刺激边缘系统不同部位引起的植物性反应是很复杂的，血压可以升高或降低，呼吸可以加快或抑制，胃肠运动可以加强或减弱，瞳孔可以扩大或缩小等。这些实验结果说明边缘系统的功能和初级中枢的功能不一样；刺激初级中枢的反应比较肯定而一致，而刺激边缘系统的结果就变化较大。可以设想，初级中枢的功能比较局限，活动反应比较单纯；而边缘系统是许多初级中枢活动的调节者，它能通过促进或抑制各初级中枢的活动，调节更为复杂的生理功能活动，因此活动反应也就复杂而多变。

边缘系统与情绪反应：杏仁核进化比较古老的部分，具有抑制下丘脑防御反应区的功能。当下丘脑失去杏仁核的控制时，动物就易于表现防御反应，出现一系列交感神经系统兴奋亢进的现象，并且张牙舞爪，呈现搏斗的架势。在正常情况下，动物下丘脑的防御反应区被杏仁核控制着，动物就变得比较温驯，所以边缘系统与情绪反应是有关系的。

边缘系统中的海马与记忆功能可能有关。由于治疗的需要而手术切除双侧颞中叶的病人，如损伤了海马及有关结构，则引致近期记忆能力的丧失；手术后对日常遇到的事件丧失记忆能力。临床上还观察到，由于手术切除第三脑室囊肿而损伤了穹窿，也能使患者丧失近期记忆能力。海马环路活动与近期记忆有着密切的关系。这个环路是：海马→穹窿→下丘脑乳头体→丘脑前核→扣带回→海马。在环路中任何一个环节受到损坏，均会导致近期记忆能力的丧失。

七、大脑皮层对躯体运动的调节影响背景脑电

机体的随意运动只有在神经系统对骨骼肌的支配保持完整的条件下才能发生，而且必须受大脑皮层的控制。大脑皮层控制躯体运动的部位称为皮层运动区。

大脑皮层运动区：用电刺激方法观察到，大脑皮层的某些区域与躯体运动有着密切的关系；刺激这些区域能引起对侧一定部位肌肉的收缩。这些区域称为运动区，主要位于中央前回。运动区也有一些与大脑皮层体表感觉区相似的特点：①对躯体运动的调节是交叉性的，但对头面部的支配主要是双侧性的；②有精细的功能定位，其安排大体呈身体的倒影，而头面代表区内部的安排是正立的；③运动越精细复杂的躯体其代表区也越大，如手掌和五指的代表区很

大，几乎与整个下肢所占的区域同等大小；④刺激所得的肌肉运动反应单纯，主要为少数肌肉的收缩。此外，在猴与人的大脑皮层中，用电刺激法还可以找到运动辅助区。该区在皮层内侧面（两半球纵裂的侧壁）下肢运动代表区的前面，刺激该区可引起肢体运动和发声，反应一般为双侧性。

另外，大脑皮层运动区对躯体运动的调节，是通过锥体系和锥体外系下传而实现的。

锥体系：一般是指由大脑皮层发出，经延髓锥体而后下达至脊髓的传导系（锥体束，或称皮层脊髓束）；然而由皮层发出抵达脑神经运动核的纤维（皮层延髓束），虽不通过延髓锥体，也应包括在锥体系的概念之中。因为，后者与前者在功能上是相似的，两者都是由皮层运动神经元（上运动神经元）下传抵达支配肌肉的下运动神经元（脊髓前角运动神经元和脑神经核运动神经元）的最直接通路。以前认为锥体束下传的纤维均直接与下运动神经元发生突触联系，但现在知道有80%～90%的上、下运动神经元之间还间隔有一个以上中间神经元的接替，仅有10%～20%上、下运动神经元之间的联系是直接的、单突触性的。电生理研究指出，这种单突触直接联系在前肢运动神经元中比在后肢运动神经元中多，而且肢体在远端肌肉的运动神经元中又比在近端肌肉的运动神经元多。由此可见，运动越精细的肌肉，大脑皮层对其运动神经元的支配具有越多的单突触直接联系。

锥体系的大脑皮层起源比较广泛，中央前回运动区是锥体系的主要起源，但中央后回以及其他区域也是锥体系的起源部位。中央前回运动区的第五层大锥体细胞发出的纤维组成锥体束中直径较为粗大的有髓鞘纤维，第三至六层的小细胞发出纤维进入锥体束；中央后回等区域也发出纤维参与锥体束的组成，但运动辅助区的下行纤维不进入锥体束。

锥体外系：它是一个复杂的概念。在解剖学中，锥体外系是指不通过锥体系的、调节肌肉运动的系统，因此把基底神经节和小脑等对肌肉运动的调节系统都归属于锥体外系。但在临床上，锥体外系仅指皮层下某些核团（尾核、壳核、苍白球、黑质、红核等）对脊髓运动神经元的调节系统，它们的下行通径在延髓锥体之外。所以，临床上的锥体外系概念比较窄，而且似与大脑皮层无关。但是现在知道这些核团不仅接受大脑皮层下行纤维的联系，同时经过丘脑对大脑皮层有上行纤维的联系。因此，目前把由大脑皮层下行并通过皮层下核团（主要指基底神经节）换元接替，转而控制脊髓运动神经元的传导系统，称为皮层起源的锥体外系。

皮层起源的锥体外系是大脑皮层控制躯体运动的另一下行传导通路。锥体外系的皮层起源比较广泛，但主要来源是额叶和顶叶的感觉运动区和运动辅助区。因此，皮层锥体系和锥体外系的起源是相互重叠的。锥体外系对脊髓运动神经元的控制常是双侧性的，其机能主要与调节肌紧张、肌群的协调性运动有关。

第二节　认知脑电试验电极与大脑皮层的功能区的关系

人类大脑皮层的神经细胞约有 140 亿个，面积约 2200 平方厘米，主要含有锥体形细胞、梭形细胞和星形细胞（颗粒细胞）及神经纤维。按细胞与纤维排列情况可分为多层，自皮层表面到髓质大致分为六层。皮层的神经元之间联系十分广泛和复杂，在皮层的不同部位，各层的厚薄、各种神经细胞的分布和纤维的疏密都有差异。

根据皮层的不同特点和功能，可将皮层分为若干区。机体的各种功能在皮层具有定位关系，如运动区、感觉区等。但这仅是相对的，这些中枢也分散着类似的功能，如中央前回（四区）主要管理全身骨骼肌运动，称运动区，但中央前回也接受部分的感觉冲动；中央后回主管全身躯体感觉，但刺激该区也可产生少量运动。机体的随意运动只有在神经系统对骨骼肌的支配保持完整的条件下才能发生，而且必须受大脑皮层的控制。大脑皮层控制躯体运动的部位称为皮层运动区。皮层除一些具有特定功能的中枢外，人类皮层大部分区域称皮层联合区。实验证明，某一中枢的损伤，并不使人永久性完全丧失该中枢所管理的功能，经过适当的治疗和功能锻炼，常可由其他区域的代偿而使该功能得到一定程度的恢复。人类行为发生与否，或复杂抽象的认知活动，均发生于此。有些脑认知的活动会相对集中于某些区、柱、神经核团中。这些神经机能的活动会表现在大脑皮层细胞中，大脑皮层细胞除了在水平方向分层外，在整个皮层厚度内，神经元在与表面垂直的方向呈链状排列成细胞柱。神经柱是一些具有大致相同特性的神经元集合形成的，它是皮层最基本的机能单位。人的大脑皮层含有 100 万～200 万个柱，每一个柱内有 10000 左右的神经元。它们会以相互协同方式来进行生理机能相对近似的神经活动。这是皮层最基本的机能单位。有研究表明用微电极插入皮层，"感觉柱"（与感觉机能有关的细柱）引导电位的方法，证明了同一个柱内的细胞相同的感觉形式，并有相同的感受野。

认知脑电测谎就是对大脑皮层的认知活动进行时所发生的电活动开展分析，

大脑皮层神经元具有生物电活动，而这些大脑皮层电位的活动经常保持着持续的节律性电位变化，称为皮层自发脑电活动，或称为脑电图（无具体认知任务的正常清醒状态）。假如在头皮上安置记录的引导电极，通过脑电图仪可记录到皮层自发脑电活动的图形，如果在动物中将颅骨打开进行有创伤的脑外科手术后，如果将电极直接安置在大脑皮层表面，能记录到同样的皮层自发脑电活动，称为皮层电图。在头皮不同部位引导的脑电图，它们的波形和频率基本相似，但也有区域的特点。在不同的脑认知活动条件状态下如目标跟踪、查找、注意搜索、情绪激动、困倦、睡眠等，脑电极记录的图中的波形和频率则有明显的差别。脑电图波形的分类，主要根据其频率不同来划分；通常频率慢的波，其幅度较大，而频率快的波幅度较小。脑认知时发生的脑电变化，多以频率快波幅度较小为主要特征。

一、电极与大脑功能区对应

认知脑电测谎试验电极帽可以是 32 导、64 导、128 导的，甚至是以 256 导进行的，电极位置按照"10-20"标准①相对固定，电极与对应脑功能部位可以对应（表 8-2），但是就目前的方法和技术，以及当下试验的结论而言，还不能完全将大脑某功能区下神经元、神经核团、机能中枢、"功能柱"的所有神经元功能活动与电极采集的电位信号达到精准对应程度。但此标准对实现数据与电极下神经元电位的解释有重要的参考意义，图 8-4 为 64 导电极位置图，对大脑的功能区分布可以提供参考分析之用。

表 8-2　电极对应脑部位名称

部位	名称	电极名	电极编号
前额	frontal pole	Fp1、Fp2	1、2
额	frontal	F3、F4、Fz	3、4、17
中央	central	C3、C4、Cz	5、6、18
顶	parietal	P3、P4、Pz	7、8、19
枕	occipital	O1、O2	9、10
侧额	inferior frontal	F7、F8	11、12

---

① 10-20 系统电极放置法是国际脑电图学会规定的标准电极放置法，又称为国际 10-20 系统，用于描述和应用脑电图检查或多导睡眠图中头皮电极的位置。

续表

部位	名称	电极名	电极编号
颞	temporal	T3、T4	13、14
后颞	posteriorTemporal	T5、T6	15、16
耳垂	auricular	A1、A2	22、23

注：Fz 为额中线，Cz 为中央头顶，Pz 为项中线。

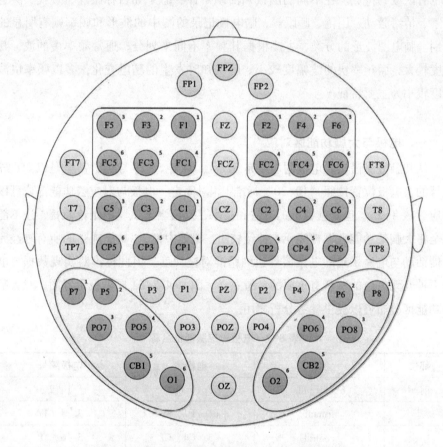

图 8-4　与大脑的功能区结合的 64 导电极位置图

二、电极下的解剖结构

大脑皮层是大脑半球沟和回外层的灰质（图 8-5），是调节机体机能的最高部位。哺乳动物出现了高度发达的大脑皮层，并随着神经系统的进化而进化。新发展起来的大脑皮层在调节机能上起着主要作用，皮层下各级脑部及脊髓虽也有发展，但在机能上已从属于大脑皮层。高等动物一旦失去大脑皮层，就不能维持其正常的生命活动。人类的大脑皮层更产生了新的飞跃，有了抽象思维的能力，成为意识活动的物质基础，亦成为发现人类实施欺骗的神经科学证据。

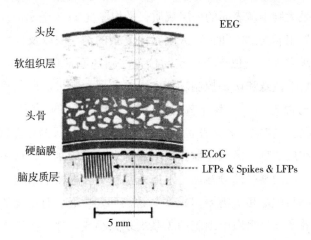

图 8-5　认知脑电信号采集与脑电极下组织

第三节　大脑皮层和大脑皮质

每个人都具有对检测问句刺激进行反应，而且能够对检测问句内容进行复杂的认知加工的器官——大脑，可供提供认知的脑电位——作为神经调节的方式，对检测问句内容进行脑认知加工反应，被检测人进行认知加工是由下面的基本构成部分所完成的。

大脑皮质等于大脑皮层，但是在大脑髓质中还有一些神经细胞体集中的地方，也就是灰质。因此，大脑皮层不等于大脑灰质。大脑皮层（具体）强调的是组织部位。大脑皮质（笼统）强调的是组织组成。

一、大脑皮质和大脑皮层

端脑表面的灰质分为额、顶、枕、颞、岛五叶，是神经系统的最高整合中枢，主要由锥体细胞和颗粒细胞构成。人类新皮质高度发达，占总皮质的 96%，对检测问句内容进行认知加工就在此。

大脑皮层上面密密麻麻地分布着大约 140 亿个神经细胞，在这些神经细胞的周围还有 1000 多亿个胶质细胞。大脑皮层是神经元胞体集中的地方，是构成大脑两半球沟回的表层灰质。人的大脑皮层分为 6 个层次。根据各层神经元的成分、特征以及机能，可以分为许多区。

大脑皮层是大脑半球表面的一层灰质，平均厚度 2~3 毫米。皮层表面有许多凹陷的"沟"和隆起的"回"。人脑是由复杂的沟、回以及核团等结构组成的。神经科学研究表明，位于不同空间位置的脑区通常负责不同的认知功能。例如，前额叶负责注意和认知控制功能，中央前回和中央后回负责感觉和运动功能，枕叶参与视觉加工，颞叶参与听觉加工等。诸多研究认为基本的感觉（皮肤感觉、听觉、视觉）和运动机能是有定位的，但高级的心理机能是很复杂的，不能局限在皮层哪一区域。欺骗是大脑活动的高级水平，这种水平与其说是依赖于大脑皮层的某些部分参加，不如说是在更大程度上依赖于参加工作的脑的质量。欺骗与记忆相关需要"核实"检测问句内容，自己是否经历过，对记忆而言，其效率与脑组织中细胞的关联面积大小成正比，所以多数观点认为大脑是以总体来进行活动的，皮层中缺乏精细或持久的机能定位。同时他提出脑皮层组织的等势原则，即犯罪行为记忆的检测有赖于有效的皮层组织数量，而不是哪一种皮层组织，即皮层各个部分几乎都以等势的程度对记忆发生作用。所有的行为（包括欺骗）反映了"脑"是作为一个整体来活动的，同时脑中的每一部分或区域都在每一种行为中起到了独特的作用。脑的任何一部分的重要性都取决于所要进行的行为。

二、大脑新皮层六层结构

人脑拥有更为庞大的神经元数目及更为复杂的神经元之间的相互联系。据统计，人脑一般含有 1010~1011 个神经元，1013~1015 条轴突连接，构成了一个庞大而复杂的网络。

大脑新皮层通常有六层，不同层的细胞类型和分布以及投射模式有所不同。如图 8-6 所示，这是一个大脑皮层构造的示意图，其中图左侧为细胞染色，图右侧为纤维构造。图中大脑新皮层包含六层，从上至下依次为分子层（molecular layer，I层）、外颗粒细胞层（external granular layer，II层）、外锥体细胞层（external pyramidal layer，III层）、内颗粒细胞层（internal granular layer，IV层）、内锥体细胞层（internal pyramidal layer，V层）、多形细胞层（multiform layer，VI层）。

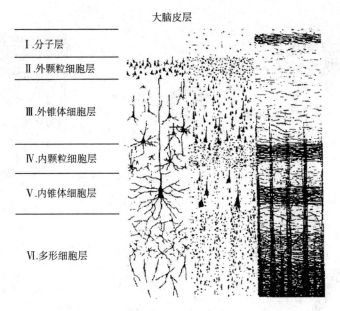

大脑皮层

Ⅰ.分子层

Ⅱ.外颗粒细胞层

Ⅲ.外锥体细胞层

Ⅳ.内颗粒细胞层

Ⅴ.内锥体细胞层

Ⅵ.多形细胞层

图8-6　被检测人大脑皮层的六层结构

第四节　神经元活动的电位变化模式

一、神经元活动的电位场

神经元由神经细胞体及其发出的两种突起——树突和轴突构成。神经元的细胞体是神经元代谢和营养中心，神经元的树突是从胞体伸出的一个或多个树枝状突起，树突的机能一般是感受体内外的各种刺激。神经元的轴突是从胞体发出的一个长突起，轴突的主要机能是将信息传导到其他神经元或效应器（图8-7）。

通过记录到脑神经元活动的电位变化模式图，以此来证明神经元活动的电场变化（图8-8）。

神经元受到刺激后就会从较安静的状态转向较活跃的状态，这种现象就是神经冲动（动作电位）。神经冲动沿着神经元的轴突进行传递，或者神经冲动从一个神经元向邻近的下一个或一些神经元传递，这就是神经冲动的传导。

当神经冲动传递到神经纤维末梢时，它从一个神经细胞传递到另一个神经细胞，这里就涉及两个神经细胞之间的结构——突触，以及一种特殊的化学物质——神经递质，只有通过突触和神经递质才能实现信息从一个神经元向另一个神经元的传递。

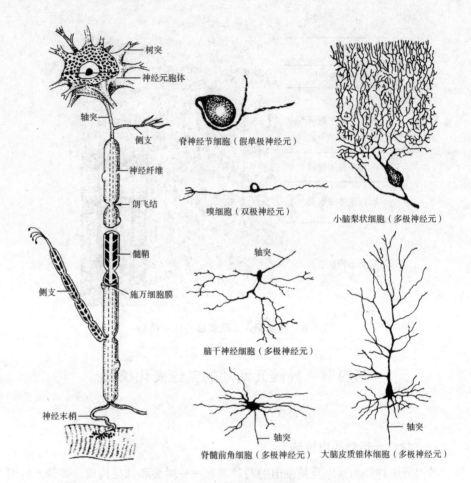

图 8-7　神经元模式图

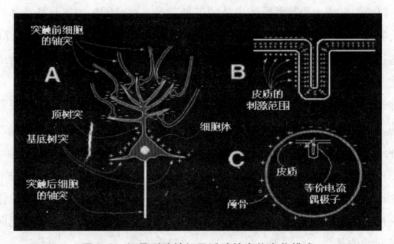

图 8-8　记录到脑神经元活动的电位变化模式

人的大脑皮层约有 140 亿个神经细胞。人脑皮质的体积约为 300 立方厘米，内含 $1×10^9$ 个或更多的细胞，是中枢神经系统发展上最新、最高级和最完善的部分，所有的认知加工在此以此方式完成。

二、神经元细胞膜内外离子所带电位分布、数量、膜通透导致电位改变

神经元细胞膜内外离子种类、数量、细胞膜的通透性和时间通透性不同，引起神经细胞的轴突末梢、突触前膜、突触间隙、突触后膜、树突末梢处，离子形成的电流、电位分布发生改变，从而引起神经信息在神经元之间传递（图 8-9）。

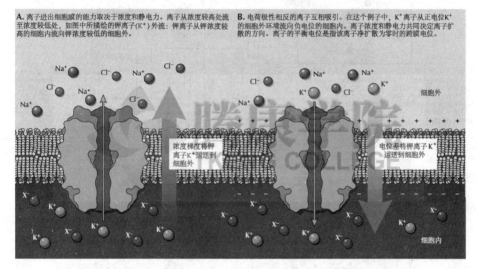

图 8-9 离子流促进形成的神经元静息电位和在神经元兴奋状态下的钠通道的三个状态①

分子水平下（电子显微镜）的神经递质引起下一个细胞兴奋的实景图（图 8-10）。

---

① https：//mp. weixin. qq. com/s？＿biz＝MzI0MjEwNjk5Ng＝＝&mid＝2650551834&idx＝3&sn＝a7e5dcfae3a4064c31e9938f0051d989&chksm＝f109c101c67e48178d11fe1f2cfe5326e0ff8d96073b952d96725a564357add5630f2077ced6&scene＝27.

A.突触后神经元，多条突触前纤维在这里终止。图中标为粉色的纤维跨越突触间隙向突触后神经元传递兴奋性信息，标为蓝色的则是抑制性纤维.向突触后神经元传达的抑制性信息。

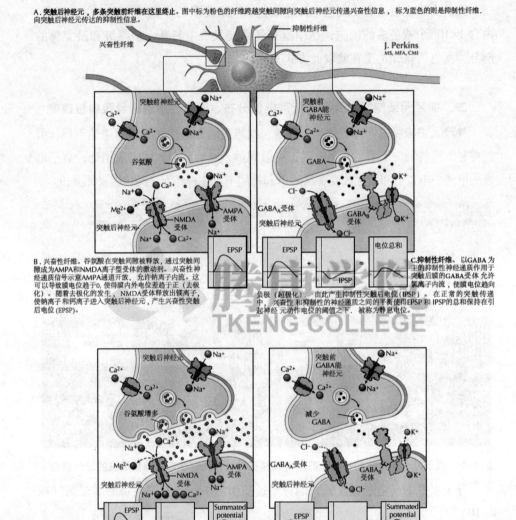

B.兴奋性纤维。谷氨酸在突触间隙成为AMPA和NMDA离子型受体的激动剂。兴奋性神经递质信号示意AMPA通道开放，允许钠离子内流。这可以导致膜电位趋于0，使得膜内外电位差趋于正（去极化）。随着去极化的发生，NMDA受体释放出镁离子，使钠离子和钙离子进入突触后神经元，产生兴奋性突触后电位(EPSP)。

C.抑制性纤维。以GABA为主的抑制性神经递质作用于突触后膜的GABA受体，允许氯离子内流，使膜电位趋向负极（超极化）。由此产生抑制性突触后电位(IPSP)。在正常的突触传递中，兴奋性和抑制性的神经递质之间的平衡使得EPSP和IPSP的总和保持在引起神经元动作电位的阈值之下，被称为静息电位。

D.谷氨酸增多产生兴奋性突触后电位(EPSP)。随着兴奋性神经递质的增多，突触后神经元细胞膜电位越发趋于正向，产生更多EPSP。兴奋性和抑制性信号的总和逐渐超过阈值，引发动作电位。

E.抑制性突触后电位(IPSP)的减少。当抑制性神经递质减少时，IPSP随之减少，突触后神经元细胞膜膜电位逐渐去极化。兴奋性和抑制性信号的总和逐渐超过阈值，引发动作电位。

图8-10 兴奋性和抑制性突触后电位的机制①

---

① https：//mp. weixin. qq. com/s？_biz = MzIOMjEwNjk5Ng == = &mid = 2650551834&idx = 3&sn = a7e5dcfae3a4064c31e9938f0051d989&chksm = f109c101c67e48178d11fe1f2cfe5326e0ff8d96 073b952d96725a564357add5630f2077ced6&scene = 27.

三、大脑皮层六层结构电位场和偶极子模型解释

大脑皮层是调节人体心理、生理活动的高级神经中枢，是分布在大脑两半球表面的一层灰质，集中的是神经细胞的细胞体和树突，其有许多凹陷的"沟"和隆起的"回"，总面积约有 2200 平方厘米，厚度 2~3 毫米，可分为六层（图8-6）。包括：①分子层；②外颗粒细胞层；③外锥体细胞层；④内颗粒细胞层；⑤内锥体细胞层；⑥多形细胞层。被检测人对检测语句内容的记忆、分析、判断等思维活动都得通过它，是保证被检测人机体内部统一并与周围环境统一的主要机构。相关神经细胞体电场形成的偶极子模型如图 8-11 所示。

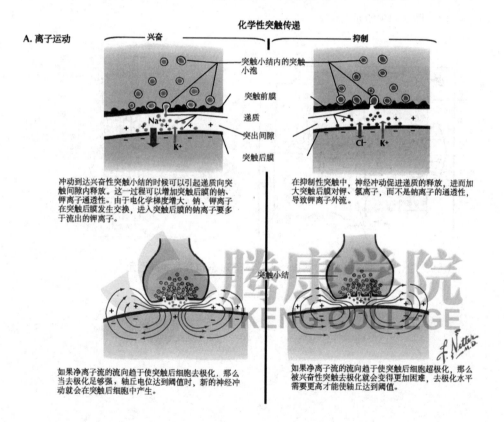

化学性突触传递

A. 离子运动　　兴奋　　　　　　　　　　　　抑制

突触小结内的突触小泡
突触前膜
递质
突出间隙
突触后膜

冲动到达兴奋性突触小结的时候可以引起递质向突触间隙内释放。这一过程可以增加突触后膜的钠、钾离子通透性。由于电化学梯度增大，钠、钾离子在突触后膜发生交换，进入突触膜的钠离子要多于流出的钾离子。

在抑制性突触中，神经冲动促进递质的释放，进而加大突触后膜对钾、氯离子，而不是钠离子的通透性，导致钾离子外流。

突触小结

如果净离子流的流向趋于使突触后细胞去极化，那么当去极化足够强，轴丘电位达到阈值时，新的神经冲动就会在突触后细胞中产生。

如果净离子流的流向趋于使突触后细胞超极化，那么被兴奋性突触去极化就会变得更加困难，去极化水平需要更高才能使轴丘达到阈值。

大脑皮层神经细胞六层结构的神经元和树突走行方式以及解剖构造特点见

B. 兴奋性突触后电位、抑制性突触后电位和电流

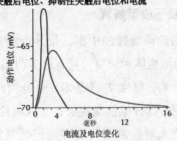

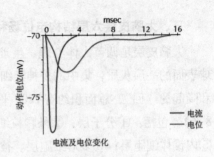

图 8-11　兴奋性（EPSPs）或抑制性（IPSPs）的突触后电位是由突触前细胞释放的神经递质作用于突触后膜的受体而引起的局部膜电位变化的过程①

图 8-12、图 8-13 所示。

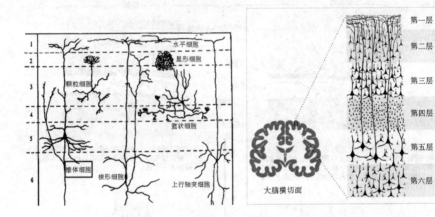

图 8-12　大脑皮质六层不同形态和分布的神经元

---

① https：//mp. weixin. qq. com/s? ＿＿biz＝MzIOMjEwNjk5Ng＝＝&mid＝2650551834&idx＝3&sn＝a7e5dcfae3a4064c31e9938f0051d989&chksm＝f109c101c67e48178d11fe1f2cfe5326e0ff8d96073b952d96725a564357add5630f2077ced6&scene＝27.

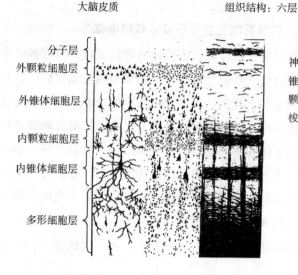

图 8-13 大脑皮质六层树突走行方式以及解剖构造特点

认知脑电测谎试验的脑电位是突触后电位的总和，反映了与刺激呈现时间同步的大脑电反应信号，其成分可以从极性（P/N）、潜伏期、波幅和头皮分布等多维度来描述。一般认为，波幅反映大脑兴奋性的高低，而潜伏期反应神经活动与加工过程的速度和时间评价，在记录指标上多维性的综合优势（尤其是高时间分辨率）奠定了它在态度研究中的地位和应用前景。

第五节　大脑皮层脑电波形成的机制

一、皮层神经元节律性同步活动的起源

动物实验表明，当切断皮层与丘脑的联系后，皮层的 α 节律消失，而丘脑中类似 α 波的节律性活动依然存在。损毁丘脑后，皮层也不再出现自发的节律性活动。因此可以认为，皮层自发的节律性活动来源于丘脑，然后从丘脑传递到大脑皮层。综上所述，一般认为脑电图波形是由大脑皮层神经元突触后电位的总和所形成的，同时其节律性活动的产生与丘脑有关。

二、皮层神经元突触后电位变化形成认知脑电位

脑电位变化的波形是一种近似于正弦波的电位变化，而与神经干上见到的动作电位不一样。应用微电极记录皮层神经元细胞内电位变化，见到皮层表面出现类似 α 波节律的电位变化时，细胞内记录到的突触后电位变化也出现节律相一致的改变。由此认为，此层表现的电位变化主要是由突触后电位变化形成的，也就是说是由细胞体和树突的电位变化形成的。可以设想，单一神经元的突触后电位变化是不足以引起皮层表面的电位改变的；必须有大量的神经组织同时发生突触后电位变化，才能同步起来引起皮层表面再现电位改变。从皮层的神经元组成来看，锥体细胞的分布排列比较整齐，其顶树突互相平行并垂直于皮层表面，因此其电活动在同步时易于发生总和而形成强大的电场，从而改变皮层表面的电位。

三、脑电活动的皮层神经元机制

由于最常见的脑电波节律为每秒 10 次左右的 α 节律，每个波的周期约为 100 毫米，这要比神经元的动作电位慢得多，而和神经元的突触后电位的时程较近似，因而提出脑电波是由神经元的同步性慢活动所引起的。此外，动物实验表明，微电极所记录的皮层神经元的慢的突触后电位常与粗电极在皮层表面记录到的同步化脑电波时程相同，尤其是在每秒 8~12 次的梭形波时更为明显。此外，静脉注射有快速作用的巴比妥药物时，脑电波与细胞内记录的突触后电位同时消失，而当药物作用过后，两者又同时恢复。因此可认为：脑电波是由皮层细胞群同步活动时突触后电位（包括兴奋性突触后电位与抑制性突触后电位）的总和所形成的。目前知道，大量皮层神经组织的放电活动同步总和必须依赖丘脑的功能。在动物实验中见到，当用中度麻醉时，即使没有其他感觉传入的刺激，皮层也会出现每秒 8~12 次的自发脑电活动。这种脑电活动的波幅亦时大时小，并可以从皮层广泛的区域内引出，因此这些脑电活动与人类脑电波中的 α 节律相似。如果切断皮层与丘脑间的纤维联系，上述类似 α 波的脑电活动就会大大减小。如用每秒 8~12 次节律性电刺激来刺激丘脑非特异投射系统的这一神经核（如髓板内核群），则皮层上会出现每秒 8~12 次的节律性脑电变化。这种脑电变化的波幅亦时大时小，在皮层的空间分布也是广泛的。因此，从频率、波幅形状以及空间分布上来看，刺激丘脑非特异投射系统所获得的脑电变化与

上述类似 α 波的自发脑电活动相一致。由此认为，某引起自发脑电形成的同步机制，就是皮层与丘脑非特异投射系统之间的交互作用；一定的同步节律的丘脑非特异投射系统的活动，促进了皮层电活动的同步化。

如果用每秒 60 次的节律性电刺激来刺激丘脑非特异投射系统，则皮层上类似 α 波的自发脑电活动会立即消失而转成快波。这可理解为高频刺激对同步化活动的扰乱，脑电出现了去同步化现象，快波的出现就是去同步化的结果。刺激脑干网状结构时引起的上行激动作用，一般也认为是其上行冲动扰乱了丘脑非特异投射系统与皮层之间的同步化环节，脑电出现了激活状态，呈现了去同步化的快波。在人类脑电记录中所见到的 α 波阻断现象，事实上也是由同样的机制所引起的。

电生理研究观察到，当皮层癫痫病灶区出现棘波时，皮层内神经元出现爆发式短串冲动发放，频率可高达每秒 200～900 次；如将电极插入神经元细胞体内，则观察到当棘波出现时，细胞体出现大幅度去极化电位（可达 30mV），去极化电位发展到一定程度后则爆发短串动作电位。由此认为，许多神经元同时出现大幅度的去极化电位，就使皮层出现电棘波；而神经元的爆发式短串冲动发放，也是大幅度去极化电位所造成的，这种大幅度去极化电位，可能是大量同步的兴奋性突触后电位总和起来形成的，这是癫痫病灶区神经元异常活动的表现。由于皮层肿瘤等占位性病变区本身不产生电活动变化，因此在该区域记录到的 θ 波或 δ 波，一般认为来源于其环周异常脑细胞的电活动。

第六节　大脑皮层机能分工与对应
电极所采集到脑电的认知意义

一、大脑皮层的三级区结构与功能

大脑皮质不同的脑叶或功能区参与不同的功能系统，每个功能系统的脑叶或功能区都能独立交换产出样本。而这些又都是在大脑皮层六层神经细胞结构中发生的，人类在进化过程中，由下层到上层依次生成，从而这些不同层次结构的功能也不尽相同。在功能上，它们被分为三个级区：初级区、次级区和联络区。

初级区：初级区主要是指皮层的第四层（感觉性内导层）和第五层（运动性外导层）大锥体细胞密集的部位。它直接接收皮层下中枢的传入纤维和向皮层下部发出的纤维，与感觉器和效应器之间有着直接的功能定位关系。这些部位的神经细胞具有高度的特异性，分别将视、听、肌肉等外周感受器与枕叶、颞叶、中央后回和中央前回联系起来。这种联系是由定位和功能相同的神经细胞聚集在一起的，形成垂直于皮层表面的柱状结构，从而区分出投射性的皮层视觉区、听觉区、躯体感觉区和运动区，实现着初级的感觉性和运动性信息传递。整个初级区属于较简单的"投射"皮层结构。

次级区：次级区主要占据着皮层结构比较复杂的第二、三层组织。这些部位由短纤维神经细胞组成，它们大部分同外周感官没有直接联系。次级区的主要功能是对外周输入的信息进行初步加工，它们还接收来自脑深部传导的冲动。次级区是在种系演化晚期阶段和人类种群中发展的，其功能是对所接收信息进行分析与整合，在复杂的心理活动中起作用。次级区属于"投射—联络"皮层结构。

联络区：联络区是指位于皮层各感觉区之间和重叠部位。它所包含的皮层区域完全是由皮层的上层细胞组成，与外周感官无直接联系。联络区在皮层上构成两大区域。其一分布于脑后部两侧枕叶、顶叶和颞叶之间的接合部位，是各感觉区的皮层重叠部分，下顶区是它的基本组成部位。人类下顶区十分发达，占据联络区的四分之一，实际上联络区是人类所特有的组织。其二位于皮层运动区前上方，它在人行为复杂程序的序列中起作用，它同皮层所有其余部分有联系。联络区对心理的高级功能，诸如词义、语法、逻辑、抽象数量系统，综合空间标志的整合，以及经验的保存起作用；它协调各感觉区之间的活动，进行皮层最复杂的整合功能，被称为"保存信息、接收加工"的联络区。

大脑皮质分层结构是长期进化的产物。三级区结构的发展在不同类动物中有不同的发展等级。例如，老鼠的大脑皮层只有初级区和次级区的初步分化，没有联络区；猿猴的皮层有了联络区。只有到了人类，大脑皮质的分层次结构才分化得十分清楚。人的大脑皮层初级区因受到发达的次级区的排挤，占据区域不大，而顶、枕、颞重叠区和额叶皮层的联络区两部分是最发达的系统。人脑的功能作用，不是由相对分开的区域所完成的，而是由整个皮层结构协同整合的结果。

二、脑的三个基本机能联合系统

人的心理活动是复杂的机能系统，它们不由脑的局部部位所决定。正像从上述皮层三级区所看到的，每个区域和不同层次起着不同的作用。皮层下结构的功能也是如此。

按照脑的功能分工，可划分为三个基本的机能联合系统，任何心理活动必须有它们的参与。这三个联合系统为：

（1）调节觉醒和紧张状态的机能联合系统；

（2）接受加工和保存信息的机能联合系统；

（3）调节和控制复杂活动的机能联合系统。

通过这三个机能系统的工作，可看到人的心理从信息输入、整合到反应的大致图景。

（一）调节觉醒、紧张状态机能联合系统

为了使心理活动正常进行，保持大脑皮层一定的觉醒状态和适宜的紧张度具有决定性的意义。保证和调节皮层觉醒状态和紧张度的器官，不是位于皮层本身，而是位于皮层下部位和脑干的网状结构。这些部位与皮层有上、下行的调节联系通路。网状结构上行激活系统激活皮层紧张度，同时网状结构下行激活系统受到皮层的调节与控制。借助这种机制，皮层所需的用以进行信息加工的兴奋与抑制的整合能量，可以从皮层下网状组织得到补充。

激活网状结构下行纤维的皮层部位，首先从额叶开始，并通向丘脑和脑干。这一额叶——网状结构通路，不但输送外导信息，引起有机体的适应行为，更重要的是，额叶的高级功能——意图形成、计划制定、监督计划的执行等有意识活动，是靠额叶——网状结构通路的机能活动实现的。事实上，上额叶受损伤，人的能动的心理活动的整个系统也就是人的高级智能活动，将受到严重的破坏。

（二）接受加工、保存信息机能联合系统

接受加工和保存信息的机能联合系统是心理整合的最主要的系统。它涉及大脑皮层的枕、颞、顶叶三个感觉区的三个级区的整合功能。初级投射区的特异性感觉输入——分别为视觉、听觉和躯体感觉区域，在次级区即已被整合加工，但仍具有投射性；最重要的是在第三级联络区的大脑皮层进行的多方面整合。例如，认识周围地理环境的综合标志，不是由专门化的某一感觉系统所能完成的，而是由顶、枕部联络区所整合的反应。因此，顶、枕部受损伤时，空间认知即发生障碍。从直观知觉向以内部图式和广泛概括为前提的抽象思维的过渡，也必须在联络区参与下才有可能。在顶、枕、颞部受损伤时，不能把输入的个别信息整合到统一的结构中去，以免对信息意义的理解产生困难。

（三）调节和控制复杂活动机能联合系统

调节复杂活动的机能系统位于大脑皮层前部中央前回的额叶。中央前回额叶是大脑的执行器官。它由皮层初级区第五层大椎体细胞纤维外导，通往肌肉运动器官，以引起活动反应。这条通路称为椎体通路（活动的实现还要靠经过另一条椎体外路来保证）。

人对外来信息不仅简单地予以反应，还在加工和保存信息中产生意图，制定计划、执行程序、监督和控制活动，这就是人类高级的有意识的活动。这些复杂的信息加工是在上述"接受加工、保存信息"的机能系统中进行的，是在额叶次级区和联络区借助言语机制形成的，这就不仅涉及额叶本身，而且在联络区通向整个皮层。由此可见，活动调节机能系统有两个方向的联系，一个是下行通过间脑调节网状激活系统，以形成行为的动力图式；另一个是额叶与皮层所有其他部位的广泛联系，以实现对由意识所支配的行为的调节。因此，额叶不仅对调节皮层紧张度与激活水平起着重要的作用，而且对人的高级思维和决策，对问题解决、实现意志行为等意识活动的调节和控制，在整个皮层联络区的整合加工参与下，起着决定的作用。

综上所述，人的心理是在大脑皮质的三个级区和脑的三个机能系统的协同活动下实现的。外界信息在皮层初级区向次级区、联络区传递，特别是在其中的高级区进行加工。信息的传递过程，第一机能系统保证皮层紧张度，第二机能系统进行分析与整合，第三机能系统保证有意识的、有目的的探索活动，这就是大脑皮层的信息加工。

三、大脑左右脑半球功能差异与认知脑电测谎试验关系

有研究认为大脑左半球的功能为：语速→语言、平衡→行动、免疫、概念、数字、分析、逻辑推理等。具体表现如下。

1. 控制中心：控制体外右侧一切活动能力、免疫系统和做梦等；

2. 知觉中心（左脑）：感受自身和眼睛看到、耳朵听到的身外事物与发现各种现象的一切感觉；

3. 逻辑思维中心（低速）、理智思维中心；

4. 观察中心（低速）和判断中心（承认错与对）；

5. 集中注意力控制中心（次要的）；

6. 反应中心：眼睛直接看到危险和耳朵听到不对头的声音就直接跟右脑"判断中心"，再跟"躯干"相配合回避危险；

7. 平衡中心：左右脑哪个最发达就平衡能力最强。例如：那些走钢丝和平衡木等项目都是大脑这个功能很发达。

8. 情绪控制中心：每个人都有喜怒哀乐，那大脑就会有控制这些情绪的功能，如果没有这一功能情绪就会失控。例如：有的精神病人又哭又笑、情绪时高时低，那就是情绪记忆断了连接，变成了失控情绪记忆。

第九章

外源性刺激诱发因素

　　完整科学认知脑电检测过程由认知脑电检测受理、测前准备、现场测试、结论公布四个阶段组成，各阶段相对独立又相互影响，上一阶段成效直接影响下阶段，直至最后的认知脑电检测结论的正确程度和准确性得到结果被法庭认可，科学认知脑电检测过程就是用基本统一通用的认知脑电检测方法，通过这种方法把科学同行公认的认知脑电检测规程、被认知脑电检测人、认知脑电检测仪等设备、心理生理学等方法以及认知脑电检测相关等工具进行集成，在认知脑电检测领域内有言行所依据的准则或规范，有规程即"规则+流程"，为实现科学认知脑电检测特定目标而采取的一系列前后相继的行动组合，如受理、测前、实施、测后等，即这多个活动组成的工作程序。这些认知脑电检测技术规则，则是这项认知脑电检测工作的要求、规定、标准和制度等，将认知脑电检测工作程序贯穿一定的标准、要求和规定。认知脑电检测的规程是认知脑电检测技术要求和实施程序所做的统一规定，其中还含规范即认知脑电检测各阶段具体技术事项所做的一系列规定，涉及认知脑电检测技术规定的、具有一定强制性和约束力的规范性文件，如认知脑电检测语句需要遵循的"认知脑电检测语句的技术规范"或"规范"等，在认知脑电检测过程完成后，在此基础上得到完整的、符合科学标准的、可重复的被测人认知脑电检测结论。

第一节　诱发认知脑电的刺激条件

一、待检测的内在真实被检测人——涉案事、知情者、无辜者

　　内在真实的涉案事、知情者、无辜者三类被试，对检测问句的认知类别准

备状态是完全不同的。对于涉案事、知情者来说探查对问句中所描述的情节，亲力亲为过或是有涉及的经历，存在着行为"过"，这些是不愿诚实回答的问句，一般会"欺骗"回答。对标靶、无关类的检测问句三类内在真实的被试，诚实决策的可能性大（表9-1）。

表9-1 欺骗试验时检测单元前预设"欺骗"下内在真实被试对问句的准备

被试	探查			标靶	无关	检测重点
	认知预备	参与度	决策			
涉案事	已有充分	亲力亲为	欺骗	诚	诚	探查与标靶相似度
知情者	部分	部分参与/知道	选择性真假	诚	诚	探查与标靶相似度、量
无辜者	未知	未知	诚实	诚	诚	无关与标靶相似度

二、应答方式对所检测的脑电、心电、皮电、皮温、心率、呼吸、血容量搏动的生理指标

认知脑电检测欺骗的脑电记录系统是进行认知神经科学研究的有效工具，能够准确地在线显示认知活动不同时间进程中的脑功能活动状态。Curry定位系统可以对大脑的不同认知活动过程进行精确定位，为观察认知活动进程中脑功能的运行状态打开了一扇窗户。该试验主要研究人的认知心理活动，包括知觉、注意、学习、记忆、言语、思维、决策等过程，以及情绪对认知过程的影响，从而探讨认知活动的心理机制和神经基础。

生理心理学实验室可以开展肌电、皮肤电、心率等各种生理指标观察、各种认知状态下情绪指标的测量等项目。研究记忆、注意、决策、情绪等心理活动的脑机制，实验设备有脑电记录仪和直流EEG采集系统。脑电记录仪配备的放大器可实现256导同时采集，每导可达20000赫兹；采用主动参考模式，参考电极能同时记录环境噪声以作为参考，保证了信号的可靠性。直流EEG采集系统采用ANT Neuro研发的全方位移动式Cognitrace EEG/ERPs系统。Cognitrace全移动88通道放大器由64导脑电和24导EKG/EMG等生理信号组成，无需电源，内置电池6小时持续供电，500克的轻巧体积，使欺骗检测能够通过便携移动脑电采集技术在室外采集脑电数据。尤其是利用ERP的学术位置，涉及如下领域：

1. 心理生理学（psychophysiology，John Stern，1964）范畴；

2. 心理生理学以心理因素为自变量，以生理指标为应变量，一般以人为被试；

3. 生理心理学（physiological psychology）以生理变化为自变量，以心理因素为应变量，一般以动物为被试；

4. 心理生理学是从生理心理学中分离出来的，同属认知神经科学。

认知神经科学是在近十余年才兴起的一门交叉学科，它是当前脑科学界颇受关注的领域，ERP 是其中的重要组成部分。认知脑电对欺骗的检测试验，只是基于认知神经科学领域中的诸多科研成果，才发现欺骗的科学依据，测谎是施测人员对受测者进行一系列标准化问题的询问，同时，由测谎仪器记录受测者对每个问题的生理反应图谱，并据此判断受测者是否说谎的识别方法。合适的刺激编排方式和实验任务是保证测谎中犯罪信息诱发显著的 P300 的重要条件。P300 作为内源性 ERP 成分，其波幅和刺激出现概率，被试对刺激出现的主观期望、任务难度及认知负荷、刺激对被试的意义、注意资源分配等多个因素关系密切。如对于自我相关、案件相关、陌生的初认等，这些不同认知种类有 70%以上成功率的确认，避免任意猜测的可能；对自我相关信息的认知加工确认，以获得高纯度的大脑诚实反应过程，从而作为标准参照；超短的在 200 毫秒内完成选择判断予以拒绝，避免非认知任务完成成分混入，因为 200 毫秒不可能完成对案件相关语句和图片认知加工，这样可保证案件相关认知加工反应的纯度；另外对超过正常认知反应速度的如长于 3000 毫秒的，这些无法确保完成的且是案件相关任务的认知加工的也予以拒绝，以此可进一步提高反应案件相关认知的反应贡献程度。

第二节　科学测谎试验试次串的组成

科学测谎的定义不在于用什么心理生理检测技术的范式、标准的选取和运用，而在于范式、标准的使用合理性，在心理生理检测试验实施中，发现、提取、证明等过程都是由人参与的过程，不可避免会有人为因素存在，出错的可能是百分之百，但是要将出错降低，因此需要对其予以规范。

刺激的序列是认知脑电检测欺骗试验获取有效的脑认知数据的重要保证。大型软件包完成实验所用刺激序列的编制：全部语句和图片要求两个及以上的种类的刺激，经随机处理后均随机呈现，以保证所实时记录的被试脑电反映的是对每一试次串完全对应的加工过程，进一步减少被试猜测的可能性。

一、认知脑电检测欺骗试验的整体结构

认知脑电检测欺骗试验是由结构化原则来完成的，结构化的认知脑电测谎由一个个单元（block）构成，每个单元是既相互独立又相互联系的试验功能。

单一试验即整个试验由一个核心试验过程组成，被试完成一个任务试验即结束，如被试间；局部测查可用。

复合试验即整个试验由几个核心试验过程或几个分试验组成，被试必须完成所有的分试验才能结束试验，如被试内；筛查、选拔、录用可用（表9-2）。

表9-2 试验类型基本性质

类型	组成	阶段	作用	不足
单一	一个核心试验过程	初始	筛查	假阴性
复合	几个核心试验过程	已多时	精准查、确查	案（事）件信息揭露、被"污染""漂白"

完成一次认知脑电对欺骗检测的试验，需要针对检测的目的、任务的需求和检测技术性能要求，根据测谎科学原理提出各种检测欺骗原理和技术下的试验假设，根据假设来实施试验。试验由若干个测试单元，或称之为"组（block）"组成，测试单元（组）由若干个根据诱发刺激的认知材料内容不同的分类（type）组成，若干个分类上由诱发脑电的试次串（trail）"试次"组成，试次串由若干个显示在屏上的任务（event）组成，其中有注视点、与检测目的相关的认知任务即刺激界面、探测线索、探测界面、反馈界面、结束界面、掩蔽界面等组成。也就是说，认知脑电检测欺骗试验（1个检测任务）= 若干个检测单元（N个检测组）+若干个为实现检测目的而进行的认知分类（type）+ 若干试次串 + 若干个在屏上显示的需要被检测人完成的事件/任务（event）组成（表9-3）。构成的层级如下：

1. 1个检测目标（experimental duties，ED）；
2. 若干个检测单元（组）（block）；
3. 若干个根据诱发刺激的认知材料内容不同的分类（type）——认知类别；
4. 若干个试次串（trail）；
5. 若干个显示在屏上的事件/任务（event）。

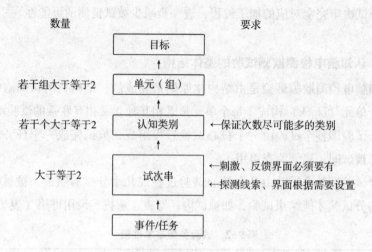

图 9-1 认知脑电检测欺骗的诱发刺激试验构成

表 9-3 诱发认知脑电的刺激组成

组成	组成内容	组成数量
目标	1 个检测目标（experimental duties，ED）	若干
单元（组）	若干个检测单元（组）（block）	根据检测试验需要 ≥2 ≤ 软件上限
认知类别	若干个根据诱发刺激的认知材料内容不同的分类（type）	保证技术要求的叠加次数之上，根据检测试验需要 ≥2 ≤ 软件上限，尽量多
试次串	若干个试次串（trail）	≥3 屏
事件/任务	若干个显示在屏上的事件/任务（event）	≥2

　　基于测谎科学原理、机制的有关检测欺骗的试验，之所以被称之为"科学"逐步受到法庭科学证据界的重视，被公、检、法、司、安等部门采用，重要的一点在于试验方法的严谨规范、操作标准，得之数据可在科学同行之间比较，而且用人体生物科学逻辑分析数据时，突出刺激（材料、方法等）—反应（方式）—脑认知加工所诱发出来的认知脑电之间，或者测谎问句—被检测人—认知的情绪生理反应，这些能够比自然观察优越，并和测谎科学试验本身的特点密切相关。因为试验方法可以利用测谎科学仪器和设备所造成的条件，根据心理生理检测目的和需求，突出研究被检测对象的主要因素，如认知内容、案（事）件的相关性，排除次要因，如准绳问句内容、靶刺激问句的内容、不相关

问句内容，偶然因素如被检测人极端心理生理状态等，以及外界的干扰如周围新异的刺激、对检测者未知的恐惧，使要检测的认识问句内容而诱发的被检测人体表生理反应和心理生理反应的某些生理变化高度相关的属性，在检测试验的"特定"状态下显示，从而能更准确地认识被检测人心理生理相关、脑认知相关的本质和规律。

二、单元（组）block—完成认知脑电检测欺骗试验的局部、整体结构，可完成一个探索目标

认知脑电检测欺骗试验的单元（组）：每一个试验单元（组）是从开始到结束的时间进程。全过程（session procedure）是试验从指导语开始到结束界面的整个过程，包括指导语（instruction）、练习模块（practiced list）、练习结束提示（practice end）、试验实施模块（experiment list）、结束语界面（goodbye）等试验成分。以某一检测任务为目的的一次检测试验由多个试验单元（组）组成。在每个试验单元（组）中都含有核心的试验过程。

表 9-4 测谎试验单元的组成

试验组成模块		作用对象	要求
起始	1.1 指导语 1.2 练习 1.3 练习结束提示	被试	简单、明确、易懂
		被试	熟悉诱发材料呈现方式和工具、容错
		主试	解释、可重复、可终止
实施	2.1 试验开始 2.2 核心试验过程 2.3 多次的核心试验过程	被试	强调、提醒、认知任务
		被试	无干扰、组间反馈
		被试	解释操作差异
结束	3.1 结束语界面	主试	问询、解释、数据及时存储

核心试验过程（core experiment procedure）：一个刺激单元能够运作完成的、最小的、可重复的试验程序组成过程，一个刺激在核心试验运行完成，即完成一次 trail，多少个刺激就运行多少次核心试验过程。

在这个过程中刺激得以呈现、反应得以收集。全过程包括核心试验过程，一个全过程可以有一个或多个核心试验过程。必须分清楚哪些是被置于全过程中，哪些成分是被置于核心试验过程中。一个单元（组）的全过程就等于"指导语""核心试验过程"和"结束语"之和。图 9-2 中显示由"所有的问句内容非常简单，请你以最快的速度做出判断后，按键即可"开始到结束的一个单

元全部过程情况。

每个单元（组）可以分别实现一个探索目标，让认知脑电实现对欺骗的检测，可以通过检测单元（组）来进行。

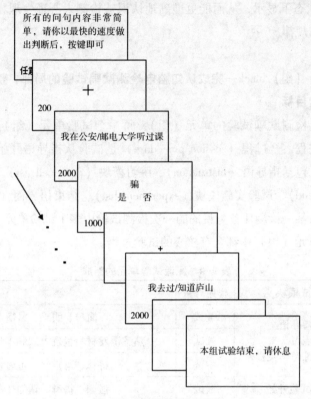

所有的问句内容非常简单，请你以最快的速度做出判断后，按键即可

任意

200

我在公安/邮电大学听过课

2000

骗
是　否

1000

我去过/知道庐山

2000

本组试验结束，请休息

图 9-2　刺激序号呈现示

下面是两种欺骗方式进行编制的单元（组）：

1. 引导式欺骗（directed lie）：在刺激界面，或探测线索，或探测界面，或提示界面上给予"诚实""欺骗"的提示，被检测人根据内容"我去雷神山见过 XX。欺骗"，自己做出决策/按键——"是　否"（表9-5）。前者让被试根据事先的约定，对某一类刺激采取欺骗、对其余的刺激采取诚实汇报的行为，其优点是具有可操作性。

2. 自发式欺骗（spontaneous lie）：设定情境，让被试采取自发性的欺骗行为（如为了获得额外的收益）。其优点是更加真实，对现实的模拟程度更高；缺点是个体具有差异，难以操纵。尽管已有的研究表明两种类别的欺骗行为在行为和认知上具有很高的相似性，然而在未来对进一步考察管理情境中的自发性欺骗行为依然有重要意义。

表9-5　主试给予被检测人完成认知任务的决策/按键方式

约定	单元（组）前约定		单元（组）中	随机
	固定	指定		
诚实	反应时	正确率	我去雷神山见过XX。欺骗"是 否"	有人为你开过海外银行专户吗
欺骗	正确率	反应时	我去石景山见过XX。诚实"否 是"	有人愿意退休后为你照顾生活及福利吗
随机	已知对		你曾经自身认识到被利用过吗	你建立了境外的联系吗

三、认知分类群（type）——实验室条件下设计以认知内容进行分类群，并嵌入刺激序列中

在每一个检测试验中，建议刺激呈现方式。每单元（组）都有两个及以上（越多越好）种类（type）的刺激，欺骗、诚实组对组内的所有检测问句内容进行欺骗、诚实回答，得到探查内容的问句在诚实组的认知脑电是否与对应的欺骗组的相同问句内容的脑电有相似度。

（一）科学测谎试验的单元组成

无论何种类型的科学测谎试验，它们都是由若干检测试验单元组成的，每个单元（组）是由指导语界面、试验模块、结束语界面三个部分构成的。每个部分再由认知类别的试次串组成，如下：

1. 注视点——必须有。

2. 提示界面——可有可无，根据欺骗检测试验假设的需要设置。

3. 刺激界面——必须有，是试验的核心、重点和关键，直接关系试验的质量、科学性。

4. 探测线索——可有可无，根据欺骗检测试验假设的需要设置，辅助主要任务。

5. 探测界面——可有可无，根据欺骗检测试验假设的需要设置。

6. 反馈界面——必须有，保证被检测人大脑经历脑认知过程。

7. 刺激间隔——可有可无，避免被试适应，根据欺骗检测试验假设的需要设置。

8. 试验缓冲——可有可无。

9. 结束界面——必须有。

10. 掩蔽界面——可有可无，根据欺骗检测试验假设的需要设置。

（二）刺激模式的影响

对于说谎研究并没有既定的范式出现，但是对于说谎的应用技术检测欺骗研究方面，检测欺骗模式的出现会对所需要得到的指标有一定的影响。法威尔等（Farwell et al.，1991）提出可利用探测刺激和靶刺激的相关系数与探测刺激和无关刺激的相关系数的差异值进行测谎。而陶春丽等（2004）提出了另外一种诊断指标——探测刺激与无关刺激的 P300 波幅的差异值。P300 检测欺骗常用的刺激模式是 Oddball 范式的双刺激模式和三刺激模式。

双刺激模式是指由靶刺激要检测的刺激和非靶刺激这两种不同的刺激序列随机排列而成的新异刺激模型。

三刺激模式包括低频出现的靶刺激和目标刺激为保持被试注意力而设置的刺激，试验前主试知道被试熟悉以及高频率出现的非靶刺激。试验任务要求被试对目标刺激按"是"键，其余按"否"键，对靶刺激按"否"键表示不知道或不认识这个项目，如果目标刺激和靶刺激诱发 P300 的交互相关不同于其与无关刺激的，就可以确定被试说了谎（"有罪"）。

使用三刺激模式，可以通过比较 P300 波幅在目标刺激和靶刺激上的差异与其在目标刺激与无关刺激上的差异，来确定被试说谎与否。三刺激模式中，需要被试对不同的刺激进行不同的按键回答，增加了认知负荷，改变了靶刺激的 P300 波幅，但同时增大了无关刺激的 P300 波幅。

这样，在研究差异性的时候并没有起到有效的作用。相比较而言，双刺激模式则只包含两类刺激，无须复杂的按键任务，操作起来方便快捷。不足是为了维持被试的注意力水平，在试验中会插入随机检测，这样不仅会使得被试产生额外的期待效应，况且保持注意力的效果实现得如何也不好确认，反而可能会干扰正常的试验进程。

克拉梅等（Kramer et al.，1987）研究认为三刺激模式是较不理想的检测欺骗模式，因为试验中要求对不同刺激做出不同的反应，导致产生更多的工作负荷，从而诱发较小的波幅，而且不利于对认知结果的分析归因。罗森菲尔德等（Rosenfeld et al.，2006）比较了双刺激模式和三刺激模式的检测欺骗效果，结果发现在不考虑刺激内容的情况下，两种检测欺骗模式的准确率无显著差异。但在双刺激模式中，由于目标刺激的存在，被试更加关注试验材料，从而使得靶刺激和无关刺激的波幅都会因此而加强，该结论和先前克拉梅得到的结论不一致。浦晓黎的研究表明，三刺激模式与较高影响程度的刺激内容匹配时，能诱发更大的 P300 波幅，检测欺骗效果更好，而采用双刺激模式和较低影响的刺激内容匹配时会诱发波幅更大、效果更好的 P300 波幅。朱玉文（2009）则主张正因为要比较靶刺激和探测刺激之间的 ERP 波形的一致性，所以 P300 检测欺骗范式应是三刺激范式，并要求被试对靶刺激和非靶刺激都做出行为反应，通过对非靶刺激的行为数据分析可以识别那些试图反测试的潜在有罪者。

人对某客体进行认知加工（如注意、记忆、思维）时，通过平均叠加从头颅表面记录到的大脑电位称为事件相关电位。ERP 是一种特殊的诱发电位，属于近场电位之一，反映认知过程中大脑的神经电生理改变，因此也被称为"认知电位"（cognitive potential）。ERP 测试必须有两个以上的刺激组成刺激序列或刺激范型（oddball paradigm，OB）。

根据研究目的、刺激内容和总体编排不同，可引出 P300、N400、CNV 等电位。P300 是出现在刺激后 300 毫秒左右的电位，是大脑对信息的初步认知加工过程。主要用于各种原因而致伴有认知障碍的病人，它可以为智能障碍及其程度提供神经电生理依据。N400 是以各种语言操作任务诱发出负相电位，PL 约为400 毫秒，故称为 N400。与人的认知过程有关，受注意、记忆和智能影响，但主要反映与语言加工有关的过程。

四、试次串——完成认知脑电检测欺骗的单一检测试验单元的组成

一个诱发刺激就是一个试次串（trail）。试次串是至少由一个核心刺激或诱发的屏、刺激界面，另外加上注视点评、探测线索、探测界面、反馈界面、结束界面等若干个屏组成的、连续的、前后顺序固定的、多个必须作为同类连贯的"串"形式出现，详见表 9-6 所示。

表 9-6 试次串（trail）组成和显示屏的作用

屏幕名称	内容	要求	屏显示
指导语（instruction）	任务执行、操作说明与要求	简单、明确、听懂	字、词、句表述
注视点（fixation）	"+"固定	标准化清零	不少于 200 毫秒回基线
提示界面（cue）	提示符号、方向	据试验假设需要	可有可无
刺激界面（stimulus）	检测任务、对照	充分呈现时长	我去过公安大学西门
探测线索（probe）	提示符号、方向	明确	"欺骗"或"诚实"

续表

屏幕名称	内容	要求	屏显示
探测界面（probe）	认知任务核心	简短、单一、无歧	"欺骗"或"诚实"
反馈界面（feedback）	指令式、短	易执行	是或否
刺激间隔（ISI、SOA、interval）	必设置	随机、无法预测	根据要求选择确定
试验缓冲（buffer interval）	可有可无	任务紧贴原理	参照、对比
结束界面（expend）	告诉结束	与反馈区分	简短文字
掩蔽界面（mask）	根据需要设置	参照标准	可字、词、句、图、画

完成案件相关信息认知脑电测谎方法，一个界面消失，接着呈现另一个界面。不同的试验过程其组成结构不一样，不同的试验类型也有不同的程序结构。

每一个串就是围绕一个核心的诱发刺激内容——试次来展开的。若干个串（试次）就组成检测单元，相同类型的认知任务的每一个串——试次进行叠加处理所得到的认知脑电，代表一类认知任务——认知脑电的反应。各类/种试次串可以以并联模式、串联模式、镶嵌模式、平衡模式组成为检测单元（组）。正式试验一般至少2个block，每个block包含80个试次串，所有"试次"的出现是随机的（表9-7）。

表9-7　诱发认知脑电产生的试次串（trail）结构

模式	定义	具体内容	例句	认知使用
并联	把各分类下的检测问句在某处分开出现两个串，最后又合到一起，并列地连接起来组成的试次串	记忆——情景、语义	景——我去过泰山 义——我知道泰山 景——我和姚明打过球 义——我知道姚明是谁	多
		自我相关——我、有人	我好为人师 我会嫉妒他人 我会自命不凡	
		正反义词	你对所承担的工作忠心耿耿 你对所承担的工作三心二意	
串联	逐个顺次连接起来组成的检测问句	案（事）件——检测任务的探查内容（串或随机）时间、地点、接触人、接触物等	你对日常生活常常感到枯燥 你的所想、所说、所做经常相互矛盾	中

模式	定义	具体内容	例句	认知使用
镶嵌	将需要探测的认知内容信息嵌套在其中	探查刺激、标靶刺激、等概率次数	被害人的致死工具是XX、WW、RR	多
平衡	只配对按键	诚实和欺骗组内各一次"是"和"否"在左和右各一次	左、右各一次	多

例如在"并联"方式的记忆、自我相关、正反义词三种方式中，自我相关中列举"我"和"有人"作为检测问句主语时，被检测人对"我"为主语时出现下面的状况。

1. 我好为人师：好为人师，往往意在求荣。人多会为自尊而不懂装懂、反复地说教，习惯于将自己的看法和观点强加于人。其实大部分人侃侃而谈，只不过是满足了自己口舌的快感而已。实际上，我们每个人都是井底之蛙，我们所看到、所经历的，只不过是我们头顶上那一点天空。真实情况是不愿承认个人的弱点。

2. 我会嫉妒他人：嫉妒是人性的弱点，但又是个贬义词，多不愿承认。在生活中总会发现更优秀的人，你的层次越高，发现的频率就越高。面对那些人，层次高的人去欣赏、去学习，而层次低的人会嫉妒。嫉妒心强的人，只能选择不如自己的人做朋友，这也是人性的一大弱点。

3. 我会自命不凡：贬义词，不愿意与自己的人品相关，不愿意认可这一人性的弱点就是在自己身上。每个人内心深处都有一种"以自我为中心"的意识机制，它会不停地暗示自己，自己才是最优秀、最合理的。但凡接触到外界那些出乎自己意料的成功之后，人类大脑里就会收集一切线索去证明别人的成功是侥幸的。

案件相关信息认知脑电测谎时要检测被测谎人的认知递进过程，即说明被测谎人在被测谎时脑认知加工复杂程度的变化过程，随主、客观的认知任务难度增加而增加。给予被检测人的任务要求不同而不同，设置作用于视、听、触等感觉器官的采集材料类别（图、画、字、词、句、文），同组中采用刺激类别的种类、数量（同种类或不同种类）、辨识的难易程度等进行设计。例如相同的单一检测试验"泰山我……，"和不同的"知道"和"去过"组成检测问句：①我知道泰山；②我去过泰山。两检测问句内容上的差别在一个是"知道"，另一个是"去过"。

"知道"所认知到的内容是泰山发生重大的事情，引起全国人民高度关注、众目睽睽的地方，更多的是语义理解上的、抽象的、书面理解、虚拟的；"去过"行为实施过，是有过具体行为，与泰山人、事、物等有过实际接触和过往经历的"情景"记忆相关的内容。

可以设计一单元（组）前"固定"的约定方式对这两句进行"诚实"或"欺骗"回答（按键）试验。也可以设计另外一单元（组）试次串间，即在刺激界面、探测界面、探测线索中，标注让被检测人进行按照屏幕上"指定"的"诚实"或"欺骗"这一指定方式对这两句进行"诚实"或"欺骗"回答（按键）试验。

五、事件或任务屏——完成认知脑电检测欺骗的核心部件与否直接关系到试验成功与否

完成一个检测任务，就是完成由检测单元（组）→试次串→显示屏，单元（组）一串一屏这样的层级，构成认知任务，每一"屏"对被检测人来说都具有不同的任务，有的"屏"要求被检测人完成认知任务，实现主试探查、研究目的，需要主试根据认知脑原理、机制，反复修改、调试后编制而成的"刺激界面、探测线索、探测界面"附有认知任务刺激的刺激诱发"屏"；有的仅起标准化过程作用，如没有负载认知任务的大脑的电位，即大脑的"背景电位"下脑电位在叠加后，应该在基线附近。设置每一屏的显示时长、反应时长、被检测人反应方式等是各不相同的，有的屏如注视点是定时的或相对固定的、标准化的、同行公认的、试验验证出的、学术（或著作、期刊）发表认定的；有的屏如"刺激界面、探测线索、探测界面"是以欺骗检测目的来设置的。

每个试次串（trail）由"'+'注视点"——200毫秒、刺激项目呈现2500毫秒、对刺激的反应时间3000毫秒三部分组成。左、右按键的次数和"是"或"否"的按键次数，都经过配平处理（表9-8）。

被试实验数据的采集。大型软件包编制的刺激序列文件，实时将被试对各种刺激类型所对应的反应时、反应的正误全部记录下来，供离线分析使用。

每个种类有技术要求的叠加次数，每一类刺激所诱发的脑电在拒绝不合乎认知脑电成分的标准后的采集次数，至少是70%的正确率的次数为70次，所设置中一个认知类别，至少要70次的刺激项目（event）——如果以一个类别（type）只以100次出现，那么这100次要保证有70次符合试验任务认知正确。实际锁定事件=外部刺激→被试触发的行为反应/内部的认知操纵。

表 9-8 实验的基本构成

项目	方式	要求	显示	标准
刺激	材料	形式	字、词、句	结构上至少有主谓宾，并且有独立完整的语义 句长：少于 18±2
		内容	相关： ①分类认知 ②需求/任务	获得不同认知任务下的脑电 符合技术性能并尽可能满足需求/任务的要求
		出现频率	等概率	所有类认知任务出现次数的频率一致，避免小概率的"新异"效应
被试反应	诚实	>70%击中	标靶、无关	我对自己的成就缺乏价值感　"否/是"
	欺骗	>70%击中	标靶、无关	我在邮电大学听过课　"是/否"
	指定	>70%击中	标靶、无关	有人使用过手机密拍器　"否/是"
段时长（毫秒）	200	"+"注视点		回基线
	2500	判断句		长于 4000 毫秒会影响叠加后脑认知电位成分
		决策		以屏显方式，剥离认知和按键
按键	速度	执行决策	分屏	剥离
分段	足时	逐层分段	分认知—反应	分别分段提取

第三节　认知脑电检测欺骗决策方式

反应速度与准确性的互换关系。将被检测人对检测问句的"选择反应时间"作为因变量时，要考虑反应速度与准确性之间的互换关系。每一个被检测人要想提高准确性必须放慢速度，心理学称这种相互关系为速度与准确性的互换关系。

由于反应时间部分地依赖于错误率，所以选择反应时间作为因变量时，既要考虑反应的速度，又要考虑反应的准确性，反应时间并不是一个单一的因变量，而是一个多维的变量。只有当错误率在自变量的所有水平上保持恒定时，反应时间才可能是一个单一的因变量。一般来说，必须联合考虑反应时间和错误率这两个变量。

一、认知脑电欺骗检测实验被检测人反应速度与准确性的互换关系——速度优先方式

诱发认知脑电的刺激显示在屏幕上→被检测人大脑对显示在显示器上的检测问句进行认知加工→感知觉、注意、记忆即识别判断反应选择→执行按键，这是认知脑电检测欺骗的基本过程，对于被检测人如何就检测问句进行决策/按键，可以有尽可能快的速度优先方式和一定看懂、明确检测问句内容，以对其无任何异议的正确率优先的方式来作为回答，认知脑电检测欺骗以速度优先方式来开展试验。

基于脑认知电位对被检测人进行欺骗检测试验或对其言辞进行可信度评估，被检测人对所需要完成的认知任务、作业的决策或确认的方式采取速度优先原则，即回答认知脑电测谎时，以用时最少为前提对检测问句进行回答，获取以"最快速度"回答检测问句的认知脑电，对诚实与否进行试验检测，以速度优先为保证，可以体现被检测人在保证时间优先的条件下，"第一反应""第一印象""首要认识"尽量接近对检测问句的真实性思考，即脑认知加工过程的脑电变化。

速度优先能够适合认知脑电采集分析技术性能，就检测问句内容而言，内容简单，避免眼"回看回跳"的眼电混入，以外直肌（lateral rectus）（使眼球以身体的水平方向外转）和内直肌（medial rectus）（使眼球以身体的水平方向内转）所产生的肌肉电位混入干扰为主，这些会对脑认知电位成分产生影响。

按键/决策以速度优先的方式，放在其他与大脑并行许多任务中的最前面，他人或他事的前边，让被检测人的大脑在处理认知作业时，强行占用脑认知资源，剥夺或减少正在运行的进程来加工处理当前出现的、需要回答的检测问句内容，脑作为 CPU 优先级高的进程，把回答检测问句作为"首先""第一"的任务来处理。

速度优先可以决定各个作业程序接受系统资源的优先等级，被检测人对检测问句本能及与本能有关的冲动和欲望的表现，更加接近真实的被检测人的决策，因为这些欲望、冲动与社会伦理道德不相容。因此，较少地受到意识的压抑、掩盖、隐藏，但它并不消失，而是在积极活动，追求满足。被检测人主体却无从直接觉察，而是被记录在认知脑电中，供分析讨论使用。

表 9-9 速度优先下正确率变化

	诚实	欺骗	文字	图片
速度	快	低	慢	快
正确率	高	低	慢	慢

二、克服被检测人对检测问句内容不认知而直接按键的假反应

为克服被检测人不对检测问句内容进行认知加工，只有按键操作动作的假反应现象，改变每次刺激呈现与预备信号之间的距离。实验中插入"侦察试验"。但在选择反应时中，不必安插"侦察试验"，因为对被试的要求不仅要反应快，而且要准确。

（一）选择反应的数目和要辨别的刺激数目必须相同

选择反应数目一般以"全或无""二择一"为宜，大脑对简单、明确、直接的内容进行认知加工，其含脑认知的成分"农度"即"纯度"较高。下面的因素可保证认知材料呈现和反应上的均衡性。

刺激接收：等概率、刺激信息呈现（语句、图片）。

认知加工：认知预备、认知负重（涉案人伴随对案件相关信息监控的"额外"认知负荷）

反应选择：除对案件无关信息可正常进行反应选择外，还需要抑制由脑"监控"认知所发现的，与案件相关信息所产生的正常诚实反应的"默认"反应冲动。

执行按键：反应类——①提供反应形式（出现次数——大小概率、等概率；迫选测验，Go/Nogo，左/右）、②按键。

（二）被试随机按键可发现反应时过短并监测正确率。

连续一侧按键的监控。伪随机左/右按键，正确率监测连续一侧按键。

被试随机按键。如主试呈现的是有"是"或"否"为"答案"的选项，是有预设答案的，按键 ABAB，随机按键 AABABAABAB。

表 9-10　非认知语句判断按键方式

表现	形式	操作	觉察/发现
只对按键	节律	ABAB AABAAB	反应时过快
	连续一侧	左—右—左—右 左—左—右—右	不论"是"或"否"连续按左侧或右侧
只对认知内容	交替	诚骗诚骗诚骗 骗骗诚骗骗诚骗	规律的按键方式
	固定词、内容	案（事）件相关即反应	没有预设答案类，如国家认同易被影响
节律	3真3假	默记忆数字	对已知的内容出错
伪随机	视觉——按键超时	脑电无认知	对已知的内容出错

　　被试对每次计算机屏幕上出现的检测问句做按键选择回答，普通意义上是认识外界事物的过程，试验时的意义是具有特殊意义的，即认知内容是分了类的检测问句，对不同的被试（无辜、知情、涉案事）不仅仅是对作用于其感觉器官的外界一般事物进行信息加工的过程，它包括对感觉、知觉、记忆、思维、想象、言语（被试各不相同的自己内部）进行认识活动的过程，每个被试对主试所给予的视、听感觉信号，进行接收、检测、转换、简约、合成、编码、储存、提取、重建、概念形成、判断和问题解决的信息加工处理过程。在心理学中是指通过形成概念、知觉、判断或想象等心理活动来获取知识的过程，即被试个体对检测问句内容思维进行信息处理的心理功能。主试就是要对被试对检测问句内容的认知进行分析研究，这些与测谎相关的科学就是科学测谎的基础。

第四节　认知脑电测谎的特定反应方式

　　认知脑电测谎被试对检测问句作答/决策即按键选择，全部是以"指定"方式，即被试将自己的决策/按键按照反应屏上的提示来作答。

一、被测谎人按键方式为指定

　　被试将自己对检测问句内容的认知决策的结果，根据"指定"进行按键反应。以指定按键方式作为被试决策反应选择按键的行为方式，即由主试在刺激软件（EPRIME）中，设计让被试做"是"或"否"反应时，根据主试指定的左侧键为"是"或"否",并列出的右键为"否"或"是",被试将自己的决策结果根据反应屏显示的提示进行按键反应,主试按照指定的方式编制,根据反应屏上提示来选择按键,降低缺省(默认)脑认知信息的认知脑电的数据量。

被试选择反应屏不是下面的情况:

1. "左是肯定的'是'按键;右是否定的'否'按键。"

2. "左是否定的'否'按键;右是肯定的'是'按键。"

刘洪广(2003 年)发现在进行认知脑电测谎时,涉案(事)件的被试对案(事)件相关内容会有高度"预警"的提前预判,只要检测问句一显示与案(事)件相关的字、词,被试会在对全部检测问句认知没有加工完成甚至没有看完的情况下,就做出决策并进行按键反应,以至未达到或降低了试验所要达到的要求,进而影响真实的脑认知电位成分。如只要与案件相关,不管什么内容,就决策并按"否"键。

被试按照主试设计在显示屏上的"指定提示"进行按键选择,即在每一屏刺激语句的后面,紧跟"是—否"或"否—是"之一;在每一屏刺激图片的下方,有"是—否"或"否—是"之一的文字显示,被试自己对刺激反应的"是"或"否"结果需按照所指定的左/右键位置来选择鼠标按键。

二、建议刺激分组(block)与对刺激的反应方式

建议 2×2 组间比较设计,共 4 个刺激诱发组,即对所诱发的刺激采用诚实(对刺激做出真实的回答)、欺骗(对刺激做出虚假的回答)两种,对所诱发的刺激采用按固定键(鼠标左键为"是",鼠标右键为"否")、按指定键(在每一屏刺激语句的后面,紧跟"是—否"或"否—是"之一;在每一屏刺激图片的下方,有"是—否"或"否—是"之一的文字显示,被试自己对刺激反应的"是"或"否"结果需按照所指定的左/右键位置来选择鼠标按键)两种方式进行选择反应。每名被试完成"诚实回答按固定键、欺骗回答按固定键、诚实回答按指定键、欺骗回答按指定键"4 组刺激,组间 3~5 分钟休息期间讲解并练习下一组刺激和反应方式。

表 9-11　认知脑电检测欺骗中信号检测实验

按键	性质	表现	待检测人的真实状况		
			涉案事	知情	无辜
击中	按照要求正确选择	在信号检测实验中主试向被试呈现信号刺激（SN），被试以"有"信号作答	少	中	多
漏报	没有按键	真正的缺陷却没有报出来；在信号检测论的实验中，当主试呈现的是信号（SN）刺激，而被试以"无"信号作答，	多	少	少
虚报	没理解就决策按键了；不真实的报告	做虚假的报告，即不按真实情况报告（多指报多不报少，报喜不报忧）	多	中	少
误报	错误理解	报出来的缺陷并不是真正的缺陷，即错误的缺陷报告	多	少	少

　　有学者认为回忆并不是准确的再现，而是对实际发生事件的一种重构。重构式记忆是你用新信息和现存信息去填补你回忆某种经历所出现的遗漏的结果。记忆是会调整和改变的。在司法程序中，提问中措辞的细微差别都可能改变一个人对事件原本的记忆。实验证明，提问中一些错误的假定前提会使目击者在重建对某事件的记忆时把未曾出现在事件中的物体包括进来。

表 9-12　应答方式不同与欺骗检测的可行性

应答	方式	目标	人体机能	差异
有	按键、口答、行为点头确认	确保认知任务实现	附加表达负荷，增加了除思考的内部语言	自动停、主动按停
无	体表生理值的生物非电量测量	完成认知加工有疑	认知加工自然完成	闭眼仍然有脑电，但非认知任务相关

　　行为数据采集主要使用世界上通用的 E-Prime、DMDX 和 Presentation 等专用心理学实验软件和通过 VB、VC 和 Matlab 等编程语言自编的实验程序。这些程序的时间精度能达到毫秒级，可以准确测量被试的反应时间，帮助心理生理检测者、研究者了解大脑的信息加工过程。

第五节 认知脑电测谎强制使用的刺激序列

诱发认知脑电刺激材料的出现频率，直接影响认知脑电成分。在任务屏上，给被检测人呈现的次数，在或多或少作用下，探查、标靶、无关这三种认知效应会在脑电成分上予以显现。

一、案件相关信息认知脑电测谎的刺激模式

刺激模式的设置是检测案件相关信息认知脑电测谎的关键，要求根据测谎研究目的不同设计不同的刺激模式，包括两种及以上不同概率的刺激序列，并以特定或随机方式出现。推荐视觉刺激模式，非语句单纯音的听觉刺激模式可作为测谎研究中的反测谎研究使用。

认知测谎视觉认知材料刺激序列模式包括三类：

1. 随机作业 OB（oddball paradigm）刺激序列：通常靶刺激概率为 10%~30%，非靶刺激概率为 70%~90%，刺激间隔多采用 1.5~2 秒，刺激持续时间通常为 40~80 毫秒，反应方式为或默数靶信号出现次数或按键反应。经典 oddball 试验范式：80% 的字母 X、20% 的字母 O 组成刺激序列。按不同的键，每个字母呈现 100 毫秒，接着 1400 毫秒的刺激间隔。

2. 经典 Stroop 试验范式：被试回答一个词是用什么颜色的墨水写的？当词义与墨水颜色不同时，被试的反应要比一致时慢。

3. 等概率作业刺激序列：测谎时各类认知事件刺激呈现的比例——等概率。案件相关（探查项）：案件无关：诱发相关 = 1：1：1。避免由于小概率事件的新异性而影响认知脑电测谎信/效度。

二、等概率作业刺激序列作为案件相关信息认知脑电测谎强制使用的刺激序列

不同的 ERP 波形需采用不同的刺激范式来诱导，如 Oddball 范式、Go/Nogo 范式、CNV 注意保持范式、MMN 延迟反应范式、Flanke 范式等可分别诱发 P300、CNV、MMN、ERN 等波形。而注意、记忆、情绪、错误监控等认知加工能力对于不同项目的运动员具有重要意义，有关认知能力的研究需要采用不同的

ERP 成分组合及其相应的刺激范式。我国认知科学领域用不同刺激范式及不同 ERP 成分就脑认知问题进行了卓有成效的研究。

刘洪广自 2003 年起采用等概率全或无、"是"或"否"、或"否"或"是"的试验范式，对欺骗进行了系列的连续的研究，以被试自身的基本情况、相关经历等具有特殊意义的信息作为目标刺激或探测刺激，以先前约定的反应方式（诚实或欺骗）研究，一致性地发现被试案件相关的或熟悉的信息较其他无关的或者陌生的信息，都能不同程度地诱发特征性脑电位。当被试对和自己经历相关的信息实施欺骗反应时，"欺骗组"和"诚实组"的 P300 差异显著，能更大程度地激活大脑皮层的电位变化。

三、试验的刺激模式

刺激模式的设置是研究 ERPs 的关键，要求根据研究目的不同设计不同的刺激模式，包括两种及以上不同概率刺激序列，并以特定或随机方式出现，包括视觉刺激模式、刺激材料出现频率模式、躯体感觉刺激模式。

听觉刺激模式包括三类：随机作业（OB 刺激序列）、双随机作业、选择注意。

Oddball 模式：Oddball 实验模式是指两种或多种不同刺激持续交替呈现，它们出现的概率显著不同，经常出现的刺激称为大概率或标准刺激（standard stimuli），偶然出现的称为小概率或偏差刺激（deviant stimuli）。令被试对偏差刺激进行反应，因此该偏差刺激称为靶刺激（target）或目标刺激，这是诱发 P300、MMN 等与刺激概率有关的 ERP 成分时常用的经典实验模式。

Go/Nogo 模式：两种刺激的概率相等。令被试反应的刺激叫作 Go 刺激，即靶刺激；不需被试反应的刺激叫作 Nogo 刺激。该模式也叫作 Go 与 Nogo 作业，其特点是排除了刺激概率对 ERP 的影响；由于没有大小概率之分，大大节省了实验时间，这是它突出的优点，但也丢失了因大、小概率差异而产生的 ERP 成分。

跨通路研究模式："跨通路"（cross-modal）是指在同一实验模式中采用不同感觉通路的刺激物，通常为视觉与听觉刺激，常用于选择性注意的研究。

各种特定认知实验模式，如运动知觉、记忆、意识研究。撒谎时，既需要保持对真相的准确记忆，又要抑制自动激活的真实反应，从而做出相反的虚假反应。这种特点类似于双任务（Vril et al.，2011），保持对真相的记忆和监控属于次要任务，抑制真实的反应、做出欺骗的反应属于主要任务，次要任务需要占用一定的注意资源，从而使主要任务可获得的注意资源受到限制。因为撒谎的认知需求和认知负荷远大于诚实的情形，所以撒谎的反应时比诚实的反应时更长、准确率则更低（Dong et al.，2010；Suchotzi et al.，2015）。欺骗行为对风险评价的调节作用表明，将安全谎报为"风险"比将风险谎报为"安全"更难。

研究范式是任务线索范式（task-cueing paradigm）。在任务线索范式中，任务序列是不可预测的，在每个靶刺激出现之前或者同时，会有线索提示要执行的任务类型。应用此范式，重复和切换试次的工作记忆的负担也可以得到平衡（史艺荃、周晓林，2004）。

四、刺激模式和刺激强度对测谎的影响

影响测谎研究的因素很多，主要表现在采用什么样的范式进行测谎研究才能够得到最佳效果，不同强度的刺激材料与不同范式之间存在恰当的契合点，这对于用技术来探讨说谎认知加工无疑是重要的影响指标。

其他各种特定认知试验模式：根据各自不同研究领域而编制的试验模式，如跨通路研究模式等。

视觉空间注意的经典模式：原先用来研究人脑对不同空间位置出现的刺激加工程度和速度的异同，现在多用来研究线索对指定任务所起到的指示作用的真实程度，即提示信息能否准确反应靶刺激的情况。基本试验范式为"注视点—提示—目标"（有效提示与无效提示的经典试验范式）。

记忆的经典模式：包括"直接或外显再认试验"和"间接或内隐再认试验"。用来衡量人脑对不同记忆材料的加工程度以及外显和内隐记忆的加工。面孔识别对于记忆来说是一个很好的刺激任务。

第六节 认知脑电检测欺骗的刺激间隔

一、刺激间隔

案件相关认知脑电测谎刺激材料的刺激串（trail）即间隔：从前一个刺激的

止点到后一个刺激的起点（ISI）——从止点到起点；从前一个刺激的起点到后一个刺激的起点（SOA）——从起点到起点；建议 SOA 方式。

刺激呈现在距离被试 90 厘米的电脑屏幕上，图片视角左右为 ≤5°，上下为 ≤3°。

SOA（stimulus onset asynchrony），前一个刺激开始到下一个刺激开始之间的时间，即"从开始到开始"。一个 trial 的起始到下一个 trial 的开始；如果注视点"+"0.2 秒不设置随机的话，也可指一个图片刺激的开始到下一个图片刺激的开始，两个时间一样长，都是"0.2+3+2＝5.2 秒"，但如果对于前面的间隔"+"时间随机的时候，两者的时间长会不一样。

ISI 是两个刺激的间隔，即"结束到开始"。如在场景、工具、人脸等图片确认"相关"的任务实验中，每幅图片呈现约 3 秒，之后呈现约 2 秒的决策按键"是/否"或者"否/是"的判断，然后"+"200 毫秒的注视点，再呈现下一张图片。在这个实验序列中，SOA 为"0.2+3+2＝5.2 秒"，ISI 为 0.2 秒。ISI 是指两相邻图片刺激的时间间隔吗？如果两个 trial（试次）之间还存在 1 秒的时间间隔，那么是不是 ISI 变为了（2+1）秒了？

ITI 指的是两个 trial 之间的间隔，类似于 ISI。感觉在认知实验中，当一个实验呈现很多刺激时，常用 ISI 这个术语；而在 fMRI 实验中，多用 ITI 这个术语。

二、刺激间隔注意事项

在确定刺激间隔时应注意：

1. 短间隔将导致 ERP 成分，特别是早期成分的重叠；

2. 预留足够被试完成作业的反应时间；

3. 间隔过长可能浪费硬盘空间，并延长不必要的实验时间；

4. 刺激间隔越短则相应任务难度越大，刺激间隔与任务难度成反比。

在重叠成分的消除方面：

1. 高通滤波增加可以减弱 ERP 在较长潜伏期、较低频率的部分。

2. 低通滤波采用不同间隔随机化，可以部分消除邻近的 ERP 重叠成分，又叫 fitter 法。

刺激序列文件是由不同的软件刺激系统中的刺激软件编制而成的，每组刺激开始时以算式图片刺激呈现。

持续时间（duration）为 1800 毫秒、刺激间隔（ITI）为 2200 毫秒后，产生正确或错误结果。2°~3°是中心视野，5°是边缘视野。

图片呈现持续时间为 1400 毫秒、间隔时间为 2600 毫秒后，下一组刺激开始。间隔期背景屏幕为黑屏，图片出现位置在显示器中央（X、Y—pos=0，0）。

第七节　非认知相关的刺激材料的种类

在心理生理学实验中，作用于被检测人体并引起其反应的任何因素——刺激，其性质、数量、强度等都与反应高度相关，刺激是否引起反应，除了要看它的性质和强度外，即外源性的刺激诱发因素是引起脑电变化的重要因素，更重要的是要看被检测人本身的特性，尤其是"认知"因素。在心理生理学实验中多用电刺激，因为它易于选择刺激强度、刺激持续时间等，但是涉及大脑"认知"原理的成分较少。而且感受刺激的能力普遍存在于生物界，但随着动物的进化会得到发展，对此人类表现尤为突出。

一、刺激诱发基础的物理刺激

对诱发认知脑电进行科学应用，首先要对构成其刺激诱发基础的物理刺激进行基本的自变量控制，对物理刺激和由它引起的进行数量化研究的心理学领域，其所要解决的问题是多强的刺激才能引起被检测人感觉，即绝对感觉阈限的测量，并且不至于由此而影响认知脑电成分；物理刺激有多大变化才能使被检测人觉察到，即差别感觉阈限的测量，不至于由此而影响认知脑电成分伴随性改变；感觉怎样随物理刺激的大小而变化，即阈上感觉的测量，或者说被检测人心理生理反应参数、量表获取，不至于人人相似。认知脑电检测诱发的刺激种类（心理物理学），保证所检测到的、所研究的心身或心物之间的函数关系上的科学精密，不仅仅是与脑认知的刺激关系密切，而且要研究心理量和物理量之间函数关系的科学原理，有时肉眼所见的物理刺激同它引起的知觉之间不存在直接的对应关系，但是韦伯的研究显示身体与心理之间、刺激与感觉之间有相互依存的关系，能否顺利实现各个组成成分的实验功能，依赖于对它们的控制是否有效。

二、可以作为诱发认知脑电刺激的方式

（一）可以作为诱发刺激的方式

测谎是在可兴奋组织中产生各自固有的活动的结果，如神经传导、腺体分泌以及肌肉收缩就叫作兴奋，这些可引起上述反应的动因叫作刺激。刺激有种类、性质、强弱等之分，兴奋的大小又与个体、器官、组织乃至细胞等接受刺激对象的功能状态有关。刺激可分为电刺激、机械刺激、化学刺激、温度刺激等种类。

（二）刺激类型

ERP 的刺激物可分为视觉、听觉和体感刺激（表 9-13）。视觉刺激可以是自然界存在的任何物体，包括光、单词、语句、图形、照片等；视觉刺激可用照度、对比度、亮度、视角这几个参数来度量。听觉刺激可以有短声、纯音、白噪声、语音、自然或非自然声（流水声、狗叫声）等。体感刺激包括电流刺激、按压刺激、机械刺激等。

表 9-13　诱发脑电的认知刺激种类

感觉种类	类	种	特点	主探	优	劣	研究倾向
视	图形	多	图无意义，仅有/无选择	神经	纯度高	供认知分析少	基础
	图像	少	照片信息量与认知要求	精神	可变可调	简单	简单应用
	图文字	字	认知时间短、快、明确	精神	刺激单一、纯度高	认知无	基础，分析认知少
		词	具有简单义/意	认知	可选较多	分析浅	简单应用
		句	成语探脑高级认知	认知	生态好	分析深	基础应用
听	单音频/节	纯音	可分别各音之间差	神经	纯度高，精度控制	供认知分析少	基础原理
	双	频—响	简单区分	生理	诈病	单认知	简单应用
	多	句子	脑一般认知	认知	生态好、反应快	认知时长被扰	基础应用
触		距离	手指、头面、嘴唇和舌	神经	心理保持稳定	触（体感）少	基础
	压力	强度	体表	神经	生理机能	无认知	基础
		种类	体内、体表	神经	生理机能	全和无	基础

续表

感觉种类	类	种	特点	主探	优	劣	研究倾向
嗅		气味	鼻	神经	生理机能	种类少，反应时长影响因素多	基础

第八节　认知脑电欺骗检测所采用的刺激材料

一、认知脑电检测欺骗的刺激物分类

1. 视觉刺激。分类：非图形刺激、图形刺激。参数：视角、亮度、照度、对比度。

2. 听觉刺激。分类：纯音、短声、白噪声、语音。参数：频率、声压级。

3. 体感刺激。是指人体所能承受的微弱脉冲电流。

二、认知脑电检测欺骗的刺激序列

（一）刺激呈现时间

1. 刺激呈现时间长度与任务难度成反比。

2. 当呈现时间短到一定程度，被试就不能主观感觉到这个刺激，可利用此特性进行非意识的启动研究。

3. 撤反应，即刺激物消失也能导致 ERP 波形的微小改变。避免撤反应的措施：一是将刺激呈现时间适当延长或缩短，二是利用相减的办法。

（二）刺激材料的呈现形式可以是图片和语句

测谎人把图片按照靶相关（需要记住并认出的场所、工具、人像等）图片、案件无关（与靶相关内容对应但从来没有去过、使用过、见过）图片和案件相关（案发场所、涉案工具、被害人/知情人等）图片分类编制，经过像素、灰度、亮度、视角、视图显示面积等"物理"处理，以及图片信息（全、中、特、局部、细节等人像或场景等）相近设计或约定，尽量保证让被测谎人进行图片的认知时，虽然图片的认知分类不同，但是图片所显示的场、景、物、人等"物理"意义接近。因此，不同认知类所比对出的认知脑电更具有证据科学性。

三、认知脑电检测欺骗的诱发刺激材料

就测谎实/试验本身来说，主试的科学测谎认知对其构成的三个要素（实/试验源、实/试验对象、实/试验效果显示器）有巨大影响；就科学测谎的实/试验性质来说，以检测性的试验为主；就科学测谎的试验来说，对主试与心理生理检测实验系统要素之间的相互关系展开研究报告，这一切都要以一个完整试验为基础，试验以"刺激—反应""诱发→案（事）件相关脑电→认知脑电的分析"作为总的基本原则依据。

在认知脑电检测欺骗的试验中，刺激方式、认知内容等直接影响脑电成分（表9-14），被检测人年龄上老少都收的话，脑电成分生理上导致的差异明显，试验的刺激（诱发）材料类型、呈现方法、持续时间、出现的次数、被检测人的反应方式等属于外源性刺激诱发因素，即各类非认知相关的刺激因素。

表 9-14　认知脑电检测欺骗的诱发刺激材料性能

内容	定义方向	形式	特点	优势	劣势
文字	图像呈现语义理解	字	单一，全或无	自变量易控、认知用时短纯度高、排他性强	认知信息少、表达弱
		词	短、明确	准确	需语境
		句	独立完整表意	表意强	避免歧义
图像	图形和影像的总称	图片	是图画、照片、拓片等的统称	涵盖范围比图像大，包含矢量图，也包含位图	容易泛化
		图形	由外部轮廓线条构成的向量图	用点、线、符号、文字和数字等描绘事物几何特征、形态、位置及大小	集中，表意不准
		图像	一系列与人类活动有关联的意义，由像素点阵构成的位图	生态高，易认。数码相机、扫描仪、摄像机等输入设备捕捉实际的画面而产生的数字图像	标准化低
听	单纯音	器具	统一	标准	无认知
	双多音	仪器	可调控	可检测辨识	无认知
	人语句	问句	充分表达真实意思	可表意	标准低，易歧

图形是由计算机绘制而成的，而图像是人为地用外部设备所捕捉到的外部

景象。用 cad、pro 等画的图，用 photoshop、3dmax 等做出来的图，都是图形，而用摄像头照的照片或者外面的风景等叫图像。

表 9-15　刺激诱发认知脑电的认知材料特点

感官	形式	表现	使用	特点	与检测关系
视	形、文字	字、词、句	最多最广	语义表达广泛，几乎可满足任意需要	长度、理解、受教育程度
	图像	照片	少	信息量大认知加工快，反应迅速	实景源、检测源、需求源表达、案发现场实景实物等数量有限；避免血腥等容易引起情绪的照片（否则需剥离）
	图形	绘画（手或计算机等完成）	多	一目了然，弥补语句表达的烦琐和不足	表达有限，失真
	视频	连续帧	少	动态、信息表达不确定	刺激—反应时间对应关系弱
听	声音	单音	少	标准	器质性、无认知成分
		多音	少	容易识别	器质性、无认知成分
		语句	多	刺激—反应时间对应关系弱	加工时间长，可混入非认知成分

图形、图像区别在于定义方向不同，一个是认知事物的一种形式，另一个是对图片种类进行具体定义，图像是位图，区别于图形的矢量图。其他区别如下。

1. 存储方式的区别：图形存储的是画图的函数；图像存储的则是像素的位置信息、颜色信息以及灰度信息。

2. 缩放的区别：图形在进行缩放时不会失真，可以适应不同的分辨率；图像放大时会失真，可以看到整个图像是由很多像素组合而成的。

3. 处理方式的区别：对图形，我们可以旋转、扭曲、拉伸等；而对图像，我们可以进行对比度增强、边缘检测等。

4. 算法的区别：对图形，我们可以用几何算法来处理；对图像，我们可以用滤波、统计的算法。

5. 图形不是主观存在的，是我们根据客观事物而主观形成的。图像则是对客观事物的真实描述。

6. 图形作为生理性的刺激，图像作为心理性的刺激。

四、认知脑电检测欺骗的诱发刺激材料的技术要求

无论科学测谎是因探索人脑欺骗机制原理而开展的与测谎科学的机制理论有关的"实际操作"的科学测谎"实验"，还是基于已有的心理生理学和认知脑科学等相关的科学原理和实验的科学结论，用已经被科学同行认可的并在心理生理检测方法、范式、分析等基础上，对被试所开展的言辞证据可信程度评估、案（事）件相关程度评估、健全人格评估、心理健康水平评估等进行的"检测性"的科学测谎"试验"，科学测谎"实验"和"试验"都是一个系统，它们的构成要素是主试、被试和"实验""试验"方法，其中主试是最重要的要素，起决定性作用。

诱发认知脑电的刺激方法，要求稳定可靠，并与认知脑电采集对应，被试决策或按键简单易操作，能够反测谎，快捷出结果。以"呈现时间—方式—格式—反应方式—数据收集"为轴线，根据试验的任务需求，针对被试的条件及案（事）件认知任务的复杂程度，在符合检测技术性能的条件下，可探索后确定每位进行检测的被试具体的刺激参数。

呈现时间（每屏次）：≤ 4000 毫秒。

呈现时间（duration）：16 字句，每字 200 毫秒。与需完成的认知任务复杂程度、知觉通道数、年龄等正相关。

呈现方式（mode）：文字、图片。认知脑电测谎以≤18 ± 2 字的问句为主，图片为辅，图形无。

呈现格式（format）：JPG、文本。符合技术性能、满足测谎试验任务的书面语言，是文档类型的文字信息。

呈现字、词、句，每次只以一种方式完成，或都为字，或都为词，或都为句。

呈现句长（每组中各句间）：各认知语句句长彼此保持± 2 字的相近度。

五、认知脑电检测欺骗试验呈现

随着人体信号的非侵入式数据采集设备的普及，以及大脑信号处理技术的日趋成熟，神经技术开始慢慢走进大家的日常生活。

认知脑电测谎由各个成分构成，各个组成成分的运作符合时间顺序，随着试验运行逐步实现各自的功能。科学测谎实验程序控制的五要素：呈现方式、

呈现格式、呈现时间、反应方式、数据收集。按五要素控制认知脑电测谎程序的每个界面，就能流畅完整地设计出符合本研究目的的实验/试验程序。

表 9-16 科学测谎的实/试验呈现要素

要素	内容	方式	认知脑电	优势
呈现方式	文字 图形 图片	消失： 自动消失； 按键消失； 反应消失； "自动+反应" 消失	欺骗检测为时限性迫选	获取有效的认知成分
呈现格式	刺激和 非刺激	物理属性 位置 边框	上下左右居中	大小不发生眼动
呈现时间	与任务 难度、 刺激类 数相关	固定 变化 无限	速度优先，保证叠加	较高认知成分
	出现次数	等概率	各类刺激出现次数相等	避免小概率的新异
		Oddball	小概率出现认知新异	诱发脑电成分明显
	图标 符号	有/无/双选 真/假 文字/符号	减少认知难度	有——反应更快更准 无则相反 双向——困惑 相反——干扰
反应方式	阅读 按键	Yes/No Go/NogO 组前/组中 指定/固定	简单按键	呈现更多认知成分
	动作	键盘 语音 脚踏板		
数据收集		反应时 正确和错误 被试反应		

呈现方式（mode）：文字、图形、图片。①自动消失，呈现时间到后自动消失该界面。②按键消失，按键后该界面才消失。移动窗口技术的篇章阅读界面，按空格键后当前阅读消失，后面一句呈现。③反应消失，被试必须做出反应后界面才消失，否则继续呈现，直到被试反应为止。反应消失运用于探测界面，

通常设置两个或多个反应键供被试选择，必须记录被试的反应结果和反应时等数据；按键消失通常应用在刺激界面，常设置单个按键进行操作，不一定需要记录按键的反应时数据。④"自动+反应"消失。探测界面采用，如果被试在规定的呈现时间没有按要求进行反应，该界面自动消失；如果在规定的呈现时间内进行了反应，该界面也自动消失。

呈现格式（format）：一个界面中的各种信息（包括刺激的和非刺激的）设置成怎样的格式。①大小、颜色等刺激物的物理属性。字符材料字体、字号、前景颜色及背景颜色；图片材料尺寸、文件大小、图片亮度、饱和度、色调灰度；语音如声音的频率、量化位数和声道数；等等。②刺激的位置。③边框属性。

呈现时间（duration）：18 字句，每字 200 毫秒。一个界面呈现在被试面前的持续时间。①固定时间。界面呈现的时间在整个实验/试验运行过程中始终保持一致，如注视点等。②变化时间。界面呈现的时间在整个实验/试验运行过程中会随条件变化而变化。需要把变化的时间定义成一个"变量"或一个"数组"。③无限时间。界面呈现直到被试做出反应，界面就消失。同时必须有"呈现方式"要素的配合设置（如按键消失或反应消失）。

反应方式（response device）：①键盘反应，字母键、数字键、功能键等。②语音反应，被试以麦克风进行反应，记录被试口头反应时间及相应的口头报告内容，如"stroop 效应"（斯特鲁普效应，视觉任务）。③外接按键反应，反应盒、反应操纵杆。④脚踏板反应。欺骗检测以①或③为主。

反应方式为指定按键，被试按照反应屏提示，即左侧和右侧显示"肯定或否定""是或否"对检测问句的决策结果回答，左右配平，非固定的左侧"是""肯定""有"，右侧"否""否定""无"。

数据收集（data logging）：有效控制这些成分确保实验运行流畅完整。有效的、正确选择的、去除眨眼等非认知过程脑电的数据。①反应时（RT）。②正确和错误（accuracy，ACC）。③被试反应（response，RESP），记录被试的反应时实际按键或反应输入的内容，或记录被试语音反应中的口头报告。

以认知过程中的脑电变化进行测谎也是通过心理活动（如对检测问句的内容形成概念、知觉、判断或想象）获取对认知语句内容的知识，将被试对检测问句内容的认知，即被试个体认识检测问句内容这一客观世界的信息加工活动，经过感觉、知觉、记忆、想象、思维等这些认知活动，按照一定的关系组成一定的心理生理功能系统，从而实现被试个体对认识活动调节过程的观察和分析。

在被试个体与检测问句内容这一环境的作用过程中，被试个体认知的功能系统会不断变化、不断发展，并趋于完善，被试对检测问句内容这一认知与情感、意志是相对应的。

行为数据采集：通过测量人脑认知活动的反应时间和正确率来揭示信息加工活动的奥秘。这两套心理学实验软件，测量记录反应时间的精度达到毫秒级水平，能够满足多种心理生理学实验记录反应时和正确率数据的需要。

第九节　认知脑电测谎试验设计

科学测谎需要对刺激如语句、图片、文字等进行感觉、知觉、分辨、记忆和确认。测谎与正常认知活动相一致，如识别一个三角形、一个单词、一副面孔等。从感官到大脑的模式识别过程，一般可分为感觉登记、知觉分析与综合、语言分析与综合、决策和核证等阶段。它既依赖感觉输入的信息（自下而上的加工），又依赖人脑中已经贮存的信息（自上而下的加工）。它不仅可以按感觉通道的性质划分为视觉、听觉和嗅觉的模式识别等，而且可按模式本身的特点划分为对物体及图像的识别、表情识别、语言识别等。大脑对检测问句内容的模式识别是人的一种基本的认知能力，在人的各种活动中都有重要作用。认知心理学关于模式识别的主要理论有模板理论、原型理论、特征分析理论、结构理论、平行分布加工模型等，为测谎提供了理论机制。

一、刺激诱发的方法

形式：图片、语句，视觉、听觉。

图片（物理）：人像（被害人、知情人等）、物品像（案件用工具）、景象（环境—人—物关系）、境像（案发现场）。

语句：唤起认知脑电，语句内容规范（句长短/字词数）、理解程度等。

二、刺激强度

包括刺激呈现时间，语句呈现时间、密度、间隔。

三、反应时间

每屏显示时间少于3000毫秒，获取纯度高的脑电成分，语句内容简单、易懂、明确，速度优先。

四、认知任务难度

难度区分：单、多、复合、综合诱发脑电刺激的类别。

单一类：单一刺激——有/无、多选择内容数量、有或无。

单类/种：只有一种，全或无。

双—同类/种：如同为视觉图像大小、左右等。人头图像——性别、年龄段（儿童、成人、老人）。

双—异类/种：如不同类/种，则一视觉一听觉，人头图像和声音（男像—女音）。

多：同类/种三种以上，混类/种。

五、反应方式

刺激（前肯定后确定）—反应—分析—数据；增加认知负荷，反反测试。前强化后确认、指定按键等；仅按"是"键和"否"键，各35次，取反应时和正确率；叠加次数。这些在进行试验前应该设置并调适好，以便开展后面正式的试验。

第十章

内源性刺激诱发因素

　　情绪生理反应的测"慌";认知脑电反应的测"谎"。"慌"——对检测问句内容认知后,应激—产生情绪—生理参数变化,就此进行参数分析。"谎"——对检测问句内容认知时,因被检测人与内容有不同的相关性,而产生不同的认知脑电。无论是测"慌"的情绪的生理反应,还是测"谎"的认知脑电变化,都是要以理解诱发的刺激内容——检测问句内容,或听答问句,或对显示器屏幕上的字、词、句、符号、图片问句为必要条件,要大脑产生"认知"反应,或体表产生情绪的生理反应。充分必要的条件是听懂、看懂检测的问句内容,而这一切都要以刺激作为源头,刺激要保证被检测人听懂、看清楚,并且明白检测问句内容。认知脑电检测试验的检测问句内容,是具有心理意义的"应激源",属于"内源成分",是认知相关的刺激诱发因素。试验设计重点考虑的内容,在开展认知脑电测谎试验时并不会把刺激诱发的任务设计成与现实一致的水平,但是可以采取单一因素、独此因素的设计方法来实现对大脑欺骗机制的探索。因为目前的技术还无法全部满足探查真实欺骗过程脑机制的需要,但可以从简单、单一、个别字词水平开始,设计、控制好自变量,让所得到的因变量能逐渐逼真地反映大脑在实施欺骗的过程中,一些可以被检测到的认知脑电数据。

第一节　认知脑电测出的内在真实被试

　　自 2003 年刘洪广开始研制以无辜—知情—涉案事三种诱发刺激语句的认知分类方式,对被检测人进行案(事)件相关程度、言辞可信度进行检测的技术方法,认知脑电检测从实验室逐渐走向实践,并进入检测语句数据库的测试试验以来,法庭科学证据心理生理学、认知科学等获取技术,逐渐由单一的多道心理测试仪和认知脑电分析技术的发展,到了多层次(实验室—模拟案件—实案测试)、多方法（指定按键—前强化后确认—认知负荷增加校验—改进 stroop 双色造模比对）、多路径识别（供比对和检验的欺骗脑电实验室模式—反反测试—简易快捷欺骗识别）、多认知分类（无关刺激、无关靶刺激、相关探查刺激）等测试的系列化方法和技术，以适应不同案件（时间久远、脑认知度——犯罪嫌疑人高认知度特点）进行侦查这一公安实战的需要。无论是在技术先进性还是市场份额等方面，心理测试系统经济效益都居于国际和国内领先地位。

一、检测问句编制的立意基本和根本的出发点——无罪（案（事）件）推定和疑罪（案（事）件）从无

案（事）件相关的检测问句编制的立意基本和根本的出发点，编制检测问句时一定以"无罪推定"——被检测人无案（事）件相关和"疑罪从无"——怀疑被检测人案（事）件相关的行为没有为始发点。设计诱发心理生理反应的刺激，必须是基于脑认知原理、神经科学原理、心理生理学原理的，并与可使用的检测仪器的技术性能相适应，检测的内容满足检测仪器的技术指标并符合各项技术性能。

基于认知脑电对欺骗或言辞可信度评估检测试验，执行的是科学、严谨、规范、同行通行方法试验，采用同行通行可比的获取试验数据的方式，对所获取数据进行认知科学、心理生理学等人体生物学相关的原理和机制范围内的科学逻辑推论，进而得出被检测人与检测问句内容中探查的信息相关程度，所有的科学结论是基于认知脑电检测欺骗原理，对被检测人进行假设，用欺骗检测试验来证实、推翻或证伪假设，"欺骗的脑认知假设—认知科学试验—试验数据的认知脑电科学逻辑论证—得出结论"，这一完整的过程中的环节、步骤以"试验、数据、结论"为核心，对于被检测人从开始到结论得出，都是参考"疑罪从无"，即疑"罪"从无，所有涉案事是在假设被检测人与涉案事没有关系的情况下进行的。

表 10-1　无辜—知情—涉案事待认知脑电测出的内在真实被试

分类	探查	标靶	无关	测前	测后
无辜	诚实	诚实	诚实	未知、无辜、焦虑	怕测错
知情	选择	诚实	诚实	解释、撇清	怕被混
涉案事	欺骗	诚实	诚实	了解、询问	怕测准

主试在欺骗检测试验数据结果/结论得出之前，是"无罪推定"。也就是指

任何被检测人在未经认知脑电欺骗检测试验结论出来之前，应视其无"涉案事"的行为发生。刑事诉讼中，无罪推定是人民法院对检察院起诉被告人犯罪事实和证据，应当做出无罪排除的行为。

所有检测问句设置是在"无罪推定"下的，是指任何被检测人在未经认知欺骗检测试验结论出来之前，应视其无案（事）件相关。以及"疑罪从无"即被检测人在是否有案（事）件相关存在疑问的情况下，按照无案（事）件相关推定，如有目击证人证明某人实施了内部盗窃，但该人不承认，也没有其他证据证明其实施内部盗窃犯罪，这个时候只能认定该人没有犯罪。"无罪推定"是一种法庭科学证据的一般原则和精神，较为笼统抽象，适用于检测结论出来前的各个调查阶段，是一种假定，是一种规范；而"疑罪从无"是一个检测中操作性的原则，并且很具体，主要适用于事实存在疑问的情况下，是一种编题时解决疑惑的操作方法；"无罪推定"是检测结论确定案（事）件相关前，推定为案（事）件无关，主要作用是防范先入为主、"疑人偷斧"在编制检测问句内容时出现科学错误，并防止检测人员将探查问句内容"先入为主"，不以检测数据为根本，事实上就是要求要客观中立地进行检测；而"疑罪从无"是在具体事实搞不清楚的情况下，做有利于被告人的推定，即视被检测人没有发生过这种案（事）件所涉及的事情，事实上就是要求宁可放纵案（事）件相关的人和事，也不能冤枉无辜。当然，"无罪推定"和"疑罪从无"二者的联系也很明显，两个原则都体现了有利于被检测人的科学要求。

二、推定被检测人无案（事）件相关

人类大脑处理进行感知觉加工、对检测问句内容采取欺骗的决策加工等都是在大脑的灰质部分，这些灰质是由大量的神经细胞通过各种复杂联结所构成的。神经细胞内的信息传递是通过细胞内外离子浓度变化产生的电位来完成的，而突触间的传递是通过神经递质来完成的。当数量众多的神经细胞同时传递信息时，大脑局部会由于协同作用而产生一定的电位。汉斯·贝格尔（Hans Berger，1924）首次发现通过将电极放在人类头皮上进行测量，并将信号放大，就可以测量到大脑内部透过颅骨结构的电位活动。再通过把测量到的电位差随时间变化的过程打印到纸上，就能展示大脑电位活动的变化过程。这也是脑电测量技术在最开始时的形态。

而人类在欺骗过程中，欺骗发生在大脑内部，有研究表明说谎行为会导致受测者前额叶皮层、前扣带回、杏仁核和尾状核等皮质下区域激活，而前额皮层、前扣带回的激活与认知活动——反应抑制有关，杏仁核、尾状核的激活则说明说谎时存在情绪唤醒。

　　欺骗作为复杂的神经活动，有时若干实验或单一的理论取向并不能完整地解释欺骗行为，整合理论应运而生，认为由于说谎行为背后有着复杂的心理过程，不同理论模型的侧重点因其所强调的心理过程而异，研究者可依据测谎内容选择恰当的模型。可以这么总结，由欺骗领域诸多的理论和研究实验数据结果可知，欺骗检测可以基于其心理过程分为两大类，脑认知电位和情绪生理，即被检测人欺骗的认知过程和认知过程所带来的情绪的生理体验，前者认知活动又包含多种心理过程，如感知觉、记忆等，后者情绪的生理参数检测，如多道心理测试仪（俗称测谎仪）在情绪产生生理反应前，也是由认知所诱发的，即认知过程存在交互作用。不同的检测实验、不同模型间的差异体现在认知活动方面，共同之处在于强调情绪体验和认知过程中的反应抑制。认知脑电检测前，编制检测问句时也必须遵循"疑罪从无"，也就是欺骗检测试验之前、之中，主试对被检测人的涉案事的事实不清，证据不确实、充分，就不应当报告涉案事的推论，更不可让欺骗试验结论的使用部门去追究被检测人的刑事责任，遵循法院做出不起诉决定或用人单位正常人岗匹配工作。疑罪之所以"从无"，是因为证据不足，故这种无罪只是"准无罪"，行为人不一定确实无罪。因此，行为人因证据不足而得到无罪宣告后，如果用认知脑电检测欺骗试验后，取得了确实、充分的证据证明其有罪，仍然应当给使用部门提供科学证据，由法院做出对被检测人是否应该受到刑法处罚的决定。在诸多欺骗检测的实践中许多检测的任务不能做到证据确实、充分，是因为案（事）件或犯罪具有隐蔽性、复杂性及不可再现性、证据的暴露状况不同、侦查手段和技术受限、侦查人员主观方面存在局限、人为原因或自然因素造成证据灭失等。对于疑罪，可能随着诉讼阶段的深入而使不足的证据得以获取，从而排除了疑罪之"疑"。即便最终仍旧证据不足，对于司法人员，也可以说是尽了最大努力。

　　认知脑电对欺骗检测的试验中的"疑罪从无"作为无罪推定原则的一项具体内容，其意义在于：在既不能证明被检测人案（事）件相关，又不能证明被检测人无案（事）件的情况下，推定被检测人无案（事）件相关。

三、认知脑电测谎基本的技术要求和规范

　　用心理生理学、认知科学等技术工具，来实现检测欺骗的目的，获得被检

测人与某事件（案件）关系或涉案程度的结论，需要经历科学、规范、标准的过程，而且要考虑认知脑电检测的结论涉及法律对人的公平正义，因此更高标准、更加严谨的过程是必须的。每类认知材料击中的正确率≥70%。

（一）案件相关信息认知脑电测谎检测方法

被试按各实验组（block）的要求，对随机出现的语句或图片在规定时间内做"是"或"否"的选择判断，并按实验要求按键。

诱发脑电的事件（event）即刺激内容，分语句和图片两大类。

语句部分：每条语句词数为5~7个（平均6个词），如以名字检测认知脑电的变化测试包括每名被试自己的ID（identification）身份信息、陌生ID、明星名字、陌生人名字。

图片部分：如以名字检测认知脑电的变化，自己的照片、明星照片、陌生人照片，全部图片采用前经过像素数、色彩（灰度）、呈现尺寸、亮度等多维度统一标准处理，对图片认识的标准使被试能认出是明星还是陌生人，不需要说出姓名即可。

认知脑电测谎刺激材料的呈现方式：计算机屏幕显示（被测谎人上下视角≤3度，左右视角≤5度，眼距屏幕距离60~100厘米）。

（二）认知脑电测谎刺激材料的呈现形式

图片（尺寸大小、像素、灰度、亮度等需经过同一处理）、字词（字：以单字为推荐且为国家语言文字工作委员会公布的高于90%概率的简化汉字；词：以双字词为推荐且为教育部规定的小学三年级以下必须掌握的双字词）、语句（能基本表达句意且每个句子的词数推荐为6±2个词/句）。认知脑电测谎刺激材料的呈现时间：≤3500毫秒。认知脑电测谎刺激材料的被测谎人的反应时上限时间：3000毫秒（保证诱发的各类认知脑电的纯度）。认知脑电测谎刺激材料认知分类中每类认知信息诱发脑电的叠加次数：≥70次。认知脑电测谎刺激材料认知分类中每类认知信息诱发脑电的正确击中的比例：≥60%。

第二节　认知脑电欺骗检测试验的认知分类

科学测谎实验所采用的刺激诱发语句、认知内容的分类和未分类所导致的测谎科学实验，与人体认知脑电、情绪的生理参数变化带来的实验数据的科学性是完全不同的。如果不对检测问句分类所诱发的脑电、体表的心理生理参数分类比较进而分析的话，得到被检测人的脑电变化参数、心理生理变化参数无区别对待的值，其科学测谎价值不同。

首先，它们的直接目的不同。测谎科学实验的直接目的在于解决一定的案（事）件相关程度的科学测谎研究任务。获取到的检测问句内容无差别的认知脑电、情绪生理反应参数的直接目的在于提供研究者一般生理状态下的生理活动值，难以客观直接地比较。

其次，它们产生的结果不同。测谎科学实验产生的结果是人们获得了对人体欺骗事实的认识，是检验一定的认知脑科学原理、心理生理学理论。而未分类条件下获得的脑认知电位的变化、心理生理参数的变化的结果，则是一般意义上的观察且难以达到科学论证的标准。当然，这种区别不是绝对的。尤其是在现代，测谎科学实验中认知分类和未分类（较好的实验生态效度）已经有互相渗透的趋势。认知未分类的刺激所诱发的参数变化能为测谎科学实验发展提供更加自然的状态，为测谎科学实验提供了更加逼真的前提和条件，测谎科学实验则为发展研究指明方向、开辟道路。不仅如此，很多测谎科学实验直接解决人欺骗中的问题，带有测谎科学实验的性质，它在人类欺骗可测量性方面做出贡献，同时解答了某些测谎科学研究的机制课题。关于测谎科学实验与认知未分类的参数互相产生关系问题，这是测谎科学社会学研究的一个重要课题。因为测谎实验法就是指按照某技术的标准经过特别安排，在主试人为控制下，确定欺骗和人体反应之间相互关系的研究方法。实验法是自然测谎科学研究领域最早被人们普遍使用的研究方法之一，是近代自然测谎科学建立的基础，测谎研究（research）就是实验，实验，再实验，反复（re）寻找（search）的过程。

一、探查—标靶—无关基于认知性质分类的诱发刺激材料

ERP 技术的脑电是以刺激代码为标记的，探查—标靶—无关只有基于认知性质分类的诱发刺激材料，才能进行分段、分类叠加显现各认知任务时脑电的实时反应。

认知标注与诱发脑电刺激材料的分类。刺激材料的认知分类/标注，基于ERP 技术的特点，数据进行分门别类地叠加处理，可以多角度、多维度、多批次分析脑认知过程，甚至与实验初始假设不同角度、观点，由实验设计者或验证者做成后期。

认知加工材料，刺激诱发脑电的认知"任务（event）"，脑电的刺激进行

认知标注是关键。

认知脑电测谎认知任务/事件/信息的认知属性分类/标注。这是对不同认知属性的刺激信息所诱发的不同脑电成分进行比对分析的关键环节，直接影响证据的科学性。被测谎人所完成的认知刺激信息，其认知属性明确、分类鲜明、标注清晰，就能有效保证认知脑电数据叠加分析的证据科学性。

无关刺激——案（事）件无关：呈现给被测谎人的认知刺激信息，其内容与法庭调查或测谎需求无关，是采集被测谎人对无附属案件侦查含义的刺激信息所进行的认知加工的脑电变化，是实现与案件相关信息进行认知陪衬为目的的刺激材料，在字数、词性、句中位置等应该与探查问题尽量相同，这是比对参照的基础。

标靶刺激——准绳相关：呈现的认知信息与侦查、法庭调查无关，但要求被测人记住并认出判断材料，可诱发被测人认知过程"认出"的特征性认知脑电，这是分析比对案件相关的关键脑电参数。

探查刺激——案（事）件相关：与侦查、法庭调查、测谎需求有关的案件内容的认知刺激材料，是探查被测谎人案件相关、回答认知问句可信度评估的核心部分，参见表10-2所示。

表10-2　案（事）件相关认知脑电检测欺骗的刺激诱发语句和显示屏

刺激类	认知相关性质	案（事）件相关性	显示屏		
			检测问句内容	指定/约定	决策/按键
标靶	认出	不相关	我会为了个人利益不择手段	诚实/欺骗	是　否
无关	未认出	不相关	我会为了顺利毕业努力学习	诚实/欺骗	否　是
探查	测属何	相关	我会为了更多收入交换利益	诚实/欺骗	有　无

二、诱发认知脑电的测谎，所有认知的任务是以标靶—探查—无关三种进行认知分类

（一）普通脑电的划分

普通脑电可以划分为自发电位和诱发电位。自发电位指的是人体在没有外部（或内部）刺激干扰的情况下，大脑自发产生的、连续的、节律性的电位变化；诱发电位指的是由于外部（或内部）刺激的干扰，大脑结构产生的与刺激相对应的电位变化。通过研究分析个体的自发电位，可以判断出个体的精神状态、神经系统功能状态，如精神科医生可以通过脑电图仪来查看患者大脑的自发电位情况，并据此诊断出患者的精神疾病类型。在开展欺骗检测时，大脑认知任务的"事件"是与案件和事件相关的，即与犯罪侦查相关的"案件"的人、事、物、关系等，和与所侦查的"案件"没有关系，但是具有同等对应的字、词、句（即被试内的"对照"），通过研究分析不同被试和同一被试不同认知属性的认知"任务"下，所诱发出的电位，则可以分析出被试个体"案件"的相关内容与"案件"非相关内容下，认知脑电的差异，这是认知神经科学采用脑电进行研究时的通用常规方式。在认知神经科学领域，对不同认知材料进行标注，标注不同的认知任务，这种能诱发大脑脑电变化的刺激被称为"事件"，相对应的脑电变化则被称为"案（事）件相关电位"。将案（事）件相关脑电随时间变化的电位幅值波动过程描绘在时间轴上，就能获得 ERP 波形图。由于事件引起了相应的 ERP 波，研究者通过分析 ERP 波形的各种属性特征，就能考察大脑对相关事件的加工处理过程。

（二）案（事）件相关脑电技术

大脑对不同认知任务所诱发的脑电位，由于大脑各个脑区、核团所完成的认知内容、过程不同，所产生的认知头皮电位分布（scalp distribution）不同，将案（事）件认知任务下所产生的认知脑电波形所处时间段的所有电极点各自的平均幅值，标示在头颅图上，形成具有波幅、转折变化的图形，所显示的不同认知脑电成分即头皮各部位上测得的该案（事）件脑电波形的电压幅值的高低。从该"头皮分布图"就能观察出该 ERP 波在头皮各部位上测得的活跃程度。欺骗时的认知脑电是在大脑结构各部位产生的，各个电位产生的源部位（source）的位置、深度、电位强度各不相同。而由于无创性（不能对个体造成创伤）的要求，测量脑电的电极贴片都只能贴在头皮表面，而不能穿透头颅直接测量脑结构上的电活动信号，因此每个电极测量到的数据实际上都是所有源部位电位传递到头皮上该电极位置时综合叠加得出的电位值。由于每个源部位离每个电极点位置的距离不同，因此各源部位的电位对每个电极的电位测量值的贡献（权重）各不相同。案（事）件相关脑电技术是一种时间分辨率高、空间分辨率低、非侵入式、成本较低的认知神经科学研究工具。

（三）认知脑电对犯罪行为的检测

运用神经科学中的脑电生理检测手段，以检测欺骗时脑认知活动在完成整个案（事）件任务过程中，与起绝对作用的犯罪行为记忆有无关系。作为研究对象，对犯罪相关人脑神经系统的活动，进行案件相关认知材料的刺激，比对案件相关与不相关的认知脑电的差异，侦测出涉案人认知脑电上的相关性。用所得到的无法伪装难以回避的数据，结合神经科学的相关理论，进行生理心理证据分析、案件相关脑电必然性解释和研究认知科学与法学关联的理论或实践问题，包括涉及抽象复杂以精神活动为主要特征的犯罪的言辞证据的真实性和准确性检测，以及涉案人各负的刑事责任能力的真实性、危险性预测，可以认知诱发的操控分类筛选检测。包括认知脑电检测犯罪的技术等特定领域的具体问题，是以案件相关脑认知鉴定识别方法，去研究涉及正义、道德、自由、理性等与法律有关的一般理论问题。当今生理学、行为科学、心理学、神经法学等这些与人的行为、犯罪相关的学科中，法学和认知科学普遍共识/或可接受的（即使存在争议）。与人的犯罪相关的研究理论、假设、学说包括以下几个方面：

1. 认知是行为的基础

一个大脑具有意识能力、生理上具有发生感觉的能力，即刺激能够产生反应，心理上能够发生知觉、实现注意、完成记忆，继续就此思维、做出判断与选择的一个正常人，其行为（犯罪是其一）发生，由身体的内外感觉所引起，每个人的思维是一个复杂的巨"计算"的过程，即人的思维（在某种程度上）是由人的生理结构，主要是大脑的工作所决定的。这是对"生理—心理"关系的基本假设。在这样的假设下，人类的行为可以被神经系统以及其他生理结构的活动机制所解释。

2. 行为是脑控制下完成的

行为是脑半球、区、回、皮质、皮层神经细胞综合作用的结果，检测脑电位可分析行为是否存在过。行为于脑认知后形成，认知活动是涉及大脑多个区域的高级心理活动，而如何划分这些区域、这些区域各负责怎样的功能（如记忆、冲动、决定等）以及区域间如何连接，来实现特定的心理功能等认知心理学和认知神经科学上的研究可以解释与法律有关的行为。

3. 引起行为的认知脑电位可测量

传统的解释人类相互行为（如博弈论）的心理和生理机制正不断地为神经科学所揭示，为神经科学和法律两大领域的连接提供了桥梁。可测量的认知脑电位为分析（隐秘性强的职务犯罪）行为的存在提供了神经科学证据的基础。犯罪嫌疑人脑电测量指标（如反应时）能有机地配合进行犯罪嫌疑人相关的认知过程的检测研究，通过检测案件人大脑各区域的电位变化量，能够直观、形象地观测与正常人不同的、在完成认知任务过程中大脑的活动情况，并且具有较高的时间和空间分辨率，可以验证犯罪嫌疑人的相关，这样关注法的认知属性，以认知科学的理论、方法或手段研究与法有关的问题，进行跨学科研究论证。而且犯罪嫌疑人相关认知这一概念有着概括性和精确性上的平衡，对它的引入使得对行为的研究可以兼顾宏观和微观、定性和定量。

4. 犯罪的多因性

如犯罪嫌疑人在内的人类决策会受到不同因素的影响，犯罪嫌疑人与普通人一样，其大脑结构和功能的基因基础以及来自身体、社会、文化环境的外来影响，都在"塑造"人类的大脑，包括记忆、习惯、有意识的思想、逻辑等认知—思考过程，以至创造出如法律在内的外部制度等高级功能，犯罪嫌疑人是正常人中违背法律的一员，犯罪之前具有与常人一样的受外界——社会影响其犯罪的行为，如欲望的产生、动机的形成、犯罪行为的发生，法与神经科学的研究者都会在不同程度上接受这些理论以作为他们进一步研究的基础。认知脑电检测欺骗的实质是认知路径的跨学科法学研究，是法学与其他学科的具有认知取向的结合。研究着眼于主观"恶"意程度高的犯罪者认知——对脑和心智的本质和规律的研究对法学问题的启发。也正因为这一共性，我们可以把它们与其他研究区别开来并称之为认知法学。认知法学实际上是认知脑科学路径的，但认知法学不等同于心理学法学的分支。承认心理学理论上的认知与思维的关系、认知与行为的关系是认知法学的前提。作为认知法学的一个分支，神经科学与法学也是心理学路径的，将前沿脑科技运用法学实际，并取得了很好效果的目标。

（四）认知脑电检测技术规则

这些认知脑电检测技术规则，即认知脑电检测工作的要求、规定、标准和制度等，涉及认知脑电检测技术规定的、具有一定强制性约束力的规范性文件，如认知脑电检测语句需要遵循的"认知脑电检测语句的技术规范"或"规范"等，在认知脑电检测过程后，在此基础上得到完整的、符合科学标准的、可重复的被测人认知脑电检测结论。

1. 确定犯罪案件相关脑电认知检测内容的可实际分析的机制、应用的范式、模型。

2. 确定实验室→模拟→实际案件条件下的犯罪相关脑电检测内容、标准和检测方法。

3. 探索认知问句诱发的"亲历亲为过"和仅测试语句语意激活非亲历（前者涉案后者知情或无故）在认知脑电的特征或差异，以确定涉案者条件下的犯罪相关脑电。用犯罪嫌疑人的言词证据作为研究载体，认识到它的内在结构，透过其表面上的不稳定性，用认知科学研究去发现言辞证据是可以被把握的，其作用可以得到充分的发挥。该核心重点在于更多地倾向考虑使用来自神经科学的证据，用认知神经科学方法和手段研究犯罪相关的心理与犯罪行为的神经机制，研究主要涉及脑认知技术的应用和神经科学证据的可采性，依靠认知科学、神经法学、法庭科学、生理心理学等学科结合，对犯罪嫌疑人大脑神经系统从事与法律有关的决策过程进行分析研究，得到犯罪嫌疑人心理生理上的科学证据。由于记录的是犯罪嫌疑人大脑对各种刺激信息进行加工处理时，所产生的实时脑电活动变化，使储存在大脑中某些承载的信息可以显现，可供侦查人员在此基础上做出相关的科学鉴识报告，为司法证据的调查开辟了一条新的更具有科学性的重要路径，对提高案件相关脑电位测试的准确性和科学性，以及对抗反调查方面具有实际的意义。

测谎人把案情卷宗的情节提取出来，或根据测谎任务需求编制符合 ERP 技术要求的测谎问句，供被测谎人认知加工以提取其脑电分析。基于案情和测谎需求编制测谎问句，是测谎最常用且用处最多的方法，用文字语句表述案情相关等认知刺激信息，不仅简单、明确、准确，而且各被测谎人之间信息受理量相等且歧义少，通过约定每条问句字—词数量、词频、句型格式、句式等，可以得到高纯度的因变量——认知脑电，如刘洪广（2006）研究表明，被测谎人认知加工问句，以 2000 毫秒内完成的认知强度为宜，问句长度为 16±2 字为宜，考虑字词间联想关联每字约 200 毫秒，通过这些可以获得比对性强、指向性集中的认知脑电。

（五）诱发脑电刺激材料的认知分类

认知脑电测谎虽然在反反测谎、时间锁时对应等方面具有优势，但在欺骗发生的脑电成分、发生脑区等，还得继续研究和寻找稳定且明显的脑电特征。

表 10-3　诱发脑电刺激材料的认知分类

刺激	性质	举例——地点	举例——案件人
标靶	任务要求记住并认出	你去过藏书房——是	你知道周润发——是
无关	案件无关	你去过开水房——是	你知道张三——?
探查	案件相关	你去过锅炉房 （案发地）——?	你知道 XX （被害人）——?

案件相关信息认知脑电测谎实施时，刺激材料的认知分类以探查刺激——案（事）件相关、标靶刺激——知情（属于熟悉）、无关刺激（陌生）等基本认知属性划分刺激材料，诱发被测谎人心理生理反应，是提高测谎科学性可采取的有效方法。涉案人对测谎内容进行认知加工的过程，是涉案人对真的识别

结果做假的判断选择。对认知属性为案件相关的刺激材料——涉案人是具体再认,知情人是虚拟再认,无辜者是陌生识认。测谎时涉案人欺骗导致心理负荷改变,心理耗费增加。认知属性有利于检测出涉案人的冲突控制(表10-4)。

表10-4 待检测出的真实内在被试认知类属

刺激类	认知类别脑电成分	卷入度(自我参照)——后置	卷入度(自我参照)——前置
无辜	探查≈无关	拍过XX机型改装图是我 拍过空客机型外观图是我	我拍过XX机型改装图换钱 别人拍过空客机型外观图换钱
知情	部分探查≈部分标靶 部分探查≈部分无关	知道送XX机型改装图换钱是我 知道送空客机型外观图换钱是XX	我拍过空客机型外观图 别人拍过空客机型外观图
涉案事	探查≈标靶	我拍过XX机型改装照片 我拍过公大北门夜景照片	

认知脑电测谎标记用的刺激材料的认知分类:

案件无关:实现对案件相关信息认知的陪衬目的时,需认知的刺激内容与法庭调查无关,字数、词性、句中位置等应该与探查问题尽量相同。

案件相关(探查):与侦查、法庭调查有关的案件内容的认知刺激材料。

诱发相关:与侦查、法庭调查无关,但可诱发被测人特异性认知脑电的刺激材料。

认知脑电测谎涉及法庭科学证据,测试过程、人员组成、仪器设备等,所有实施的相关方法和标准,其科学严谨程度都必须高于神经科学实验的标准,一次测试过程是由测试受理、测前准备、测试实施、结果发布四个阶段组成的;测试人员的组成至少由主试1(测谎人)、主试2和被试(被测谎人)三人组成;测试硬件设备包括能将认知任务触发器和实时认知过程的脑电采集集合一体的计算机工作站、电极帽、刺激触发器、脑电采集放大盒、诱发认知脑电的刺激显示器(被测谎人用)、实时认知脑电显示器(测谎人用)等。认知脑电测谎的软件包括可对显示语句或图片等认知信息刺激进行编程的刺激诱发软件(STIM2、E-prime等)、与认知诱发有强锁时性脑电采集软件、脑电分析处理软件等几部分。

三、检测问句满足诱发认知加工脑电的必要条件

为了获取可评价的数据，需要对被检测人实施符合法庭科学证据要求的语句刺激，只有在规范的语句刺激作用下，才可能对所产生的对应性心理生理反应，即检测到的数据进行评估，这是被检测人对语句进行认知加工的必要条件。

就主试而言，案（事）件相关认知脑电欺骗检测问句内容设计，其基本要求是有被检测人的脑认知电位所获取的数据，这就必须达到让被试对检测问句，无论是字体还是内容，能够实现阅读"懂""理解"，主试设计语句的基本要求是能保证被试实现以下目标。

看清楚：字体大小、显示屏上的对比、位置、非眼动下的阅读等。

懂含义：小学 6 年级以下应知应会的字词组成的语句。

想明白：对检测问句内容理解少或无歧义，简单、明确理解字词句的语义、句意。

准确按：对决策的按键，能够简单操作让被检测人方便表达。

尽量快：时间优先，语句简单明确，提高脑认知电位的有效成分。

四、测谎作为心理生理检测实验的特点和实验的作用

测谎是对人体在欺骗或脑认知这一设定诱发条件（如检测问句）的自然过程中，对被检测人体表的生理参数变化进行分析的过程，人体的心理生理参数这一"自然"事物有的转瞬即逝，有的旷日持久，有的事过境迁，给测谎者认识和分析某些欺骗的机制带来了困难，而心理生理实验方法可以在人为的控制下，根据研究的需要来改变"自然"状态下体表生理参数发生改变的状态。

（一）检测问句纯化条件提高检出率

通过设计诱发的测谎问句类型，变换刺激诱发的各种条件，即纯化条件方式来实现对被检测人进行案（事）件相关程度的认证，测谎科学实验具有纯化观察对象条件的作用。

心理生理检测这一被检测人体的试验对象和检测问句内容刺激诱发心理生理反应，即"刺激—诱发——体表心理生理反应的参数改变"或"对检测问句内容认知加工刺激—诱发——头皮电位的参数改变"，这一人体脑认知、心理生理现象是处在错综复杂的普遍联系中的，其内部又包含着各种各样的因素，如认知内容的不同，被检测人内在的、真实的与检测问句内容之间的"利害"关

系等的不同。因此，任何一个具体的被检测对象，脑认知电位、心理生理反应都是多样性的统一。这种情况带来了对被检测人分析、确定与检测问句内容相关性或程度认识上的科学可行性，如果被检测对象的某些心理生理参数特性、脑认知规律或机制被分析出来，那么证据的科学性是充分的。如果进行心理生理检测时，受到其他因素的干扰，如语句内容对被检测人的适配性，案（事）件的对应性等不匹配、不适应，导致假阳性或假阴性，或以致被检测对象的某些特性并没有出现或没有被捕捉到，或者是心理生理参数检测人不容易认识清楚，或者是通常情况下根本就不能察觉到，就会出错。

而在测谎科学实验中，人们可以利用各种实验手段，对研究对象进行各种人工变革和控制，使其摆脱各种偶然因素的干扰，这样被研究对象的特性就能以纯粹的本来面目暴露，人们就能获得被研究对象在自然状态下难以被观察到的特性。

（二）对检测问句强化条件方式

要提高测谎科学实验这一具有强化观察对象条件的作用。在测谎科学实验中，人们可以利用各种实验手段，创造出在头皮表面的人体自然状态下，无法出现的或几乎无法出现的特殊条件，如在已经知道或已经验证过被检测人可完成认知问句内容反应下，被检测人在超短时间下完成对检测问句的决策任务/按键等。在这种强化了的特殊条件下，被检测人遇到了许多前所未知的正常人体自然状态中，不能或不易遇到的新现象，使人们发现了许多具有重大意义的新事实。

例如，人们能通过一定实验手段，造成接近绝对认知任务完成反应时条件，从而使检测人能让被检测人几乎瞬间（检测问句呈现时间）就能完成单项的认知任务，在这种任务下，检测人能发现某些探查内容的检测问句材料，具有特殊的、明显的认知差异性能，即具有脑区、左右脑、前后脑等认知特性和差异。

（三）对心理生理检测的可重复性

这可以提高测谎的科学公允性。测谎科学实验具有可重复的性质，在一般、自然条件下发生的欺骗现象往往是一去不复返的，因此无法对其反复地观察。在测谎科学实验中，人们可以通过一定实验手段使被观察对象的过往重复出现，这样，既有利于人们长期进行观察研究，又有利于人们进行反复比较观察，并对以往的实验结果加以核对。

正是由于科学实验具有这些特点，因此科学实验越来越广泛地被应用，并且在现代科学中占有越来越重要的地位。在现代科学中，人们需要解决的研究课题日益复杂、日益多样，使得科学实验的形式也不断丰富和多样。

第三节 认知反应时

认知脑电检测欺骗实时采集脑认知过程脑电变化是"前端"。多道心理测试仪检测欺骗即"刺激—认知—情绪—体表生理值变化分析"是"后端"（脑认知之后）。

"前端"的是"直接"的，即从头皮电位变化采集测量，是"直接"获取的，是通过难以伪装、无法回避的"认知脑电"来检测欺骗。

"后端"的是"间接"的，即从体表采集情绪的生理变化测量，是"间接"获取的。只是被测人由于担心所问的案件相关问题会导致其受到法律的惩罚，对这一系列"严重"后果的认识造成紧张情绪，引起体表生理数值发生改变，这个过程是由认知→评估→有法律后果→情绪变化→体表生理值改变几个环节组成，每经过一个环节，实际上就是多了一个"间接"的过程，经过的环节越多，"间接"也越多，也越有可能对测试的正确性带来影响。

认知脑电的"直接"与检测欺骗皮电等的"间接"测谎，彼此具有较大的本质差别。无论"前端""直接"的认知脑电位变化曲线的波率、波幅、波形、位相、数量、对称性、反应性、规律性、出现方式及脑波在时间、空间上的分布等主要成分，进行分类、计算与对比分析，或者是从认知脑电图记录得到的检测次数、意识状态、日期、用药、完整的脑认知图等，抑或是"后端"的"间接"的情绪生理的测谎仪采集的数据图谱，都有一个非常重要的检测参数：反应时。与无认知任务对应的脑电完全不同的，那是脑电图（EEG），不能作为欺骗检测。

一、反应时

认知反应时是被检测人对检测问句这一外界环境的改变或诱发刺激产生的对应变化。从机体接受刺激到做出回答反应所需的时间，亦即 S—R 的时间间隔。

欺骗检测经过刺激—认知加工—反应选择—执行按键（速度、准确哪个优先）几个过程。反应时是用来分析被检测人的知觉、注意、学习、记忆、思维、动机和个性等各种心理活动的指标。在生理学和医学上有时被称为潜伏期，是从刺激出现到有机体发生反应所经过的时间，反应时的长短取决于刺激强度、身心状态、练习程度、感官种类以及反应的复杂性等因素。1873 年奥地利生理学家弗兰茨·瑟拉芬·埃克斯纳（Franz Serafin Exner）首先使用"反应时"这个概念。由于借助反应时可推测信息在头脑中的加工过程，因此，认知心理学兴起以来，反应时的测量在心理学实验中更加被重视。反应时在实际应用中也较广泛，在现代心理学研究中，受限于科技水平还无法达到对人体大脑的完全了解，它一方面还是某些职业选择的重要指标之一，如确定犯罪调查的警务人员、汽车司机、高铁司机、飞行员、宇航员等的心理生理的可胜任性参考，更重要的是作为分析、评估脑认知的一项重要参数。

（一）反应时分类

按照刺激—反应的复杂程度，反应时可分为如下几种：

1. 简单反应时（刺激单一，反应单一，并给预备信号），给被试呈现单一的刺激，只要求做单一的反应，并且两者是固定不变的，这时刺激与反应之间的时距就是简单反应时。所检测到的认知成分较少。

2. 系列反应时，对系列刺激做出系列反应，间隔时间基本均等。

3. 选择反应时，要求受试在依次出现的刺激中做出相应的一个反应。可能呈现的刺激不止一个，对每个刺激都要求被试做一个不同的反应，但刺激出现的顺序事先是不知道的。认知脑电检测欺骗应用较少。

4. 复杂反应时，刺激与反应的条件均复杂，需要受试经过某些智力活动才能做出合适的反应如二选一，三选一。认知脑电检测欺骗应用较多，尤其是二选一。

5. 信号察觉时间，信号出现时间不规则且需经搜寻才能发现。一般说来，上述五种反应时所需的时间依次增长。1850 年，德国生理学家赫尔姆霍茨（Helmholtz）最早进行了反应时的实验研究。

从刺激出现到反应开始所经过的时间，为被试感受到刺激，经神经通路传导和中枢调节，使效应器发生反应的时间总和。长短不同，取决于感官种类、刺激强度、练习程度等的不同。

（二）影响反应时的基本因素

影响反应时的基本因素包括下面几种：

1. 简单—复杂反应时任务；

2. 速度—准确性权衡——反应速度和反应准确性间的反向关系，必须在它们之间做出权衡；

3. 刺激变量；

4. 机体变量即被试变量。

（三）反应时计算的减数法和加因素法

1. 减数法——将反应时分解成各个成分，分析信息加工过程（每个阶段的加工时间）：

A 反应（简单反应）——一个刺激一个反应

B 反应（选择反应）——两个或以上刺激和对应的刺激

C 反应（辨别反应）——两个或以上刺激，只有一个刺激要求反应

C–A＝辨别反应的时间

B–C＝选择时间

2. 加因素法——证实不同加工阶段的存在，辨认它们的先后顺序。

反应时作为测谎分析的指标，有最少需要的反应时间和最长范围。

即使是最简单的认知测试，都需要 200 毫秒以上，欺骗作为复杂认知活动，有效的分析成分应该是发生在 200 毫秒后的脑电。人类的撒谎其实是在对刺激内容正确地识别判断（听懂问话或看懂文句、看清楚图片）的基础上，用真的识别结果做假的判断选择。如果对刺激的内容都无法识别出来的话，那么撒谎就只能在"自圆其说"状况进行，当今对"自圆其说"的测谎还很难实现，现行的测谎也是以"一问一答"方式来展开的。

最短反应时和刺激呈现时间长度。反应时是对刺激做出回答，即识别出测谎时的刺激内容是完成撒谎的先决条件，如果认知内容所呈现的时间过短，或给予被测人反应的时间过少，或认知任务所要求的过于复杂，超过被测人所能理解的难度，那么客观上影响认知测谎纯度。使用过长问句，句子有过多的逻辑关系，以及各内容间发生过多的承转，承载过于繁杂信息的图片等，这也在客观上会影响测谎。被测人主观上一方面可以通过加强"预警"来提高发现案件相关信息的监控水平，另一方面可增加神经元间联系的次数，以及增多神经元突触间联系的次数（测谎时的具体反映就是反应时的延长），来达到欺骗识别的结果伪装判断的选择。

完成认知测谎时图片识别和语句判断所需要的时间，有刺激内容的呈现时间和被测人完成任务所需要的时间（反应时）。刺激呈现时间是由主测人根据被测完成刺激所需的最小生理阈值设定的，是刺激引起反应所必需的条件，主要反映的是外源性因素即刺激的物理特性对它的影响。其次，与被测完成任务的

难度有关：需完成的认知任务越难呈现时间就需越长，有最少的呈现时间要求。每位被测人反映在 ERP 上有物理（如亮度、最小分辨距离等）、生理（如神经膜电传导、神经元间信息传递）、心理（单一刺激属性的认出）上的共性，也有外源性影响所带来的波型、波幅等方面的共性。

被测人完成任务所需要的时间，是从刺激呈现，被测人根据任务要求做出识别判断，到完成按键动作的时间。时间的花费主要用于识别—判断—选择—按键输出结果这个认知过程上，主要反映的是内源性因素，即认知任务的心理属性对它的影响。由于它与人们的注意、记忆、智能等加工过程密切相关，被测人欺骗或正常的认知心理活动，将在不受刺激的物理特性的影响下被客观地记录下来。涉案人的反应时不仅有三类人都有的"识别—判断—选择按键"用时，还包括撒谎用时，这是实现欺骗所必需的，因为对识别结果的正确判断不实施抑制，欺骗就无法实现。撒谎对无辜者来说是"额外"的人为附加的认知负荷。呈现时间和反应时间，从完成认知测谎的反应时来看，真正有心理贡献意义的反应时，至少应该在 200 毫秒以后发生脑电位变化。

二、反应时的时相

反应时又称反应潜伏期（response latencies），是指被检测个体从接受刺激作用开始到开始做出外部反应之间的这段时间，它与动作完成所需要的时间是有差别的。反应时包括，刺激使感受器发生兴奋，神经冲动从感受器传到大脑皮层所需的时间、在中枢神经系统组织回答反应所需的时间、有机体做出回答反应的时间。反应时依赖许多因素，如刺激的种类、强度及个体的因素（练习程度、适应水平、定势、动机和情绪）等。

从解剖生理的层面来说，被检测人的同一种感觉，刺激部位不同反应时也不同。与认知脑电欺骗检测相关的视觉刺激离中央窝越远，反应时越长，鼻侧刺激的反应时比颞侧短，加之检测问句内容的难易程度、复杂性会使检测问句内容脑认知加工反应时间更长。被检测人与检测相关感觉的反应速度由快到慢的顺序（单位为毫秒）：案（事）件相关认知脑电欺骗检测中的视觉 120~182 毫秒，情绪生理皮电的听觉 150~225 毫秒，温觉 180~240 毫秒，检测欺骗环境相关的冷觉 150~230 毫秒，反测谎相关的嗅觉 210~300 毫秒，味觉 308~1082 毫秒，痛觉 400~1000 毫秒。一般被检测成人对光刺激的反应时为 180 毫秒，对声刺激为 140 毫秒；选择性的反应时要比简单的反应时长些。

刺激施于被检测人体之后到明显反应开始所需要的时间包含以下几个时段（表 10-5）：感觉传入第一时段，刺激使感受器产生了兴奋，其冲动传递到感觉神经元的时间；认知加工第二时段，神经冲动经感觉神经传至大脑皮质的感觉中枢和运动中枢，从那里经运动神经到效应器官的时间；结果实施第三时段，效应器官接受冲动后开始效应活动的时间。

表 10-5 刺激引起反应需要的时间

时段	生理机能系统	情绪生理皮电	案（事）件认知脑电
感觉传入	刺激使感受器产生了兴奋，其冲动传递到感觉神经元的时间	无关—属器质性	无关，属器质性
认知加工	神经冲动经感觉神经传至大脑皮质的感觉中枢和运动中枢，从那里经运动神经到效应器官的时间	认知后情绪生理	相关，需反应和认知时间
结果实施	效应器官接受冲动后开始效应活动的时间	口播回答——时长	阅读后决策，即刻时短

反应时的研究历史可以追溯至 1796 年，英国格林尼治天文台台长内维尔·马斯基林（Nevil Masklyne）在观察星体通过子午线时首先发现反应时的个别差异。1822 年德国天文学弗里德里希·威廉·贝塞尔（Friedrich Wilhelm Besssl）对此现象加以认真研究，确定了人差方程式，1850 年赫尔曼·赫尔姆霍茨（Hermann von Helmholtz）用反应时测量了神经传导的速度。此后 100 多年来人们又对反应时进行了系统的研究。

由大脑中神经细胞而来的认知脑电是"全或无"定律下的兴奋和抑制生理机能效果的综合。注意与骨骼肌的肌包，其刺激即神经电位传到神经—肌肉终板，终板引起骨骼肌收缩的刺激。刺激强或弱只能产生收缩或不收缩两种反应，收缩的大小并不随刺激的增强或减弱而发生改变，称为"全或无定律"，换句话说就是阈上刺激常引起极大收缩。

如果一条规则所规定的事实是概定的，那么，或者这条规则是有效的，在这种情况下，必须接受该规则所提供的解决办法，或者该规则是无效的，在这种情况下，该规则对裁决不起任何作用。而被检测人的机体变量（适应水平、动机和个体差异）是影响反应时的其他因素，多道心理测试仪上常见的"位移"是骨骼肌收缩产生让身体位移的结果，并不显现神经—肌肉终板电位，也不是骨骼肌细胞兴奋的电位变化，需要区分不同的性质。"位移"与情绪生动相关，但可调、可控、可造、可"夸张",是脑认知后,发现、检测出非自主的"欺骗"在生理参数上的表现,其科学有效的价值有限。

三、影响被检测人反应时间的因素

在编制检测问句时,必须知道下面的相关内容会影响被检测人的反应时,有的要避免,有的要加强。

1. 刺激类型的影响——反应时间依赖受刺激的感觉器官:①不同感官的反应时间不同;②同一感觉通道接受的刺激不同;③刺激相同感觉通道的不同部位,反应时间也有差异;④刺激复合感觉器官,会影响反应速度。

2. 反应时间依赖刺激强度的影响。反应时间随刺激强度的增加而缩短,但减少量越来越小,强度再增加,反应时间也不会短于110毫秒。也就是说刺激越强,反应越快,如光强、空间面积、作用时间、刺激的联合与累积。

3. 反应时间依赖刺激的时间特性和空间特征,即刺激的复杂程度的影响。当物理刺激强度本身不变,而增加作用于感官的时间,造成时间的累积作用,这样便会增加刺激的心理强度。如果物理刺激强度不变,刺激时间一定,增加视觉刺激的面积时,由于感受器神经兴奋的空间积累作用,也会增加刺激的心理强度。如刺激数目越多,任务越难,反应时越长。

4. 刺激呈现方式的影响,如对向上和向下运动的刺激的判断时间不同。对运动刺激的反应快于静止刺激的反应,个别情况下,刺激终止的反应比刺激开始的反应快,刺激减弱的反应比刺激增强的反应快。

四、被检测人个体变量对检测刺激反应的影响

1. 被试的准备状态:依赖机体的适应状态和适应水平。眼睛对光、暗适应的水平不同,反应时间也不同。各种感觉都有适应的问题,适应对反应时有显著影响,如视觉的明适应使视觉刺激的反应时变慢,而暗适应使反应时加快,其他感觉也存在类似问题。

2. 被检测人的准备状态:指被检测人对某种按键行为做出准备的情况,双手握住按键盒,左右大拇指按键。准备时间太长或太短都会使反应时延长。如一项以1秒、1.5秒和2秒作为预备时间的三个水平对蹲踞式起跑时间所进行的研究。结果表明,当1.5秒时,运动员的起跑速度最快。

3. 练习次数:在一定范围内,练习次数越多,反应越快,直到一个极限而

稳定下来。反应越复杂，练习效应越显著。

4. 定势作用：当被试的注意力倾向于即将出现的刺激时，反应时延长；当注意力倾向于即将发出的动作时，反应时缩短。

5. 额外动机：受惩罚时反应时最快，受奖赏时稍慢，正常情况下最慢。

6. 年龄因素：在25岁之前，反应时随年龄的增大而变快；在25岁到60岁这一年龄段，反应时保持稳定；60岁以后明显变慢。情绪生理方法可以忽略，认知脑电方法要留足充分的诱发刺激呈现时间和反应时间。

7. 个别差异：不同被试之间存在差异，同一被试在不同的时间也存在差异。

8. 心理不应期的影响：相继给予两个刺激，并要求对两个刺激分别产生反应的时候，若两刺激间隔短，第二个反应的时间就比较长，这种反应时间的推移叫作心理不应期。

表 10-6　被检测人反应时影响因素

因素	规律	应用	检测	检出率		
				涉案	知情	无辜
认知预备	涉案人对案件相关内容敏感程度高，检测前会提高预警水平，做好案件相关内容的决策准备	涉案被试的注意力倾向于与自己已经有准备的案件相关内容时，反应时缩短，也可因为抑制诚实，解决认知冲突而延长	精确区分	高	中	高
内驱力/额外动机	受惩罚时反应时最快，受奖赏时稍慢，正常情况下最慢	涉案被试被检测出将受法律惩罚的严重性，内驱力最大	精确区分	高	中	低
定势作用	当注意力倾向于即将发出的按键动作时，反应时缩短	因为有内容比较，即使无效	可忽略	高	中	无
适应水平	各种感觉都有适应的问题，适应对反应时有显著影响，如视觉的明适应使视觉刺激的反应时变慢，而暗适应使反应时加快，其他感觉也存在类似问题	单一的视觉、相同的形式、不同的认知问句内容	重点分析，内容随机无法适应	等同	等同	等同

续表

因素	规律	应用	检测	检出率		
				涉案	知情	无辜
心理不应期	相继给予两个刺激，并要求对两个刺激分别产生反应的时候，若两刺激间隔短，第二个反应的时间就比较长，即反应时间的推移	相同反应且两刺激间隔足够决策/按键用	可忽略	等同	等同	等同
准备状态	被检测人对检测做出准备的情况。准备时间太长或太短都会使反应时延长	每个刺激串间 800 ~ 1200 毫秒随机间隔	可忽略	高	中	低
练习次数	在一定范围内，练习次数越多，反应越快，直到一个极限而稳定下来。反应越复杂，练习效应越显著	反应简单，练习次数可以相同	可忽略	等同	等同	等同
个别差异	同一被试在不同的时间存在差异，不同被试之间也存在差异	被试内比较	可忽略	同	同	同
年龄	在 25 岁前反应时随年龄的增大而变快；在 25 岁到 60 岁反应时保持稳定；60 岁以后明显变慢	被试内比较	可忽略	同	同	同

可见，在个体同一分析器的不同部位，其反应潜伏期是不同的；不同感觉器官的反应时也不相同。例如，听觉比视觉的反应时短；同一感觉器官，对不同性质的刺激，其反应时也不同。许多内、外因素也影响反应时间的长短，例如，强的刺激反应时短，增加刺激的延续期有使反应时缩短的倾向；额外的动机因素，如惩罚或奖励会引起截然不同的反应时；人处于暗适应状态时，反应时短。对被检测人来说，不同项目的反应时存在显著的差别，但练习因素可以降低反应时。由于反应时是一个很敏锐的反应变量指标，因而可以作为反应速度的快慢、反应前后心理活动过程的客观指标。

五、案（事）件相关认知反应时（潜伏期）长与经历突触数多相关

大脑数据的记录与行为反应并不总是同时的，这使得对认知活动脑机制的实时记录和分析处理受到影响。心理理论推理过程中大脑对信息的加工是快速且趋于自动化的。因此，要观察心理理论推理过程中大脑动态变化的过程，必须采用一种具有更高时间分辨率，并且能够实时记录大脑数据的技术作为补充。

认知脑电欺骗检测反应时是"选择+辨别+另组"（对默认诚实反应的抑制、大脑另组"欺骗"反应）。

从潜伏期的角度，其时间长度等于下面三个部分：

1. 刺激引起的冲动沿神经传导的速度；

2. 传导路径中所经历突触数的多少；

3. 中枢突触延搁的时间。

在相同的实验条件下，在同一系统中，潜伏期的长短应该是恒定的。所以，一旦在相同的实验模式下潜伏期出现了差异，这也许暗示着不同的脑区参与了这个认知过程。

表 10-7　时间过程的组成

时间	机能状态	认知关联	差异
速度	刺激引起的冲动沿神经传导的速度	属器质性、无认知相关	不足以在时间上显现
次数	传导路径中所经历突触数的多少	脑认知活动越复杂，突触数越多	不足以在脑电位显现
中枢突触延搁	脑皮层内多个核团等参与	认知脑电属多神经元综合后的标量显示	无法分辨突触数

被检测人对检测问句的反应时间，在生理学和医学上有时称为潜伏期，是从刺激出现到有机体发生反应所经过的时间，反应时的长短取决于刺激强度、身心状态、练习程度、感官种类以及反应的复杂性等因素。欺骗检测试验的反应时是由字词句视觉同"类"，而文字语句组成语义——认知关联不同"种"的素材作为诱发刺激材料，所进行的欺骗检测。

表 10-8　反应时分类

分类	形式	集合	
		类	种
简单	刺激单一，反应单一，并给预备信号	单一声、光、电	光、视觉、语句
系列	对系列刺激做出系列反应，间隔时间基本均等	单、双、复合	句子长短相近
选择	被试在依次出现的刺激中做出相应的一个反应	单、复合	内容异，反应同
信号察觉	信号出现时间不规则且需经搜寻才能发现	单、双、复合	认知仅字词不同，脑反应异

分类	形式	集合	
		类	种
复杂	刺激与反应的条件均复杂，需要受试者经过某些智力活动才能做出合适的反应	字、词、句	不同认知分类下存在语义差异

注：一般来说，上述五种反应时所需的时间依次增长。

　　心理生理技术的欺骗检测，为保证法庭科学证据要求，所采用的是具有被检测人大脑对检测问句进行认知后的生理参数，其反应时是"信号的信号"大脑经过具有三层从简单到复杂的认知加工过程，即字的形态，视觉单一的形式状态，组成词句，单一视觉的词句，具有不同的认知语义，被检测人对不同认知语句内容具有不同认知含义的理解，被检测人内在待检测的真实身份不同其"理解"（脑认知加工）时复杂程度就不同，这是因为欺骗需要抑制诚实另造"动作"来掩蔽被发现的可能。

参考文献

一、中文文献

会议类

[1] 傅小兰，罗跃嘉．心理学领域重点项目和人才项目申请［C］//中国心理学会．第十九届全国心理学学术会议摘要集．北京：中国心理学会出版工作委员会，2016．

[2] 高文斌，罗跃嘉，魏景汉．不同提示范围的视觉空间注意效应［C］//中国心理学会．第九届全国心理学学术会议文摘选集．北京：中国心理学会出版工作委员会，2001．

[3] 顾新书．使用"原力"的时代真的会到来吗？用意识控制［C］//中国科学院中国现代化研究中心．科学与现代化．北京：科学出版社，2017．

[4] 刘东来．测谎技术近年的发展［C］//中国法医学会．法医临床学专业理论与实践——全国第二十届法医临床学学术研讨会论文集．哈尔滨：黑龙江科学技术出版社，2017．

[5] 赛李阳，林晓红，桑标，等．联合反馈相关电位和记忆相关电位探测隐藏犯罪信息［C］//中国心理学会．心理学与社会发展——第十八届全国心理学学术会议摘要集．北京：中国心理学会出版工作委员会，2015．

[6] 田腾骧，封春亮，冯雪，等．个体对结果的评价受他人在场效应的调节：一项 ERP 研究［C］//中国心理学会．心理学与创新能力提升——第十六届全国心理学学术会议论文集．北京：中国心理学会出版工作委员会，2013．

[7] 魏景汉，匡培梓，靳海燕，等．认知全视野呈现汉字与 ERP 中 P3——正慢波的相关性［C］//中国心理学会．全国第七届心理学学术会议文摘选集．北京：中国心理学会出版工作委员会，1993．

[8] 颜文靖. 没有情绪变化还能测谎吗——认知相关的谎言线索 [C] //中国心理学会. 第二十一届全国心理学学术会议摘要集. 北京：中国心理学会出版工作委员会，2018.

[9] 杨施羽，陈建文. 不同压力情境下状态性调节定向对说谎行为的影响 [C] //中国心理学会. 第十九届全国心理学学术会议摘要集. 北京：中国心理学会出版工作委员会，2016 [10] 张磊，王龙，刘洪广. 鼠标追踪技术应用于测谎的可行性探究 [C] //中国心理学会. 心理学与创新能力提升——第十六届全国心理学学术会议论文集. 北京：中国心理学会出版工作委员会，2013.

[11] 张阳，罗跃嘉，张明. 返回抑制的分离—整合——来自一项功能成像研究的证据 [C] //中国心理学会. 第十七届全国心理学学术会议论文摘要集. 北京：中国心理学会出版工作委员会，2014.

[12] 魏景汉. 脑高级功能的多维动态模式 [C] //中国心理学会. 第九届全国心理学学术会议文摘选集. 北京：中国心理学会出版工作委员会，2001.

期刊类

[13] 艾玲梅，余龙. 基于改进超限学习机的 N400 诱发电位测谎方法[J]. 陕西师范大学学报（自然科学版），2017，45（05）.

[14] 白学军，章鹏，张琪涵，等. 功能性近红外光谱技术在说谎研究中的应用 [J]. 心理科学进展，2019，27（01）.

[15] 卜令章，刘洪广. 从心理学角度谈警务调查访问中的"说服" [J]. 甘肃警察职业学院学报，2015（03）.

[16] 卜令章，刘洪广. 事件相关电位测谎技术原理探析 [J]. 心理技术与应用，2015（02）

[17] 常春豪，刘洪广. 面孔作为案件相关脑电位心理测试呈现刺激的可行性及其应用 [J]. 净月学刊，2014（02）.

[18] 常文文，王宏，化成诚. 基于听觉 ERP 功能脑网络特征和 SVM 的测谎方法研究 [J]. 电子学报，2016，44（07）.

[19] 巢志雄. 流动的司法——科学如何影响现代法庭 [J]. 中山大学学报（社会科学版），2014，54（06）.

[20] 陈丹，李至浩，罗跃嘉. 抑郁症相关的认知与情绪系统脑网络异常 [J]. 科学通报，2017，62（22）.

[21] 陈舟，王鹏，高军峰，等. 利用相锁值算法的脑电相同步测谎研究

[J]．电子学报，2018，46（06）．

[22] 陈兴乐，张增伟．反测谎行为研究 [J]．政法学刊，2011，28（05）．

[23] 陈玉峰．朱明勇：每一个律师都要有"工匠思维" [J]．法人，2014（04）．

[24] 程家萍，罗跃嘉，崔芳．认知负荷对疼痛共情的影响：来自 ERP 研究的证据 [J]．心理学报，2017，49（05）．

[25] 程宇奇，仇铭婕，吕泳庆，等．一种智能测谎系统的算法实现 [J]．科学技术与工程，2017（25）．

[26] 程真波，李冬冬，谈诚，等．头低位卧床模拟失重对知觉正确性和冲突控制能力的影响 [J]．航天医学与医学工程，2013（01）．

[27] 崔茜，蒋军，杨文静，等．欺骗的神经机制和测谎应用：来自 fMRI 研究的证据 [J]．心理科学进展，2013，21（09）．

[28] 崔茜，雷旭，杨文静，等．有无反馈对欺骗过程的神经机制的调控作用 [J]．中国科学（生命科学），2014，44（09）．

[29] 崔文波．犯罪心理测试技术的发展历程及趋势 [J]．森林公安，2011（03）．

[30] 丁楠，张佩瑶，戴建平，等．卒中后抑郁症的结构和功能磁共振影像学研究进展 [J]．中国医学影像学杂志，2013（04）．

[31] 丁维龙，刘洪广，周虹宇．简式内隐联系测验：测谎工作的新探索 [J]．广西警察学院学报，2018，31（04）．

[32] 董珊珊，陈飞燕，何宏建．脑成像技术的测谎应用及其心理生理学基础 [J]．生物物理学报，2013（02）．

[33] 杜文静．惊讶事件的证据力探析 [J]．湖北大学学报（哲学社会科学版），2014，41（04）．

[34] 范晓丽，赵朝义，罗虹，等．基于 2-back 任务下 ERP 特征的脑力疲劳客观评价研究 [J]．生物医学工程学杂志，2018，35（06）．

[35] 范晓丽，赵朝义，罗虹，等．基于事件相关电位的脑力疲劳评价方法研究 [J]．人类工效学，2018，24（05）．

[36] 方澈，何可人，陈佳男．基于认知负荷理论的说谎和测谎研究 [J]．心理技术与应用，2014（10）．

[37] 方新．加强科技与法治融合，推动社会的公平正义 [J]．中国人大，

2017（19）

[38] 芳菲．测谎仪与事件相关电位 [J]．临床医学工程，2006，（12）．

[39] 冯泽华．法律神经学刍议 [J]．东莞理工学院学报，2017，24 （02）．

[40] 符明秋，余凤．测谎结论的证据资格及其规范 [J]．重庆邮电大学学报（社会科学版），2014，26 （02）．

[41] 付艺蕾，罗跃嘉，崔芳．选择一致性影响结果评价的 ERP 研究[J]．心理学报，2017，49 （08）．

[42] 付有志，丁福．犯罪嫌疑人行为后果感知水平研究 [J]．中国人民公安大学学报（社会科学版），2009 （04）．

[43] 傅世敏，魏景汉．认知信息自动加工的证据——失匹配负波 [J]．心理科学，1996 （01）．

[44] 傅世敏，魏景汉．听觉失匹配负波反映自动加工——感觉道间选择性注意时的新证据 [J]．心理学报，1996 （01）．

[45] 傅世敏，魏景汉．支持早期选择学说的注意痕迹理论及生理指标——加工负波 [J]．心理科学进展，1995，13 （03）．

[46] 甘甜，李万清，唐红红，等．经颅直流电刺激右侧颞顶联合区对道德意图加工的影响 [J]．心理学报，2013，45 （09）．

[47] 高金虎．反情报措施研究 [J]．保密科学技术，2014 （06）．

[48] 高军峰，司慧芳，于晓琳，等．多导脑电复杂度特征的谎言测试研究 [J]．电子科技大学学报，2017，46 （04）．

[49] 高军峰，张文佳，杨勇，等．基于主成分分析和极端学习机的测谎方法研究 [J]．华中师范大学学报（自然科学版），2014，48 （03）．

[50] 高军峰，司慧芳，余彬，等．基于脑电样本熵的测谎分析 [J]．电子学报，2017，45 （08）．

[51] 高军峰，张文佳，杨勇，等．基于 P300 和极限学习机的脑电测谎研究 [J]．电子科技大学学报，2014，43 （02）．

[52] 高文，罗跃嘉，魏景汉，等．固定位置区域提示下视觉注意范围等级的 ERP 研究 [J]．心理学报，2002，34 （05）．

[53] 高文斌，魏景汉．关于意识的研究思路 [J]．心理科学进展，2001，9 （02）．

[54] 高文斌，魏景汉，彭小虎，等．视觉注意范围的调控机制 [J]．航

天医学与医学工程，2002，15（03）.

[55] 高文斌，魏景汉，彭小虎，等.位置提示下视觉注意范围的调控机制[J].心理学报，2004，36（02）.

[56] 高文斌，魏景汉，彭小虎，等.位置提示与汉字提示视觉注意范围的脑机制差异[J].航天医学与医学工程，2003，16（01）.

[57] 高文斌，魏景汉，彭小虎，等.汉字提示下视觉注意范围的脑机制[J].科学通报，2002，47（14）.

[58] 勾蕾，王小平.测谎技术及其应用新进展[J].国际精神病学杂志，2012，39（04）.

[59] 顾凌云，吕文志，杨勇，等.基于PCANet和SVM的谎言测试研究[J].电子学报，2016，44（08）.

[60] 关楠思，刘技辉，张馨元，等.事件相关电位的研究进展及其法医学应用价值[J].法医学杂志，2015，（02）.

[61] 关楠思，徐波，周莹，等.人隐瞒信息状态下多通道事件相关电位的研究[J].中国法医学杂志，2016，31（S1）.

[62] 韩百洋，刘洪广.CQT与CIT的问句编制研究及其应用[J].铁道警察学院学报，2017，27（01）.

[63] 韩志伟，耿亮，张磊，等.情节记忆的独特性对ERP测谎研究的启发[J].湖南公安高等专科学校学报，2008，20（01）.

[64] 何家弘.当今我国刑事司法的十大误区[J].清华法学，2014（02）.

[65] 何遥.人工智能将在司法安防大展拳脚[J].中国公共安全，2018（01）.

[66] 何勇.利用事件相关电位进行的反测谎研究[J].赤子（中旬），2014（14）.

[67] 何勇，刘洪广.脑认知神经测谎技术及应用性述评[J].山西警察学院学报，2012，20（03）.

[68] 何振宏，张丹丹，罗跃嘉.抑郁症人群的心境一致性认知偏向[J].心理科学进展，2015，23（12）.

[69] 胡传鹏，邓晓红，周治金，等.神经法学：年轻的认知神经科学与古老的法学联姻[J].科学通报，2011，56（36）.

[70] 胡辉，刘洪广.独狼恐怖主义犯罪及其治理探析[J].铁道警察学

院学报，2016，26（05）．

[71] 胡辉，刘洪广．犯罪心理测试在职务犯罪侦查中的应用［J］．广西警官高等专科学校学报，2017，30（01）．

[72] 黄小英．试析侦办交通肇事案件中测谎技术之运用［J］．广西警官高等专科学校学报，2014（03）．

[73] 黄新凤，何松国，陈凯丽，等．心理生理测试技术在鉴定模拟造作伤诈病中的应用研究［J］．中国法医学杂志，2017，32（06）．

[74] 黄新凤，郑可芳，何松国，等．欺骗心理生理测试技术及其应用［J］．赤峰学院学报（自然科学版），2017，33（13）．

[75] 金熠，张丹丹，柳昀哲，等．厌恶情绪加工特点的事件相关电位研究［J］．心理学报，2014，46（11）．

[76] 李放，朱绘霖，高倩倩，等．自发说谎的光学脑成像研究［J］．华南师范大学学报（自然科学版），2016，48（02）．

[77] 李国华．受贿犯罪中检证互动的张力与缓释［J］．江西警察学院学报，2016（04）．

[78] 李明力．心理生理测试技术在刑事侦查中的作用及对测试人员的素质要求［J］．吉林广播电视大学学报，2017（01）．

[79] 李晓．测谎制度在我国司法实践中的应用探究—以美国测谎制度为视角［J］．法制博览，2018（28）．

[80] 李雨馨，宋伟．神经科学证据在法庭上的运用［J］．安徽大学法律评论，2014（01）．

[81] 栗明．民事诉讼测谎意见证据地位的实证考察与理论反思——以北大法宝188份民事判决书为分析样本［J］．河北法学，2018，36（05）．

[82] 梁力．透视科学技术引发的信任危机——以测谎仪、DNA亲子鉴定为视角［J］．西昌学院学报（社会科学版），2011，23（03）．

[83] 廖四照．事件相关电位与测谎［J］．临床脑电学杂志，1996（03）．

[84] 廖四照，杨文俊．被试者心理因素对事件相关电位测谎准确性的影响［J］．临床脑电学杂志，1996，5（02）．

[85] 廖四照．房间照片视觉事件相关电位用于测谎的实验研究［J］．南方医科大学学报，1996（04）．

[86] 刘洪广．案件相关信息的脑认知递进过程分析［J］．中国人民公安大学学报（自然科学版），2010（03）．

[87] 刘洪广. 对公安机关心理测试未来发展的思考 [J]. 中国人民公安大学学报（社会科学版），2006, 22 (02).

[88] 刘洪广. 犯罪事件相关脑电位检测技术与犯罪心理学课程教学改革 [J]. 中国人民公安大学学报（自然科学版），2006, 12 (03).

[89] 刘洪广. 精专业晓前沿善应用高学历高层次警务技术精英人才培养——以认知脑电测谎博士生培养为例 [J]. 浙江警察学院学报，2014 (02).

[90] 刘洪广. 欺骗的测试与案件信息认知过程特征分析 [J]. 中国人民公安大学学报（社会科学版），2010 (01).

[91] 刘洪广，刘秦伊. 脑认知犯罪相关信息的测谎与反测谎分析 [J]. 中国人民公安大学学报（自然科学版），2017, 23 (01).

[92] 刘洪广，蒋大宗，周琳. 无创性磁刺激技术及在康复中的应用 [J]. 中国康复理论与实践，2000, 6 (01).

[93] 刘洪广. 新电极技术刺激外周神经在植入性运动修复术中的作用 [J]. 中国医疗器械杂志，1999, 23 (02).

[94] 刘洪广，张昱. 欺骗引起脑加工冲突的反应时研究 [J]. 中国人民公安大学学报（自然科学版），2008 (03).

[95] 刘洪广，张昱. 刑事犯罪侦查的新利器——脑电位检测 [J]. 中国人民公安大学学报（社会科学版），2007 (04).

[96] 刘洪广，仲宇，沈强，等. 神经传导测试在运动医学中的应用 [J]. 西安体育学院学报，1999 (04).

[97] 刘洪广，周琳. 视觉搜索左右视野靶时脑两半球加工特点 [J]. 心理科学，2006 (02).

[98] 刘洪广，周琳. 医学电子学技术的1998年展望 [J]. 国际生物医学工程杂志，1998 (04).

[99] 刘洪广，周琳，顾靖，等. 脑部电极技术的改进 [J]. 中国医疗器械杂志，2001 (06).

[100] 刘洪广，周琳，顾靖，等. 诱发电位的处理技术 [J]. 中国医疗器械杂志，2000 (06).

[101] 刘洪广，周琳，顾靖，等. 振荡脑理论与脑功能研究 [J]. 中国神经科学杂志，2001 (02).

[102] 刘洪广，周琳，顾靖，等. EMG在麻痹肌肉疲劳检测中的应用 [J]. 中国康复医学杂志，2000 (06).

[103] 刘洪广，周琳，蒋大宗. 高强度磁脉冲刺激在临床应用的研究进展 [J]. 航天医学与医学工程，2000（03）.

[104] 刘洪广，周琳，蒋大宗. 细胞网络模型对心律传导异常的分析 [J]. 山东生物医学工程，1999（03）.

[105] 刘洪广，周琳，蒋大宗. 现代科学技术理论对古老针灸经络理论的分析 [J]. 西安交通大学学报（社会科学版），1999（02）.

[106] 刘洪广，周琳，蒋大宗. 植入性运动修复术中新电极技术对刺激外周神经作用的展望 [J]. 生物医学工程学杂志，1999（04）.

[107] 刘洪广，周琳，沈强，等. 脑部电极技术的新发展 [J]. 北京生物医学工程，2000（01）.

[108] 刘洪广，周琳，沈强，等. 神经传导测试在神经肌肉检测中的作用 [J]. 中国体育科技，1999（08）.

[109] 刘洪广，周琳，王毅，等. 无创性磁刺激技术在中枢神经的应用 [J]. 中国神经科学杂志，2000（01）.

[110] 刘洪广，周琳，顾靖，等. 无创性脑磁检测技术及其临床应用 [J]. 中国神经科学杂志，2000（04）.

[111] 刘洪广，周琳，顾靖，等. 中枢神经的无创性磁刺激技术及其应用 [J]. 生物医学工程学杂志，2001（02）.

[112] 刘洁. 测谎结论在民事诉讼中具有可采性吗？——兼论江苏淮安中院再审崔景涛诉陈德勤借款纠纷案 [J]. 证据科学，2011，19（05）.

[113] 刘莉，刘洪广，刘岩，等. 欺骗行为的事件相关电位研究 [J]. 乐山师范学院学报，2007（05）.

[114] 刘莉，刘洪广，张昱，等. 论结合 CNV 和 P300 进行犯罪心理生理测试的可行性社会 [J]. 心理科学，2007（Z1）.

[115] 刘彦硕，傅根跃，袁方. 干扰任务对说谎影响的研究 [J]. 心理科学，2013，36（01）.

[116] 刘耀中，柳昀哲，林碗君，等. 抑郁障碍的核心脑机制——基于 fMRI 元分析的证据 [J]. 中国科学（生命科学），2015，45（12）.

[117] 刘远，刘洪广. 基于眼动追踪测量认知负荷变化的犯罪心理测试 [J]. 中国司法鉴定，2014（06）.

[118] 刘远，刘洪广. 前沿测谎技术在反恐斗争中的应用 [J]. 净月学刊，2014（03）.

[119] 柳曼, 刘洪广. CQT测试方法中准绳问题的编制研究 [J]. 黑龙江省政法管理干部学院学报, 2016 (02).

[120] 罗斌, 季萌萌, 孟欢欢, 等. 事件相关电位客观评估视敏度的法医学应用 [J]. 法医学杂志, 2017, 33 (03).

[121] 罗晓萌, 张静. 测谎技术在我国刑事司法中的应用——以中美测谎技术比较分析为视角 [J]. 法制博览, 2016 (10).

[122] 罗跃嘉, 李晋熙, 袁璐. 结果预期对结果评价影响的事件相关电位研究 [J]. 成都医学院学报, 2017, 12 (04).

[123] 罗跃嘉, 林婉君, 吴健辉, 等. 应激的认知神经科学研究 [J]. 生理科学进展, 2013, 44 (05).

[124] 罗跃嘉, 吴婷婷, 古若雷. 情绪与认知的脑机制研究进展 [J]. 中国科学院院刊, 2012, 27 (S1).

[125] 吕勇, 魏景汉. 语义距离半球效应的 ERP 研究 [J]. 心理学探新, 2005 (03).

[126] 马际. 心理测试技术的科学化进程 [J]. 重庆文理学院学报 (社会科学版), 2013, 32 (06).

[127] 梅宏玉, 吴嵩. 测谎者的无意识加工对谎言识别的影响 [J]. 心理科学进展, 2018, 26 (11).

[128] 孟春宁, 孙盛智, 冯明奎, 等. 基于眼动记录与分析技术的测谎研究 [J]. 数据采集与处理, 2016, 31 (04).

[129] 孟旭超, 刘洪广, 王健, 等. 转折句诱发案件相关脑电位对测谎的作用 [J]. 吉林公安高等专科学校学报, 2010, 25 (06).

[130] 牟谏静, 刘洪广, 刘安丽. 基于N400的事件相关电位在测谎中的应用 [J]. 武汉公安干部学院学报, 2010, 24 (03).

[131] 牟谏静, 刘洪广, 刘安丽. 脑电晚期负波在民事测谎中的应用 [J]. 吉林公安高等专科学校学报, 2010, 25 (03).

[132] 牛旭, 贾晓谋, 张天翼. 性犯罪人的循证矫治与社区处遇——以我国台湾地区的性犯罪人处遇制度为借镜 [J]. 犯罪与改造研究, 2015 (08).

[133] 牛亚南, 魏景汉, 罗跃嘉. 视觉搜索中空间注意范围等级调节的早期 ERP 效应 [J]. 自然科学进展, 2007 (07).

[134] 欧龙松, 肖瑞祥. 心理学压力角度解读职侦审讯 [J]. 法制与社会, 2013 (12).

［135］欧阳骄，罗著．ERP 技术在测谎研究中的进展［J］．文学教育（中），2011（05）．

［136］彭家欣，杨奇伟，罗跃嘉．不同特质焦虑水平的选择性注意偏向［J］．心理学报，2013，45（10）．

［137］彭小虎，罗跃嘉，卫星，等．东西方面孔异族效应机理的电生理学证据［J］．心理学报，2003（01）．

［138］彭小虎，罗跃嘉，魏景汉，等．面孔识别的认知模型与电生理学证据［J］．心理科学进展，2002（03）．

［139］彭小虎，王国锋，魏景汉，等．面孔识别特异性脑机制的 ERP 研究［J］．航天医学与医学工程，2004（06）．

［140］彭小虎，魏景汉，罗跃嘉，等．面孔识别的脑加工成分——N170 的 ERP 研究［J］．航天医学与医学工程，2002（04）．

［141］漆舟，吴倩．隐藏信息测试法在美国法庭中的适用问题［J］．中国公共安全（学术版），2018（03）．

［142］邱方晖，罗跃嘉，贾世伟．个体攻击性对愤怒表情类别知觉的影响［J］．心理学报，2016，48（08）．

［143］邱元阳．技术与谎言［J］．中国信息技术教育，2014（15）．

［144］邵劭．测谎的法律性质探究［J］．南京大学法律评论，2014（02）．

［145］邵劭．测谎结论的可采性在美国的演变及启示［J］．法治研究，2016（02）．

［146］沈靖，王振宇，杨晓晴．测谎中运用行为分析的探索［J］．警察技术，2017（05）．

［147］沈寅飞，张哲．检察科技装备展上的反贪"黑科技"［J］．方圆，2017（15）．

［148］石钰婷，刘光远．心理测试技术的发展及其在我国司法中的应用［J］．教育现代化，2015（13）．

［149］寿海．测谎技术在投毒杀人案件侦查中的应用［J］．四川警察学院学报，2013，25（06）．

［150］寿海．贿赂案件侦查中测谎技术的应用［J］．湖北警官学院学报，2014，27（02）．

［151］司法鉴定技术考察团，陈忆九，沈敏，等．司法部司法鉴定科学技

术研究所赴台湾地区考察报告 [J]. 中国司法鉴定, 2011 (04).

[152] 司慧芳, 谢天, 高军峰, 等. 基于相位延迟指数的脑功能网络及测谎研究 [J]. 电子学报, 2018, 46 (07).

[153] 孙多金. 科学认识和使用犯罪心理测试仪 [J]. 心理技术与应用, 2014 (10).

[154] 孙振玉, 曹若辰, 尹璐, 等. 测谎鉴定意见的应用现状及证据效力研究 [J]. 证据科学, 2017, 25 (05).

[155] 谭嘉宁, 罗方亮, 张馨元, 等. 视觉刺激事件相关电位及其研究进展 [J]. 中国法医学杂志, 2017, 32 (01).

[156] 唐丰鹤. 错案是如何生产的？——基于61起刑事错案的认知心理学分析 [J]. 法学家, 2017 (02).

[157] 唐凤玉. 论新的科学技术在犯罪心理测试中的应用 [J]. 中国公共安全（学术版）, 2015 (02).

[158] 唐迎弟. "两个证据"规定下翻供问题探讨 [J]. 安徽警官职业学院学报, 2011, 10 (05).

[159] 陶佳. 科学地对待科学证据 [J]. 西部学刊, 2016 (06).

[160] 铁海霞, 刘洪广, 孙志刚. 案件相关脑电位测谎中两种实验范式的比较研究 [J]. 吉林公安高等专科学校学报, 2011, 26 (03).

[161] 铁海霞, 刘洪广, 孙志刚. 不同提示条件下欺骗反应的案件相关脑电位研究 [J]. 广西警官高等专科学校学报, 2012, 25 (02).

[162] 铁海霞, 刘洪广, 孙志刚. 犯罪心理痕迹分析在刑事案件侦查中的应用研究 [J]. 吉林公安高等专科学校学报, 2011, 26 (05).

[163] 王峰, 刘洪广. 犯罪心理测试技术存在的问题及完善方法 [J]. 辽宁警专学报, 2012, 14 (05).

[164] 王敬欣, 贾丽萍, 白学军, 等. 返回抑制过程中情绪面孔加工优先: ERPs 研究 [J]. 心理学报, 2013, 45 (01).

[165] 王丽丽, 贾丽娜, 罗跃嘉. 情绪自动化加工的证据与争议 [J]. 心理科学进展, 2016, 24 (08).

[166] 王龙, 刘洪广. 错误记忆研究在检验证人证言中的作用 [J]. 云南警官学院学报, 2012 (03).

[167] 王龙, 刘洪广. 证人记忆的影响因素及认知神经科学检测方法探新 [J]. 证据科学, 2012, 20 (05).

［168］王龙，刘洪广，侯日霞，等．大学生学习动机与创造力倾向内部因子的关系研究［J］．扬州职业大学学报，2012，16（02）．

［169］王龙，刘洪广，杨恒毅．犯罪心理测试技术工具探析——多导仪测试与脑电位测试［J］．武汉公安干部学院学报，2012，26（03）．

［170］王龙，刘洪广，张磊．目击证人心理面孔重建与认知脑电位检测法探析［J］．武汉公安干部学院学报，2013，27（01）．

［171］王龙，张磊，刘洪广．犯罪心理测试反测试及其对策［J］．中国司法鉴定，2013（04）．

［172］王龙，张磊，刘洪广．认知脑电位检测在目击证人心理面孔重建中的应用［J］．中国法医学杂志，2013，28（06）．

［173］王萌，江学．同步录音录像背景下职务犯罪侦查讯问的策略［J］．上海公安高等专科学校学报，2014，24（03）．

［174］王锐．测谎技术中的相关问题研究［J］．辽宁警专学报，2011（02）．

［175］王晓伟，林铁军．对测谎结论证据能力的再思考［J］．贵州警官职业学院学报，2011，23（05）．

［176］王艳．测谎技术在犯罪侦查中的运用［J］．辽宁警察学院学报，2017，19（06）．

［177］王耀世，吕瑞萍．犯罪嫌疑人虚假供述识别的心理分析——以贪污贿赂犯罪为例［J］．河南财经政法大学学报，2014，29（02）．

［178］王益文，林崇德，魏景汉，等．短时存贮与复述动态分离的ERP证据［J］．心理学报，2004（06）．

［179］王益文，林崇德，魏景汉，等．工作记忆中汉字与空间的分离及动态优势半球的ERP效应［J］．心理学报，2004（03）．

［180］王元．测谎仪的谎言［J］．今日科苑，2016（07）．

［181］王跃，陈善广，吴斌，等．长期空间飞行任务中航天员出现的心理问题［J］．心理技术与应用，2013（01）．

［182］王智，刘洪广．ERPs在刑事辨认面孔识别中的应用可行性［J］．山西警察学院学报，2018，26（02）．

［183］王智，刘洪广．被害人辨认失真的心理成因及对策研究［J］．浙江警察学院学报，2018（01）．

［184］魏景汉．伴随性负变化（CNV）中心理因素之研究进展［J］．心理

学动态，1984（04）.

[185] 魏景汉. 仿同时刺激延迟反应模式及其在 ERP 研究中的作用 [J]. 心理学动态，1995（04）.

[186] 魏景汉. 双向方波电子刺激器 [J]. 生物化学与生物物理进展，1979（02）.

[187] 魏景汉，丁汇亚. 解脱波 EML 中条件性运动反应成分的排除及 V 波与 C 波的区别 [J]. 科学通报，1988（13）.

[188] 魏景汉，尔朱光. 人脑二级 CNV 和解脱波 [J]. 中国科学（化学），1986（07）. [189] 魏景汉，范思陆. 关于 CNV 是复合波的直接证明 [J]. 心理学报，1991（01）.

[190] 魏景汉，匡培梓，张东松，等. 全视野汉字词义联想的 ERP 特征与汉字认识的 ERP 甄别 [J]. 心理学报，1995（04）.

[191] 魏景汉，潘垚天，靳海燕. 解脱波（EML）与情绪的相关性 [J]. 中国科学（化学），1993（02）.

[192] 魏景汉，汤慈美. 注意对人体大脑听觉诱发电位晚成分的影响[J]. 心理学报，1982（02）.

[193] 魏景汉，郑连兴. 一种与心理活动相关的脑电波 [J]. 心理学报，1986（03）.

[194] 魏景汉，匡培梓，张东松，等. 汉字词义联想引起的脑事件相关电位变化 [J]. 心理学动态，1992（01）.

[195] 魏敬朝. 中美测谎制度的比较分析 [J]. 法制与社会，2013（07）.

[196] 温新，张占伟，王宁. 浅析测谎技术在毒品犯罪案件侦查中的运用 [J]. 黑龙江省政法管理干部学院学报，2011（01）.

[197] 吴庆国. 论微反应在刑事诉讼中的应用 [J]. 北京政法职业学院学报，2015（04）.

[198] 吴晓华. 职务犯罪侦查的技术创新探讨 [J]. 法制博览（中旬刊），2013（04）.

[199] 吴旭莉. 民间借贷案件证明过程之分析 [J]. 现代法学，2014，36（03）.

[200] 吴永喜，刘洪广. P300 测谎技术的影响因素分析 [J]. 云南警官学院学报，2014（05）.

[201] 咸韵. 测谎意见在刑事审判中应用的实证分析 [J]. 法制与社会, 2017 (33).

[202] 肖健、黄伟、魏景汉. 视, 听偏差刺激选择性注意的 ERPs 研究 [J]. 北京大学学报: 自然科学版, 1999 (3).

[203] 肖杰文. 法与神经科学研究述评—兼论认知科学与法 [J]. 河南财经政法大学学报, 2013, 28 (03).

[204] 徐本栋, 吕勇. P300 测谎的新取向 [J]. 湖南警察学院学报, 2011, 23 (01).

[205] 徐菁, 刘洪广. "一对一" 贿赂犯罪侦查的认知脑电测谎 [J]. 甘肃警察职业学院学报, 2011 (3): 5.

[206] 徐菁, 刘洪广. 更适合侦查 "一对一" 完成的贿赂犯罪的认知脑电测谎 [J]. 河北公安警察职业学院学报, 2011, 11 (03).

[207] 徐昀. 情态证据排除论——以测谎证据为比较视角 [J]. 河北法学, 2014, 32 (12).

[208] 闫祥东, 刘洪广. 认知脑电测谎在民事经济纠纷案中的应用 [J]. 山西警官高等专科学校学报, 2012, 20 (02).

[209] 闫祥东, 刘洪广. 认知脑电测谎在民事经济纠纷案中的应用 [J]. 山西警官高等专科学校学报, 2012, 20 (02).

[210] 闫祥东, 刘洪广, 王晓明. 不同焦虑水平下大学生面部表情识别的研究 [J]. 心理学探新, 2011, 31 (06).

[211] 杨当, 刘洪广. 多道仪和认知脑电技术的反测谎研究综述 [J]. 铁道警察学院学报, 2016, 26 (01).

[212] 杨当, 刘洪广. 基于内隐联系测验的记忆检测研究 [J]. 中国人民公安大学学报 (社会科学版), 2016, 32 (06).

[213] 杨当, 夏林. 从测谎技术视角看廉政风险防控下的 "微权力" 治理 [J]. 领导科学, 2017 (21).

[214] 杨国明. 脑磁场变化在测谎技术中的应用 [J]. 法制与社会, 2017 (14).

[215] 杨奇伟, 何华敏, 罗跃嘉. 情绪调节策略的适应性研究进展 [J]. 中国康复医学杂志, 2013, 28 (03).

[216] 杨青, 邱慧卉, 胡志伟, 等. 基于跨学科视野的创新型测谎实验模式 [J]. 实验室研究与探索, 2013, 32 (08).

［217］杨尚岷．科学证据实证案例分析［J］．法制博览，2016（14）．

［218］杨文俊，陈文明，黄煌镜，刘曼方．识认熟悉者照片时视觉事件相关电位的研究［J］．心理学报，1993（04）．

［219］杨文俊，陈文明，潘速跃，等．利用视觉事件相关电位了解思维内容：测谎可能性的初步研究［J］．中国心理卫生杂志，1992（05）．

［220］杨银婷，竹怀军．性侵幼女行为的刑法对策研究［J］．知识经济，2016（05）．

［221］姚海娟，李庆兰，张云平．测谎问题的呈现方式对自主生理反应的影响［J］．中国临床心理学杂志，2017，25（01）．

［222］叶蔚然．测谎结论作为民事诉讼证据之否定性探究［J］．安徽广播电视大学学报，2013（03）．

［223］于增尊．测谎结论的证据资格探讨［J］．黑龙江省政法管理干部学院学报，2011（02）．

［224］岳峰，乔辉，张雪．试论心理测试的心理和生理机制［J］．武汉公安干部学院学报，2011，25（04）．

［225］岳琪智，张亮．刑事诉讼中测谎意见的证据法考察［J］．法制与社会，2018（22）．

［226］张丹丹，蔺义芹，柳昀哲，等．厌恶与恐惧面孔的记忆编码、保持、提取［J］．心理学报，2019，51（01）．

［227］张金成，王进．论我国职务犯罪特殊侦查措施制度的构建［J］．山东行政学院学报，2013（01）．

［228］张磊，刘洪广．认知脑电技术在职务犯罪侦查中的应用探析［J］．社会心理科学，2014（02）．

［229］张磊，刘洪广．事件相关电位的测谎与反测谎研究进展［J］．中国法医学杂志，2014，29（01）．

［230］张磊，王龙，刘洪广．鼠标追踪技术应用于测谎领域的可行性探究［J］．心理技术与应用，2014（03）．

［231］张磊，王龙，刘洪广．证人的目击面孔心理重建及认知检测［J］．中国司法鉴定，2013（05）．

［232］张磊，张萌，王姝阳，等．犯罪心理画像技术的科学性探索—来自实证研究的证据［J］．心理技术与应用，2014（12）．

［233］张彦．审讯中应对谎言的预设策略［J］．中国政法大学学报，2014

(05) .

[234] 张永刚. 测谎技术在侦查火灾刑事案件中的运用 [J]. 湖北警官学院学报, 2011, 24 (02) .

[235] 张昱. 事件相关电位 P300 在测谎中的研究现状 [J]. 社会心理科学, 2006, 21 (01) .

[236] 张昱, 刘洪广. 留守乡村社会治安秩序问题研究 [J]. 山东警察学院学报, 2017, 29 (02) .

[237] 赵丁, 杨奇伟, 罗跃嘉. 事件相关电位在测谎中的应用 [J]. 成都医学院学报, 2015, 10 (04) .

[238] 赵敏, 赵春临. 基于事件相关电位近似熵识别心理意识真实性的研究 [J]. 电子科技大学学报, 2016, 45 (05) .

[239] 郑群. 三位一体: 测谎的科学性、正当性与合法性——评邵劲教授新作《测谎结论的证据能力研究》[J]. 浙江警察学院学报, 2017 (03) .

[240] 支敏, 平明磊. 测谎技术在职务犯罪案件侦查中应用前景分析[J]. 知识经济, 2014 (13) .

[241] 周虹宇, 刘洪广, 吕星阳. 家庭因素对服刑人员的人格特质影响 [J]. 广西警察学院学报, 2018, 31 (03) .

[242] 周亮, 杨文俊, 廖四照, 等. 模拟盗窃者与熟悉现场者在测谎实验中事件相关电位的比较研究 [J]. 中国临床心理学杂志, 2000 (02) .

[243] 周曙, 魏景汉. 认知电位研究方法的进展和趋势 [J]. 心理科学, 2000 (05) .

[244] 朱梅. "测谎" 的基本原理和方法 [J]. 法制与社会, 2011 (25) .

[245] 朱梅. 论测谎结论的证据效力 [J]. 法制与社会, 2011 (28) .

[246] 朱梅. 浅析测谎的心理生理学基础 [J]. 法制与社会, 2011 (29) .

[247] 朱千, 罗禹, 陈红. 基于事件相关电位的隐藏信息测试的两种研究取向 [J]. 西南大学学报 (社会科学版), 2014, 40 (01) .

[248] 朱小艳, 李杰, 任延涛. 基于眼动技术的 CKT 测谎研究 [J]. 云南警官学院学报, 2018 (03) .

[249] 庄琳. 对美国测谎证据采信标准的思考 [J]. 铁道警察学院学报, 2018, 28 (02) .

[250] 庄忠进.儿童性侵案件侦审问题与对策 [J].上海公安高等专科学校学报,2013,23 (04).

学位论文类 [251] 薄静.我国职务犯罪侦查措施研究 [D].青岛:中国石油大学(华东),2015.

[252] 关天天.测谎结论的正当性及其证据化问题研究 [D].大连:辽宁师范大学,2018.

[253] 郭婷.负性情绪对隐蔽信息检测(CIT)效果的影响 [D].长春:东北师范大学,2016.

[254] 黄清山.论测谎结论在我国民事诉讼中的运用 [D].重庆:西南政法大学,2014.

[255] 胡晓晴.对个人信息诚实、说谎及其练习效应的 ERP 研究 [D].金华:浙江师范大学,2009.

[256] 蒋晓平.欺骗机制的事件相关电位研究 [D].成都:电子科技大学,2008.

[257] 李宇翔.中文背景下现实监控识别谎言的有效性研究 [D].临汾:山西师范大学,2017.

[258] 李雨馨.神经科学证据在司法实践中的运用 [D].合肥:中国科学技术大学,2014.

[259] 李昭.测谎技术应用于职务犯罪侦查实践之研究 [D].桂林:广西师范大学,2015.

[260] 崔茜.欺骗的神经机制和测谎新指标初探 [D].重庆:西南大学,2013.

[261] 刘梦华.论测谎结论在我国刑事诉讼中的运用 [D].北京:中国青年政治学院,2016.

[262] 马祎晨.自主欺骗在意图与反馈加工阶段的电生理机制 [D].广州:广州大学,2017.

[263] 孟令羽.论测谎技术在刑事诉讼中的应用 [D].烟台:烟台大学,2018.

[264] 倪华.激活当事人陈述的证据效力之初探 [D].苏州:苏州大学,2017.

[265] 宁达.论测谎结论的运用 [D].哈尔滨:黑龙江大学,2017.

[266] 浦晓黎.P300 测谎的实验研究 [D].金华:浙江师范大学,2006.

[267] 荣凤娟. 基于 P300 的测谎算法研究 [D]. 西安：陕西师范大学，2014.

[268] 邵波成. 测谎技术使用的伦理限度 [D]. 湘潭：湖南科技大学，2016.

[269] 释磊. 基于 P300 和 CNV 结合的测谎研究 [D]. 杭州：杭州师范大学，2016.

[270] 孙菁. 不同冲突情境下欺骗认知加工特征的实证研究 [D]. 苏州：苏州大学，2013.

[271] 王青. 论测谎技术在民事诉讼中的运用 [D]. 武汉：华中科技大学，2013.

[272] 王婷婷. 论测谎结论在我国刑事诉讼中的应用 [D]. 武汉：华中科技大学，2013.

[273] 王维. 反贪初查措施的法律适用问题研究 [D]. 昆明：云南大学，2016.

[274] 朱思苒. 虚假供述诱发冤案现象及对策研究 [D]. 苏州：苏州大学，2016.

[275] 王晓霞. 测谎结论在刑事诉讼中的证据资格研究 [D]. 太原：太原科技大学，2014.

[276] 王一涵. 军事人员评估中的测谎研究初探：反应模式背后的人格因素与认知负荷 [D]. 西安：第四军医大学，2017.

[277] 王宇鹏. 基于导联信号组合的脑电信号处理及其在中风病人脑电信号分析中的应用 [D]. 杭州：浙江大学，2015.

[278] 魏建成. 论非法讯问方法与讯问策略的界限——以职务犯罪侦查讯问为视角 [D]. 南昌：南昌大学，2016.

[279] 翁梦星. 儿童说谎行为与自我觉知 [D]. 金华：浙江师范大学，2016.

[280] 相楠. 青少年价值观对亲社会行为的影响 [D]. 长春：东北师范大学，2014.

[281] 闫超. 我国职务犯罪调查讯问制度研究 [D]. 武汉：华中师范大学，2018.

[282] 严玲悦. 反馈对否认真实身份与捏造新身份的影响及两种身份欺骗的差异 [D]. 上海：上海师范大学，2016.

[283] 杨林枫. 论测谎结论在民事诉讼中的适用 [D]. 重庆：西南政法大学，2017.

[284] 尹航. 基于自动面部表情分析的儿童测谎研究 [D]. 金华：浙江师范大学，2017.

[285] 余龙. 基于事件相关电位的脑电信号测谎算法研究 [D]. 西安：陕西师范大学，2016.

[286] 余润鑫. 模拟海关情境下测谎的生理机制初探 [D]. 金华：浙江师范大学，2017.

[287] 钟斌. 技术侦查在职务犯罪案件侦查中的应用研究 [D]. 南昌：南昌大学，2015.

[288] 周立霞. 双任务范式测谎中的认知资源损耗研究 [D]. 金华：浙江师范大学，2016.

报纸类 [289] 贾婧. 标准缺失测谎仪成双刃剑 [N]. 科技日报，2013-11-28 (06).

[290] 费光明. 如何审理受胁迫订立合同案 [N]. 江苏法制报，2013-05-28 (03).

[291] 王永军，侯国松. 马健反贪办案中如何运用测谎技术 [N]. 江苏法制报，2016-03-14 (03).

[292] 王志雷. 测谎结论在民事诉讼事实认定中的运用 [N]. 江苏法制报，2018-07-03 (03).

图书类 [293] 魏景汉，阎克乐. 认知神经科学基础 [M]. 北京：人民教育出版社，2005，8.

[294] 魏景汉，罗跃嘉. 事件相关电位原理与技术 [M]. 北京：科学出版社，2017，2.

[295] [英] 拉克 (Andrew Lack) 著，范思陆译，丁玉珑译，高定国校. 事件相关电位基础 [M]. 上海：华东师范大学出版社，2009，8.

[296] 刘洪广 周琳. 科学测谎技术 [M]. 北京：中国人民大学出版社出版，2016，1.

[297] 刘洪广. 科学测谎之认知脑电检测应用 [M]. 北京：中国人民公安大学出版社，2019，10.

[298] 刘洪广. 科学测谎的心理生理学原理 [M]. 北京：中国人民公安大学出版社，2020，5.

［299］刘洪广. 科学测谎之认知脑电技术［M］. 北京：中国人民公安大学出版社，2020，8.

二、外文文献

［1］LUO Y J, WEI J H. Effects of musical meditation training on auditory mismatch negativity and p300 in normal children［J］. Chinese Medical Sciences Journal, 1999（02）.

［2］LUO Y J, WEI J H. Event-related potentials study on cross-modal discrimination of Chinese characters［J］. Science in China（Life Sciences），1999（02）.

［3］LUO Y J, WEI J H. Mismatch negativity of ERP in cross-modal attention［J］. Science in China（Life Sciences），1997（06）.

［4］WEI J H, DING H Y. Elimination of conditioning movement component in wave EML and difference between waves V and C［J］. Chinese Science Bulletin, 1990（03）.

［5］WEI J H, ER Z G. Two-level CNV and extrication wave in human brain［J］. Science China Chemistry, 1987（01）.

［6］WEI J H, PA R T, JIN H Y. Relativity between extrication wave of mental load（EML）and Emot'on［J］. Science China Chemistry, 1993（10）.